William Langewiesche

# SAHARA

## Reise durch eine unerbittliche Landschaft

Aus dem Amerikanischen von
Rose Aichele



Kindler

Titel der Originalausgabe:
Sahara Unveiled. A Journey Across the Desert
Originalverlag: Pantheon Books, New York


Umschlaggestaltung: Graupner und Partner, München
Umschlagfoto: TCL/Bavaria, Gauting
Satz: Ventura Publisher im Verlag
Druck und Bindung: Clausen & Bosse, Leck
ISBN 3-463-40327-7

2 4 5 3 1

Für Minouche

# Inhalt

## Teil I
## Der Norden ist eine Wüste



## Teil II
## Im Mittelpunkt steht ein Krieg

## Teil III
## Auch der Rand ist Wüste

# Teil I
# Der Norden ist eine Wüste

# 1.
# Die Vorwüste

Trauere nicht dem Verschwinden der Kamele und der Karawanen nach. Die Sahara hat sich verändert, bleibt aber trotzdem eine Wüste ohne Kompromisse, eine Welt der Extreme. Es gibt keine andere Landschaft, die so trocken, heiß und feindselig ist. Und es gibt kaum Landschaften, die so unermeßlich und unberührt sind. Daran ändert sich auch nichts, wenn man einräumt, daß die Wüstenbewohner Auto fahren und auch nicht klüger, unschuldiger oder stärker sind als wir. Es ist ehrlicher, wenn man sie als moderne Menschen und unseresgleichen betrachtet. Sie sind zufällig in einem armen Land geboren, das sich in einer schwierigen Phase befindet. Man wird den Menschen nicht gerecht, wenn man so tut, als ob es anders wäre. Und es ist auch nicht so, daß ihre oder unsere Welt zu klein geworden wäre. Trotz der Teerstraßen, Lastautos und Fernsehapparate – die Sahara bleibt unbezwungen.

Was ihren Umfang und ihre Vielfalt anbetrifft, so ist sie schwer zu fassen. Betrachtet man lediglich die äußere Ausdehnung, so handelt es sich um eine Wüste von der Größe der Vereinigten Staaten, die das nördliche Drittel des afrikanischen Kontinents ausfüllt und im Süden beinahe an den Rand des Tropenwalds heranreicht. Nur ein Fünftel dieser riesigen Fläche ist die Sandwüste, die wir uns gewöhnlich unter der Sahara vorstellen, in Form von Sandmeeren, die im Arabischen *ergs* heißen, und aus Dünen bestehen. Der Rest sind Felsen, Kieswüsten und hohe, zerklüftete Gebirgsmassive. Soweit ist man sich einig. Über diese grobe Beschreibung hinaus aber streiten sich die Geographen wegen der grundlegendsten Dinge. Wenn zum Beispiel der Begriff »Wüste« durch die dort herrschende Trockenheit definiert werden soll, ist dann der jährliche Grenzwert 150 mm Regen oder die doppelte Menge? Oder sollte »Wüste« durch das Schwanken der Niederschläge definiert werden? Durch den Grad der Verdunstung? Oder durch die Stunden im Jahr, in denen die Sonne scheint? Oder sollte man biologische Maßstäbe anlegen und die Sahara als einen Ort definieren, an dem nur ganz bestimmte Pflanzen und Tiere überleben können? Fragen über Fragen – was damit zusammenhängt, daß sich die Sahara in keine Kategorie einordnen läßt. Selbst wenn man die Wüste vor sich sieht, kann man sich nicht einbilden, sie zu verstehen. Ich habe mit eigenen Augen gesehen, wie die Sahara nach Süden vorrückt, trotz der Satellitenaufnahmen, die dies vielleicht widerlegen. Satelliten messen Temperatur, Erdbeschaffenheit und Vegetation. Ich aber nehme vor allem den Menschen als Maßstab. Ich beginne mit meinen Beobachtungen ganz oben im Norden, in Algier, einer Hafenstadt an Nordafrikas grünem Küstenstreifen, wo es auf den ersten Blick überhaupt keine Sahara gibt.

Algier war einst die schönste Stadt des französischen Kolonialreichs. Heute ist sie die Hauptstadt eines unabhängigen Algerien. Auf Hügeln an einer blauen Bucht am Mittelmeer gelegen, ist sie immer noch ein glanzvoller Mittelpunkt. Algier hat einen Stadtkern mit weiß getünchten Häusern und Boulevards, die von mit Stuck verzierten Wohngebäuden im französischen Stil gesäumt werden. Das milde Klima wird durch sanfte Seewinde begünstigt. Die eigentliche Sahara beginnt, wenn man von Algier aus mit dem Bus in südlicher Richtung fährt, jenseits der landwirtschaftlich genutzten Ebene an der Küste und des schneebedeckten Atlasgebirges. Die Besucher sprechen vom Sog der Wüste, von der legendären Anziehungskraft dieses illusionären Horizonts. Sie sagen, daß die Sahara wie ein unsichtbarer Ozean wirke. Das ist wahr. Man begegnet einer Erscheinungsform von Wüste aber auch schon früher, in der Armut und im Gedränge von Algier.

Nach einem erbitterten Krieg erlangte Algerien 1962 seine Unabhängigkeit und sah sich als selbständiger Staat vom ausgedehnten Hinterland ans Mittelmeer gedrängt. Auf der anderen Seite des Gebirges befanden sich 90 Prozent des Landes. Zyniker behaupten, daß Algeriens Unabhängigkeitskrieg ganz einfach ein Krieg um die Ölfunde in der Wüste war, und verdrehen damit die Geschichte. Die Algerier führten einen klassischen Guerillakrieg für ihre Familien, Städte und kulturellen Ideale. Etwa eine Million Menschen starben dabei. Danach regierte das Militär das Land und gab die Einkünfte von Erdöl und Erdgas für ein langwieriges und qualvolles sozialistisches Experiment aus, das dem Volk – außer der Wüste als solcher –, wenig von der Wüste ließ. So, als ob sich die Sahara nicht einfach auf die Ölquellen reduzieren ließe. Auch wenn die Wüste auf der Landkarte als Naturdenkmal erschien, so war sie in Wirklichkeit doch unbewohnbar und hinderte die stark anwachsende Bevölkerung Algeriens an der Ausbreitung. In einem Gebilde aus der Kolonialzeit wuchs Algier zu einer Stadt von zwei Millionen Einwohnern an, obwohl es nur für den fünften Teil davon gedacht war. Sie war eine in einer Reihe von Küstenstädten, in der sich der Großteil der Algerier niedergelassen hat.

Anfang der neunziger Jahre war die Wirtschaft zusammengebrochen, und die verschiedenen Volksgruppen hatten miteinander Streit angefangen. Die seit langem erwartete islamische Revolution, die im Norden ausbrach, hatte sich an Aufständen wegen des Brotpreises entzündet. Die Militärdiktatur reagierte auf die einzige Weise, die sie kannte, nämlich mit Gewaltanwendung. Der Kampf dauert immer noch an. Die Oasen im Inneren der Sahara bleiben relativ ruhig, sind konservative Hochburgen der Religion, wo die ansässigen islamischen Radikalen kaum auf ernsthaften Widerstand stoßen. Aber im dichtbesiedelten Norden, mit seiner festen Bindung an Europa, wimmelt es in den Städten nicht nur von Revolutionären, sondern auch von Soldaten, Spionen und anderen Vertretern des Establishments. Unzählige Menschen gehen zugrunde. Und man kann nicht nur die Sahara dafür verantwortlich machen. Man sollte die Sahara aber auch nicht bloß als fernen Ort ansehen, an dem es kaum regnet. Schließlich gibt es viele Arten von Durst.

Ich wohnte in Algier im Zentrum neben dem Parlament in einem Hotel, das ich von meinen früheren Besuchen kannte und wegen seiner hohen Zimmer aus der Kolonialzeit und seiner undurchschaubaren Gäste zu schätzen gelernt hatte. Es waren Regierungsbeamte und Salonlöwen, Kettenraucher, die sich bis tief in die Nacht hinein im Foyer aufhielten und leise miteinander sprachen, wobei sie sich ernst und wie Verschwörer umschauten. Sie hatten Sportsakkos über die Schultern gelegt, deren Ärmel lose herunterhingen, und sahen sich mit besorgter Miene nach mir um. Seltsam, ich fand sie beruhigend – denn sie bewiesen, daß es das alte Algerien, das sich nach wie vor am Rand des politischen Abgrunds bewegte, noch gab.

Gewitter gingen über der Stadt nieder. Von meinem Hotelzimmer im dritten Stock sah man auf die Straße. Das Wasser tropfte durch die Decke. Die Zimmertür ließ sich nicht schließen, und die Balkontür wurde immer wieder vom Wind aufgerissen, der hereinwehte. Es gab eine nächtliche Sperrstunde. Ich ließ das Licht ausgeschaltet und beobachtete in der Dunkelheit, wie eine Militärpatrouille durch den sintflutartigen Regen vorsichtig die Straße entlangfuhr. Blitze flammten auf. Ein Panzerfahrzeug stand an einer Kreuzung in der Nähe der *Kasbah*. Die *Kasbah* ist der älteste Teil der Stadt. Sie erhebt sich auf einem Hügel über dem Hafen in einem Gewirr von Straßen, die zu eng sind, um mit dem Auto hier durchzufahren. Während der Kolonialzeit war es das algerische Getto.

Nun ist ganz Algerien ein Getto. Gewehrsalven zerreißen die nächtliche Stille. Die Stadt lehrt einen, nicht in der Nähe eines Fensters zu schlafen.
Ich legte mich aufs Bett und lauschte gelassen dem Sturm. In ein paar Tagen würde ich das Gebirge überqueren und an einen Ort gelangen, wo kaum Regen fällt. Ich war schon früher in die Sahara gereist, aber nur mit dem Flugzeug und zu kurzen Aufenthalten. Ich hatte ein unbekanntes Land vorgefunden, das von Traumvorstellungen, die man von ihm hatte, ebenso verbrämt war wie von Trockenheit und Ferne – wo aber auch das Wechselspiel zwischen Europa und seinen früheren Kolonien grell zutage trat. Diese Wechselwirkung überraschte mich. Sie schien sich in Form von Spiegelungen zu vollziehen, bei denen sich Europa unwissentlich in seinen Vorstellungen von der Wüste wiederfand, während sich die Wüstenbewohner in den Städten nicht auf ihre eigene Identität besannen, sondern sich mit den Augen der Europäer betrachten. Darin sah ich noch eine andere Spiegelung, die über Afrika hinausging, eine Metapher für die Wüste, die an keinen bestimmten Ort gebunden ist.
Dieses Mal würde ich mir Zeit lassen und den Landweg benutzen. Die Sahara ist ein Landstrich ohne Gnade, ein Ort, der die Leichtsinnigen und Unglückseligen vollends aufreibt. Aber alles, was man braucht, um sie zu durchqueren, ist ein Koffer, ein bißchen Bargeld, ein gelegentliches Busticket und der Wille, sich fortzubewegen. Eine Anspruchslosigkeit, die mich reizt. Mit Rücksicht auf kriegerische Auseinandersetzungen und Grenzen hatte ich nun vor, die Sahara in einem Bogen zu durchqueren, der sich vom südlichen Mittelmeer bis zur afrikanischen Savanne und von dort nach Westen bis zum Atlantik spannt. Die Reiseroute würde mich in das höllisch heiße Kernstück der Wüste führen – einen Ort mit Felsplateaus, den die Trockenheit nahezu keimfrei gemacht hat, wo Bakterien nicht überleben können und wo sich mumifizierte

Kadaver wie von der Sonne getrocknete Datteln langsam zersetzen. Die Sahara hat so kahle Horizonte, daß Fahrer Steine mit Lastwagen verwechseln, und ist so einsam, daß sich Zugvögel neben den Menschen niederlassen, nur um nicht allein zu sein. Schon die Gewißheit von soviel Kargheit kann eine Lehre sein. Ich lag während eines Unwetters in einem Hotel in Algier und mir wurde bewußt, daß es keinen besseren Laut als das Platschen des Regens gäbe. Die Wüste lehrt einen durch Entbehrung.

Am Morgen nach dem Regen machte Algier einen sauberen Eindruck. Die Sonne spiegelte sich in den Schluchten von weiß getünchten Gebäuden. Von allen Fenstern hing Wäsche herab, was das Innere der Stadt nach außen kehrte und über die Bevölkerungsdichte und die Jugend seiner Bewohner Aufschluß gab. Nach den Kinderkleidern zu urteilen, sind der größte Teil der Bewohner Kinder. Familien mit zehn Personen sind in Wohnungen zusammengepfercht, die für zwei Personen gebaut wurden.
Wenn das Ausgangsverbot zu Ende ist, strömen die jungen Männer auf die Straße und hängen den ganzen Tag dort herum. Fabriken und Büros wurden geschlossen, und die Männer finden keine Arbeit mehr. Wenn die Statistiker die Arbeitslosen auf der Straße zusammenzählten, würden sie herausfinden, daß Arbeitslosigkeit die Stadt überrannt hat. Ob sich die Arbeitslosenrate auf 40 oder 50 oder 60 Prozent beläuft, spielt keine Rolle mehr. Lähmung setzt ein. Die islamischen Fundamentalisten wollen eine große Änderung herbeiführen. Einige sind wirklich religiös und andere tun nur so. Einige halten den Islam für ein wohlfeiles Arbeitsbeschaffungsprogramm, das die weibliche Hälfte der Bevölkerung aus dem Feld schlägt.
Als das Morden begann, rasierten sich die Fundamentalisten die Bärte ab und hängten ihre traditionellen Gewänder in den

Schrank. Heute sehen sie wie die modernen Städter aus, die sie eigentlich schon immer waren. Ich konnte sie auf dem Bürgersteig aus nächster Nähe sehen. Sie waren schlank und gepflegt und konnten es sich leisten, Espressos in den Stehcafés zu trinken. Dies ist das Gesicht der neuen Revolution, deren Anhänger sich im falschen Gewand zeigen und sich aufs hohe Roß setzen – aber größtenteils arbeitslos sind. Nur auf dem Schwarzmarkt kann man Geld machen, was für das Verständnis dieser Revolution aufschlußreich ist. Ein junger Algerier kann zum Beispiel Vergaser der Firma Peugeot von Frankreich nach Algerien schmuggeln, sie dort illegal für das Fünffache des Anschaffungspreises verkaufen und sich dafür ein Maschinengewehr beschaffen. Mit nur wenigen solcher Transaktionen kann er auch seine Familie mit versorgen. Die Geschäfte auf dem Schwarzmarkt gehen so gut, daß sich unglücklich verheiratete Männer auf den Straßen herumtreiben und über den Umschwung nachdenken können. In Algier sind es so viele, daß man durch den Verkehrslärm hindurch ihre Schritte hört.

Algier befindet sich ihretwegen in einem Belagerungszustand. Als ich einmal am Hauptpostamt vorbeiging, hatte ein Auto eine Fehlzündung. Ein Polizist geriet in Panik, stolperte und zog die Pistole aus dem weißen Lederhalfter.

Das Auto hätte wahrscheinlich nur einen neuen Vergaser gebraucht, den ihm einer der Männer auf der Straße auch hätte besorgen können. Dem Polizisten muß man allerdings vorwerfen, daß er hysterisch reagierte. Vor kurzem war aber in der Nähe eine Bombe detoniert. Und ständig wurden Polizisten ermordet – ebenso wie Journalisten, Professoren und Angehörigen des Militärs. Jeder, der den Staat oder das intellektuelle Establishment repräsentierte, war in Gefahr. Wachsoldaten standen an den Straßenecken und beobachteten angespannt die Menge, die Maschinenpistole fest an sich gedrückt, den Finger am Abzug.

Auch die Fremden waren in Gefahr. Einige waren überfallen worden, und man hatte ihnen die Kehle durchgeschnitten. Ich machte mir deswegen keine Sorgen, weil ich nicht lange bleiben wollte. Außerdem hatte ich gelernt, sehr zielbewußt auf unsicheren Straßen zu gehen, nicht stehenzubleiben und nie nach dem Weg zu fragen. Und ich wußte heute ausnahmsweise einmal den Weg.

In den Nachmittagsstunden war ich nach Hussein-Dey, einem heruntergekommenen Wohnviertel gegangen, wo jetzt Malika Belouard lebte. Sie wohnte in einem Haus mit zwei Wohnzimmern zusammen mit ihren vier Kindern, ihrer älteren Schwester, deren Ehemann und ihrer alten Mutter, die von Berbern abstammte.

Ich hatte Malika in der Sahara kennengelernt. Sie war eine sanfte Frau von vierunddreißig Jahren, mit sehr weichen, weiblichen Formen, einer braunen Haut, vollen Lippen und krausem schwarzem Haar, das sie straff aus dem Gesicht gekämmt trug. Ihr Gatte Ameur war ebenfalls mein Freund gewesen. Er hatte mir den wichtigsten Grundsatz der Oasen beigebracht: daß dort nur Dummköpfe und Fremde Schlange stehen. Aber dann hatte er sich bei einem Verkehrsunfall eine Gehirnverletzung zugezogen und für immer den Verstand verloren. Seine Mutter hatte ihn zu sich nach Hause genommen.

Völlig mittellos hatte Malika die Sahara verlassen und war mit ihren Kindern in diesem winzigen Haus am Ende einer Allee in Hussein-Dey untergekommen. Sie mußte Arbeit finden, aber es gab keine Jobs. Dann brach die islamische Revolution aus. Das Haus in Hussein-Dey wurde zu ihrer Festung. Ein schmiedeeisernes Tor und eine Betonmauer, die mit Stacheldraht abschließt, gingen zur Straße hin. Sie lebten dort wie Gefangene. Ich kam pünktlich an, offenbar hatten sie aber schon seit Stunden auf mich gewartet.

Malika sah erholt aus. Ihre Schwester, die zwanzig Jahre älter und kinderlos war, forderte mich dazu auf, Malikas Schönheit zu bewundern, was ich sowieso tat. Malika wußte das. Wir machten uns nichts vor. Ich fragte Malika nach Ameur, ihrem Mann, worauf sie antwortete, daß es keinen Wert hätte, ihn zu besuchen.

Sie antwortete mir auf französisch: »Er kann sprechen, aber wenn du ihm sagst, daß der Himmel rot ist, plappert er dir nach, daß der Himmel rot ist.« Sie war zugleich traurig und wütend. »Wie du weißt, hat er sich das selbst zuzuschreiben.« Sie hatte nun ihre eigenen Probleme – die schweren Sorgen einer alleinstehenden Mutter, die vier Kinder in einer gefährdeten Umgebung aufziehen muß. Ihr ältester Junge, Ali, war gerade vierzehn geworden. Sie legte ihm die Hand auf den Kopf, und als mich Ali ansah, sagte sie: »Er ist ein schlechter Schüler, der sich nur für Basketball interessiert. Er gewöhnt sich zu sehr an das Leben auf der Straße. Aber was soll ich tun? Ich kann ihn doch nicht die ganze Zeit einsperren!«

Dieser Gegensatz zwischen Straße und Zuhause lastete auf ihren Gemütern. Malikas älteste Schwester, Zora, hatte im letzten algerischen Krieg Vergewaltigungen und Morde miterlebt. Sie konnte den Gedanken nicht ertragen, noch ein zweites Mal in ihrem Leben solcher Barbarei ausgesetzt zu sein. »Wir bleiben für uns«, sagte Zora mit fester Stimme, als ob sie durch ihre Beharrlichkeit die Familie beschützen könne.

Ihr sorgsam gehütetes Wohnzimmer war klein und mit zwei üppig gepolsterten Sesseln und einem Sofa vollgepfropft. An den Fenstern hingen Samtgardinen. Ein Bruder, der sich für Algeriens Unabhängigkeit geopfert hatte, starrte unverwandt von einer Fotografie herab, die schwarz umrandet an der Wand hing. Neben ihm stand der Fernseher, dessen Bildschirm rot und grün war, aber wenigstens noch funktionierte. Das Lieblingsprogramm war eine mexikanische Seifenoper über eine reiche Familie, die an der fernen Pazifikküste lebt. Sie lief in der arabischen Synchronfassung. Malika sagte: »Ich mag die Serie, weil sie mich so weit fortträgt.« Ich war mir nicht sicher, wie ich das verstehen sollte. Als Frau in einer islamischen Welt hatte sie die Angewohnheit, sich in Rätseln auszudrücken.

Wenn die Abendserie anfing, verstummte jede Unterhaltung. Danach lächelte Zora gequält und sagte: »Du hast nun gesehen, wie wir unsere Zeit verbringen. Es ist kein richtiges Leben mehr, wenn einem das Fernsehen die einzige Fluchtmöglichkeit bietet.«

Ich fragte Malika, ob sie vorhabe, in die Sahara zurückzukehren. Sie erwiderte: »Die Sahara ist nichts für eine Frau.«

Zora fügte hinzu: »Hier sind wir wenigstens beieinander.«

Was soviel hieß wie: Hier kann ich Malika wenigstens beschützen.

Und sie hatte recht. Zora war klüger und sentimentaler als Malika und hatte gute Nerven. Sie stand dem Haushalt vor. Ihr Ehemann war Gendarm, ein Mitglied der Staatspolizei, aber ein verhältnismäßig sanftmütiger Mensch. Einmal schlug er ihr in meiner Gegenwart wehmütig vor, ihren Job als Leiterin eines benachbarten Krankenhauses aufzugeben. Er dachte, daß sie sich dann auf ihre traditionelle Rolle als muslimische Frau besinnen würde. Zora schnaubte verächtlich und sagte zu mir: »Sehen Sie? Die religiösen Fanatiker haben ihm schon den Kopf verdreht!«

Später gestand sie mir: »Er hat mich darum gebeten, den Schleier zu tragen, woraufhin ich ihm gesagt habe, daß ich lieber aus Algerien fortziehen würde!« Sie bereitete ihm sein Essen zu und wusch ihm seine Wäsche, seine Meinung zählte für sie aber nur insofern, als sie für sie wichtig war. Ihr Job war ihr wichtig, und die Familie brauchte das Geld.

Ohne es zu wollen, waren sie im Kulturkampf aneinandergeraten. Der Gendarm war ein Zivilbeamter ohne Kampfgeist, er hatte das Leben in der Kaserne satt. Er hätte sich gerne pensionieren lassen und sich im Café bei der Moschee in der

Nachbarschaft herumgetrieben. Er wäre über die neuen Machthaber froh gewesen. Aber Zora hätte es sich nicht gefallen lassen. Bei der Arbeit kannte man sie als strenge Vorgesetzte, in ihrer Nachbarschaft für die strikte Ablehnung der Revolutionäre. Als gläubige Frau war sie zweimal nach Mekka gepilgert, nun konnte sie es aber nicht mehr ertragen, am Gottesdienst in der Moschee teilzunehmen, und betete zu Hause. Das fiel auf. Zoras Vorstellung, daß die Familie für sich blieb, war illusorisch. Dem Bürgerkrieg konnte man nicht so leicht entrinnen.
Ich weiß nicht, wieviel sie sich in der Öffentlichkeit zu sagen getraute. Persönlich verabscheute sie besonders das Wiederaufkommen des Schleiers. Sie machte die synthetischen Gewebe für die pickeligen Gesichter der Frauen verantwortlich, die sie in der Klinik zu sehen bekam. Sie sprach über die Heuchelei, über die Frauen, die den Schleier abstreifen, wenn sie nicht zu Hause sind, und über die Sünde, die von den frömmsten Menschen begangen wird.
»Die Menschen ändern sich eben«, sagte ich.
Zora schnaubte verächtlich: »Noch vor kurzem waren diese Frauen voller Leben und plauderten und lachten. Und nun gebärden sie sich wie Zombies. Plötzlich sind sie stumm, verschanzen sich hinter ihren Schleiern und tun so, als ob sie alles mißbilligten.«
Die Nacht brach an und brachte wieder Regen. Vor der Polizeistunde verfrachteten mich die beiden Schwestern in Zoras alten Fiat, um mich durch die Stadt zum Hotel zurückzubringen. Malika saß auf dem Rücksitz mit ihren drei jüngsten Kindern. Wenn ihre Schwester dabei war, sprach sie wenig. Zora fuhr unbeholfen, mit einer Vorsicht, die man bei ihr nicht vermutete. Wir bogen aus der Gasse, wo das Haus stand, tasteten uns auf der Straße vor, deren Gebäude mit islamischen Slogans vollgeschmiert waren, und fuhren dann um die Moschee herum.

Zora deutete wütend auf die Männer, die am Eingang standen. »Sie können so fromm tun, wie sie wollen, sie vergessen aber, daß wir sie von klein auf kennen! Wir vergessen das nicht! Und sie wollen *mich* über den Islam aufklären! Vor ein paar Jahren haben sie noch die Straßen unsicher gemacht und Alkohol getrunken!«
Wir kamen zu einem Halteschild, an Männern vorbei, die im Platzregen diskutierten. »Sieh sie dir an«, stieß Zora hervor. »Sie protzen damit, daß sie bis kurz vor der Polizeistunde auf der Straße sind. Sie gehen nicht einmal vor dem Regen ins Haus, sie sind zu dumm.«
Ich war friedlich gestimmt und wäre lieber mit Malika allein gewesen. Zora war zu aufgebracht und konnte dem Regen nichts abgewinnen. Beim Einsteigen hatte sie die Kinder ins Auto getrieben, als ob ihnen die Regentropfen schadeten. Malika hatte angehalten und zum Himmel aufgeblickt. Malika war zwar der Ansicht, daß die Sahara nichts für Frauen wäre, aber sie war trotzdem von ihr erzogen worden.
Auch die Revolutionäre hatten von ihr gelernt. Zu Beginn der Unruhen hatte das Militär Tausende von jungen Männern in den Straßen der Großstadt aufgelesen und sie in die Lager tief im Inneren der Sahara verschleppt, um sie zu bestrafen und ihnen den Kopf zurechtzurücken. Aber der Aufenthalt im Lager konnte die Revolution nicht dämpfen. Die Sahara lehrt durch Entbehrung. Die Revolutionäre lernten zu entbehren. Als sie nach Algier zurückkamen, waren sie über das Stadtleben hinausgewachsen. Die Männer am Halteschild sahen nicht wie Faulenzer aus, waren vielmehr in ihre Unterhaltung vertieft. Ich glaube, sie hatten gelernt, den Regen zu lieben. Die Wüste hatte sie geprägt.

# 2.
# Vom Paradies

Die Franzosen eroberten die Sahara zu Beginn des 20. Jahrhunderts. Dann versuchten sie, sie zu verstehen. Ethnologen erkundeten vorsichtig die Lage und machten Aufzeichnungen über die Lebensweisen der Wüstenbewohner. Diese veröffentlichten sie in kleinen Büchern, die in den Magazinen der Bibliotheken verschwanden und bis heute kaum wiederentdeckt wurden. Ich fand darin die folgende Fabel:

Der Prophet Mohammed hatte einen Esel, auf dessen Rücken er eines Tages zu einer nahe gelegenen Oase aufbrach. Als sie schon die Hälfte des Wegs gegangen waren, fragte der Esel den Propheten: »Warum hast du einen Stock in der Hand?«

»Damit ich ihn gebrauchen kann, wenn du dich weigerst, weiterzugehen«, antwortete der Prophet, »er dient dazu, störrische Tiere wie dich zu schlagen.«

»Wirf den Stock weg!« sagte der Esel. »Wenn ich nicht folgsam bin, kannst du mit mir machen, was du willst.«

Der Prophet tat so, als ob er den Stock wegwerfen würde, versteckte ihn aber statt dessen in seinem Mantel. Kurze Zeit darauf weigerte sich der Esel, weiterzugehen. Der Prophet sagte: »Aber du hast mir doch versprochen, weiterzugehen!«

»Ja, ich habe es dir zwar versprochen, aber meine Meinung geändert. Mach nun, was du willst. Du hast nur deine Hände, ich aber habe meine Hufe.«

Als er dies hörte, holte der Prophet den Stock unter seinem Mantel hervor und gab dem Esel hundert Schläge, bis ihm die Zunge heraushing. Dann verfluchte er den Esel und verdammte ihn zu täglichen hundert Schlägen bis an sein Lebensende. Und wenn ihn ein zukünftiger Herr etwa verschonen sollte,

weil er gehorchte und hart arbeitete, dann würde er die Prügel von den Engeln beziehen.
Das sind die Geschichten, die Wüstenbewohner wahrscheinlich ihren Kindern erzählt haben, um ihnen das klägliche Los der Esel in der Wüste zu erklären. Und was noch wichtiger ist, es sind die Geschichten, die die Franzosen weitererzählten.
Ein anderer Ethnologe hörte die Geschichte von Gott, der mit dem Esel Mitleid hatte und verkündete: »Genug des Elends! Ich habe beschlossen, den Esel ins Paradies einzulassen.«
Der Esel war überglücklich und rief aus: »Endlich werde ich mich ausruhen können!«
Als er an den Eingang des Paradieses gelangte, öffnete sich das große Tor für ihn. Er streckte den Kopf hinein und erblickte dort eine grüne Oase mit Blumen und Obstbäumen. In den Flüssen flossen Milch, Wein und Honig, und die Frauen waren sehr anziehend. Der Esel entdeckte aber auch Kinder, die auf den Straßen spielten.
Der Esel zog seinen Kopf schnurstracks zurück und sagte: »Kann dies das Paradies sein? Wo Kinder, die Esel auf der Erde quälen, ebenfalls zugelassen sind? Dann will ich nicht hierbleiben und lieber ins leidvolle Leben zurückkehren!«
Er verließ das Paradies, aber erst nachdem ihm der Himmelsglanz das Maul gebleicht hatte. Seitdem haben Esel ein weißes Maul.
Die Franzosen lehrten, daß ein Saharabewohner, wenn er einen Esel ohne weißes Maul entdeckt, zu seinem Kind sagt: »Armes Tier, es hat das Paradies nicht gesehen!«
Die Franzosen waren verständnisvolle Herrscher. Ihre Ethnologen erklärten, warum Kinder in der Sahara Esel mit Steinen bewerfen, als ob französische Kinder dies nicht tun würden.

# 3.
# Über den Atlas

Früh am Morgen nahm ich den Bus nach Biskra, einer algerischen Oase im Osten, an der Grenze zu Tunesien. Der Bus hieß *Express*, weil er nur einen Tag zum Überqueren des Gebirges brauchte. Die Fahrgäste, die an der Bushaltestelle in Algier einstiegen, besetzten zuerst die Plätze und drängten sich dann im Mittelgang. Mit verschlossenen Mienen warteten sie darauf, daß der Bus abfuhr, als ob sie die Fahrt nur schweigend ertragen könnten. Schlingernd und ächzend fuhr der Bus im Morgengrauen von der Station ab. Er stank nach einem defekten Motor, heißem Öl und Staub. Ich war etwas besorgt, weil Biskra 300 Meilen weit weg war, wollte mir aber über die Entfernung nicht allzu viel Gedanken machen. Die Wüste lehrt einen Geduld – was sich natürlich schwer erlernen läßt.
Wir fuhren bei Nieselregen durch Algier. Die Außenstadt zog sich meilenweit am Mittelmeer entlang in Anhäufungen von trostlosen, hohen Wohnblocks aus Beton, die allmählich in Anbaugebiete übergingen. Gelegentlich sah man Ruinen von französischen Bauernhäusern hinter einer von Palmen gesäumten Einfahrt. Der Boden sah fruchtbar, aber vernachlässigt aus. Es ging auf Mittag zu. Der Straßenverkehr nahm ab. Wir kamen durch schmutzige Ortschaften mit riesigen, halbfertigen Ziegelbauten. Der Abfall in den Gullys verrottete und die Fabriken standen still. Fahrgäste stiegen ein und aus, der Bus wurde langsam leerer. Wir passierten Militärkontrollen und einen Transport mit bedauernswerten Soldaten, der neben der Straße stand und einem wie Kanonenfutter für die Revolution vorkam.
Mitten auf den Feldern hielten zwei Universitätsstudenten den

Bus an, setzten sich neben mich und diskutierten einen politischen Text. Sie sprachen Französisch, weil der Text auf französisch war, und sie sprachen laut, weil sie wollten, daß ich alles mitbekam. Es ging dabei um die Aufnahme von muslimischen Emigranten in den Schulen von Paris. Die Studenten hatten den verpönten europäischen Standpunkt des Buches übernommen und stimmten darin überein, daß Kopftücher für muslimische Mädchen unannehmbar wären. Sie nahmen keine Notiz von mir, vielleicht genügte es ihnen, zu wissen, daß ich zuhörte. Sie schienen sich in meinem Blick widerspiegeln und von den unbedarfteren Algeriern im Bus absetzen zu wollen. Wahrscheinlich ist es nicht verwunderlich, daß 30 Jahre nach der Unabhängigkeit Algeriens von einigen Angehörigen der Mittelschicht immer noch Wert darauf gelegt wird. Und selbst ihre Gegenspieler, die islamischen Revolutionäre, brauchen ein Publikum von Außenstehenden, um sich zu definieren.

Die Studenten stiegen in der Nähe eines heruntergewirtschafteten staatlichen Landwirtschaftsbetriebes aus. Sie wurden plötzlich ganz still und blieben verdrossen auf dem schlammigen Seitenstreifen stehen, als der Bus abfuhr und sich immer weiter von Paris entfernte.

Vor dem Atlas bildete sich eine dunkle Wand, die in Dunst und Wolken überging. Der Weg wurde enger, verlor sich und stieg dann zwischen steilen Felswänden empor. Eine Steigung, die der Bus kaum mehr schaffte. Keuchend kroch er im ersten Gang den Berg hinauf. Der Boden um den Weg herum war aufgerissen, vom Regen ausgewaschen und glitschig. Wir fuhren an Wäldern von verkrüppelten, immergrünen Pflanzen vorüber und durch Mulden, in denen Luzerne und Gemüse wuchs. Einheimische, die Esel ritten, sahen uns ungerührt zu, wie wir uns abmühten. Am Nachmittag bot sich wieder ein weiter Ausblick, als wir über die grasbewachsenen Hochplateaus fuhren, die sich im Inneren des Atlas, 1000 Meter über

dem Meeresspiegel, befinden. Die Landschaft ist durchsetzt mit aufragenden Gipfeln, Felsvorsprüngen und Tafelbergen wie im amerikanischen Südwesten.
Hinter der Stadt Bou Saada wurde das Land trotz des anhaltenden Nieselregens langsam trockener. Wir kamen zu den Reihen von Pinien, dem berühmten »grünen Wall«, der sich von Osten nach Westen durch ganz Algerien hinzieht. Mit der Aufforstung versuchte einst die algerische Armee, die Sahara zurückzudrängen. Man wollte damit dem Sand Einhalt gebieten, als ob Sand ansteckend oder das Krebsgeschwür wäre, das den Niedergang des Landes verursacht hatte und nicht nur sein Symptom. Die Sahara erschreckt die Menschen in ihrer Umgebung. Wenn Sandstürme die Oberfläche der Sahara in die Stratosphäre tragen und der Wüstenstaub im fernen Europa und in der Karibik niedergeht, bekommen es die Menschen auch dort mit der Angst zu tun. Den Algeriern erging es nicht anders. Sie befürchteten, ins Meer getrieben zu werden – und tatsächlich waren auch viele gezwungen, auszuwandern. Allerdings waren Überbevölkerung und fehlgeschlagene landwirtschaftliche Experimente und nicht das Vordringen der Sandwüste die Faktoren, die das Land zerstörten. Die Armee zog gegen einen Mythos ins Feld und ignorierte dabei den eigentlichen Feind zu Hause.
Trotzdem erfüllte der »grüne Wall« einen Zweck. Die Bäume muten einen zwar wie in Käfige gesperrte Kanarienvögel in einem Bergwerk an, ihr Überleben aber bestätigt, daß die Küste im Augenblick sicher ist. Der Grund dafür ist einfach: Die Sahara breitet sich eben nicht nach Norden aus. Wenn dies der Fall wäre, würde sie die Bäume ohne Anstrengung vernichten. Jede Wüste ist ihrem Wesen nach allmächtig, und die Sahara, die das menschliche Fassungsvermögen übersteigt, ist die mächtigste aller Wüsten. Sachlicher ausgedrückt, wurde die Sahara durch globale Klimakonstellationen geschaffen, die bewirken, daß die Atmosphäre über ganz Nordafrika auf die

Erdoberfläche drückt und sie dabei austrocknet. Um solch eine Wüste vom Vorrücken abzuhalten, würde man einen Wall brauchen, der mächtiger ist als alles, was von Menschenhand erschaffen wurde, wie etwa der Gebirgszug des Atlas. Und möglicherweise funktioniert auch das nicht, denn die Sahara unterwirft sich ganze Gebirgszüge.

Der Atlas wirkt sich auch tatsächlich auf das Wetter aus, aber eben nur insofern, als er die Feuchtigkeit aus den Seewinden herauspreßt. Der letzte Rest dieser Feuchtigkeit schlug sich nun nieder, als der Bus noch die 300 Meter über der Hochebene erklommen hatte. Der Regen ging in Schnee über und fegte, vermischt mit Wolken, über die kahlen Berge.

Wir hielten an, damit nomadische Berber ihre Ziegenherde über die Straße treiben konnten. Die Nomaden machten einen verfrorenen Eindruck. Ihre niedrigen Zelte, die man in der Ferne sah, boten nur einen notdürftigen Schutz vor dem Wetter. Der Schnee fiel nun in dichten Flocken.

Berber sind die Ureinwohner Nordafrikas, und obwohl die wenigsten von ihnen noch als Nomaden leben, machen sie den Hauptteil der Bevölkerung aus. Ihre Ursprünge liegen weitgehend im dunkeln. Es sind weder Araber noch Schwarze, schöne Menschen mit einem kupferfarbenen Teint und dunklem Haar. Malika stammt von Berbern ab. Im 19. Jahrhundert behaupteten französische Imperialisten, daß die Berber von den Kelten abstammten und nun wieder »nach Hause« kommen dürften. Romantiker behaupteten, daß sie von Atlantis' untergegangenen Bewohnern abstammten. Die Berber haben ihre eigenen Mythen. Nach gegenwärtigen, vorsichtigeren Theorien sollen die Berber von eurasischen Reitern abstammen, die vor 4000 Jahren in Afrika eingefallen sind, oder von noch älteren Ureinwohnern. Anthropologen sind davon überzeugt, daß Nordafrika seit mindestens 200 000 Jahren von aufeinanderfolgenden Volksstämmen bewohnt war. Als die Römer an der nordafrikanischen Küste Kolonien gründeten, lebte dort der gleiche Volksstamm wie heute. Die Römer taten sie kurzerhand als »Berber« ab, was von *barbarus* kommt, dem griechischen Wort für »fremd und unzivilisiert«, was sie auch wirklich waren.

In diesem Sinn drückt das Wort »Berber« immer noch die landläufige europäische Haltung gegenüber den Nordafrikanern aus, obwohl die Bezeichnung »Araber« heutzutage viel gebräuchlicher ist. Was man allerdings von den Arabern sicher behaupten kann, ist, daß sie höchst kultiviert sind. Durch Mohammeds Lehren inspiriert, kamen sie mit ihren Heerscharen im 7. Jahrhundert n.Chr. aus dem Mittleren Osten nach Nordafrika, wo sie nicht lange verweilten. Als die Krieger wieder abgezogen waren, blieben die Leute aus ihrem Gefolge als Kaufleute und Missionare zurück. Sie begannen im Süden, in der Sahara, Handel zu treiben, vermischten sich mit den Berbern und lehrten sie eine neue Philosophie und Religion und ihre Sprache, um dies verstehen zu können. Über die folgenden Jahrhunderte erreichte diese mächtige Mischkultur jeden Winkel der Wildnis und trat an die Stelle der ursprünglichen Berber-Traditionen. Nordafrika ergab sich nicht den Arabern, sondern wurde von ihnen belehrt und unterwarf sich einem kollektiven Sinneswandel. Am hartnäckigsten hielten sich die alten Traditionen bei den rauhen Hirtenvölkern des Nordens und den noch widerstandsfähigeren Tuareg in der Zentralsahara, einem Berber-Stamm, der ursprünglich aus dem Norden kam und bis heute seine Berber-Traditionen und -Sprache bewahrt hat. Aber auch die Tuareg traten zum Islam über.

Der Bus hielt in einem Ort aus Steinhäusern an. Die Frauen kamen aus ihren Häusern, um ihre zurückkehrenden Männer und Söhne zu begrüßen. Sie trillerten in den höchsten Tönen, es war der gleiche Ton, der die französischen Patrouillen im Unabhängigkeitskrieg so erschreckt hatte. Die Männer trugen Burnusse, braune Gewänder aus Wolle mit spitz zulaufenden Kapuzen, die aussahen wie die Kutten der Mönche im Mittel-

alter. Angelockt von den Fremden und dem Duft der Ferne, kamen die Kinder durch den Schlamm gewatet.
Der Busfahrer war ebenfalls ein Berber, aber seine Familie war schon vor Generationen aus den Bergen weggezogen. Ein Mann mit harten Gesichtszügen und einem modischen Haarschnitt. An irgendeiner Haltestelle hatte er meinen Blick im Rückspiegel aufgefangen und mir durch eine Grimasse zu verstehen gegeben, daß er für diese Bauern kein Verständnis hatte. Mir fiel auf, daß er mit ihnen so wenig wie möglich sprach. Er hatte bequeme schwarze Hosen an, ein seidiges weißes Hemd und elegante Schuhe, die mehr zum Tanzen als zum Fahren geeignet schienen. Je weiter wir uns von Algier entfernten, desto weniger schweifte sein Blick über den Weg hinaus. Der Bus war seine Oase. Nur einmal stieg er aus, um sich an einer Steinhütte am Straßenrand einen Kaffee zu holen. Er hatte Kassetten mit schlechter europäischer Rockmusik dabei und schien von einem flotteren Leben irgendwo anders zu träumen. Sicher haßte er es, wie das Land am südlichen Atlas immer leerer wurde.

Am späten Nachmittag gelangten wir in die Sahara, und zwar während der Fahrt vom Gebirge ins Tal, so als ob wir durch eine durchsichtige Wand gedrungen wären. Es hörte plötzlich auf zu regnen, die Luft erwärmte sich und die sengende Sonne löste die Wolken auf. Wir kamen zu einer erhöhten Stelle, und die Sahara tauchte unter uns auf – eine leuchtende Ebene ohne Bäume, die sich im Süden in kahlen Bodenfalten bis zum Horizont hinzog. Eine Rauchwolke markierte eine unsichtbare Oase. Der Blick reichte so weit, daß man sich einbildete, die Erdkrümmung zu sehen.
Als wir hinabkamen, wurde aus der einförmigen Ebene eine gewellte Wüste aus gelbem Sand und ockerfarbenem Staub mit umhergestreuten Steinen, die von scharf geschnittenen Gräben

durchzogen war. Stachelige Büsche hatten entlang der Gräben und im Schatten der Felsen Wurzeln geschlagen. Ein Kamel fraß dürres, mageres Gras. Im Bus wurde es heiß. Ich öffnete ein Fenster, um den Wind hereinzulassen. Die Luft roch nach gebrannter Erde und schmeckte nach Sand. In der Ferne hatte eine Gruppe von Dattelpalmen ohne menschliche Hilfe überlebt. Der Himmel hing tief, glühend und erbarmungslos. Er ließ nicht einmal den Gedanken an Regen aufkommen.

Biskra ist eine Stadt mit ansehnlichen Häusern aus Zement und Lehmsteinen, Arkaden im französischen Kolonialstil und 20 000 Einwohnern. Sie liegt an einem ausgetrockneten Fluß, der sich aus dem Gebirge herauswindet, bevor er sich in der Wüste verliert. Trockene Flußbetten sind die wesentlichsten Merkmale jeder Wüste, und sie haben viele Namen. Allein in den Vereinigten Staaten werden sie je nach Region *gulches, gullies, creeks, coulees* und *arroyos* genannt. Zum richtigen Verständnis einer Wüste trägt es bei, den regionalen Begriff zu verwenden. In der Sahara spricht man von einem *oued,* es ist das arabische Wort für »Fluß«. *Wadi* wird weiter im Osten verwendet. Überall versteht es sich von selbst, daß es sich um ausgetrocknete Flußläufe handelt.
Trotzdem sind in einigen *oueds,* wie zum Beispiel in Biskra, riesige Mengen Wassers unmittelbar unter der Oberfläche gespeichert. Das unterirdische Wasser bestimmt das Leben in der Stadt. In dieser Beziehung ist Biskra eine typische Oase der Sahara – kein Wasserloch, wie man es sich bei uns ausmalt, sondern eine Siedlung, die man um ergiebige Brunnen baute. Was die Bewohner von Biskra die Oase nannten, war nicht die eigentliche Stadt, sondern ein Hain über dem *oued*, ein Garten von drei Quadratmeilen Ausdehnung, wo Gemüse, Obstbäume und 150 000 Dattelpalmen wuchsen. Die Anzahl der Dattelpalmen war allgemein bekannt, weil Dattelpalmen in

der Sahara sehr viel bedeuten. Weniger wichtig war dagegen die Einwohnerzahl. Biskra ist Provinzhauptstadt nicht wegen seiner Einwohnerzahl, sondern weil es eine Reihe von Oasen beherrschte, in denen insgesamt 1 500 000 Palmen wuchsen. Außerdem verfügte es über ein paar große Fabriken, in denen Datteln verarbeitet wurden.

Eine dieser Fabriken ging am Abend meiner Ankunft in die Luft. Bei der Explosion wurden zwanzig Arbeiter getötet und verbrannten. Der Vorfall machte im staatlichen Fernsehen Schlagzeilen, weil es sich dabei um eine altmodische, industrielle Katastrophe handelte und nicht um ein revolutionäres Ereignis. An diesem Abend lungerten junge Männer in den kleinen Straßencafés um den Platz in der Stadtmitte herum. Die Frauen blieben nicht stehen, sondern huschten in Schleiern und pluderigen Gewändern im Schutz der Mauern vorbei. Einige trugen Jeans, aber auch sie eilten in Gruppen vorüber. Die Männer musterten sie verunsichert, es waren Blicke, in denen sich Begierde mit Verachtung paarte. Biskra ist ein weltoffener Ort. Als die Sonne unterging, tauchten die Straßenlampen den Platz in orangefarbenes Licht. Ich schlürfte langsam den bitteren Kaffee und trank ihn zur Verwunderung meiner Tischnachbarn ohne Zucker. Sie fragten mich über die Cowboys aus. Ich sagte ihnen, daß die Cowboys sehr viel dünneren Kaffee trinken, was sie verwunderte, ihnen aber auch wieder gefiel.

Das Hotel war staatlich. Die einzigen Gäste waren ausländische Techniker. Eine kleine Gruppe von Briten, Franzosen und einem Amerikaner. Sie waren von der jeweiligen Regierung geschickt worden, um der islamischen Revolution die Stirn zu bieten und westliche Ideen in der Wüste zu verwirklichen. Sie bekamen dafür Härtezulagen. Notgedrungen hielten sie zusammen. Ich traf sie im Hotelrestaurant, wo die Songs von Michael Jackson aus den Lautsprechern schallten, und auf der Speisekarte Gerichte standen, die es gar nicht gab.

Nach dem Essen gingen wir an die Bar, wo aus religiösen Gründen kein Alkohol mehr ausgeschenkt wurde. Besonders die Briten schienen über den Entzug verärgert zu sein. Was Bewässerungspumpen und Mixgetränke anbetraf, schienen sie Experten zu sein. Es waren Zyniker, die, nachdem sie sich einmal den kläglichen Restprivilegien des weißen Mannes verschrieben hatten, weder die Eingeborenen länger ertragen noch nach Hause zurückkehren konnten. Bei dem Amerikaner war es anders, weil er seine Heimat niemals richtig verlassen zu haben schien. Er kam aus Tuscumbia, Alabama, am Tennessee-Fluß, und nannte sich Chuck. Chuck war fünfundsechzig, hatte ein hageres, faltiges, verlebtes Gesicht, ein Glasauge und eine Schirmmütze, die mit einem amerikanischen Football verziert war. Auf der Mütze stand: *Zeig Stolz, Alabama – geh mit der Zeit!* Ich war der erste Amerikaner, den er seit fast einem Jahr gesehen hatte. Er sagte: »Das finde ich aber toll!« und nötigte mich immer wieder zu alkoholfreien Drinks.
Die Briten wollten über den Alkohol sprechen, den es nicht gab. Sie beschrieben etwas, das sie Eistee nannten, eine Mischung von klaren Schnäpsen, die einen bewußtlos machte. Ich brachte die Sprache auf Algerien.
Sie stöhnten. Einer sagte: »Wozu man in Marokko und Tunesien achtundvierzig Stunden braucht, braucht man in Algerien achtzehn Monate.«
Ich antwortete: »Vielleicht sehen die Dinge auch besser aus, wenn man sie aus der Ferne betrachtet.«
Chuck sagte: »Was macht das schon? Für mich ist das hier sowieso alles Wüste.«
Er meinte damit alles, was weit weg war von zu Hause, einschließlich Großbritanniens. Er war scharf auf Nachrichten vom amerikanischen Football. Die Universität von Alabama interessierte ihn dabei besonders. Er war sauer, daß er nicht mehr auf dem laufenden war.

Er lud mich auf sein Zimmer ein, wo er Kassetten von Guy Lombardo, Romane von Robert Ludlum, einen Wasserfilter und eine Heizplatte hatte. Er zeigte mir seine Kartons voll Süßigkeiten-Riegel, Kartoffelmehl, Bohnen, Frankfurter Würstchen und Makkaroni. Das Zimmer roch nach Deospray, den Chuck täglich versprühte, um den Toilettengeruch loszuwerden. Er sagte mir, daß er sich wie ein Gefangener fühle. Damit meinte er isoliert und einsam.

Chuck war spezialisiert auf die Hühnerzucht. Er war im Auftrag der Vereinigten Staaten von Amerika nach Biskra gekommen, um hier eine mustergültige Hühnerzucht aufzubauen und den Wüstenbewohnern zu zeigen, wie man Hühner am Fließband erzeugt. Aber Chuck stand nicht hinter der Sache: »Das sind unsere Steuergelder«, beschwerte er sich, »Ihre und meine. Verdammte Verschwendung!«

Er war wütend, weil er zum Teil selbst daran schuld war, hier zu sein. Wir saßen in zwei Sesseln am offenen Fenster und unterhielten uns bis tief in die Nacht hinein. Er fragte mich nach meiner Arbeit in der Sahara, und ich sagte etwas Belangloses über dortige Ereignisse, als ob es sie wirklich gäbe. Er durchschaute meine Absicht und fragte mich, wo ich die ganzen Jahre über gewesen wäre und warum ich die Reisen unternommen hätte. Ich sagte, daß ich aus Neugierde gereist wäre, um meinen Horizont zu erweitern. Er sagte mir, daß er das Reisen satt hätte, daß auch er, seit er berufstätig war, die meiste Zeit herumgereist sei, aber nur, weil er in einem Ressort des Landwirtschaftsministeriums für seine Ausdauer bekannt gewesen sei. Er hatte das Bedürfnis, darüber zu sprechen.

»Sie sitzen dort in irgendeinem verdammten Büro, und so ein verdammter Kerl sagt: ›Hühner‹, und ein anderer sagt: ›Schick doch Chuck – er wird's schon machen.‹«

Was auch wirklich der Fall war.

Er sagte: »Zuerst machte ich mir kaum Gedanken darüber. Korea, noch viel früher Vietnam, Pakistan. Nach einer Weile

konnte ich mir nicht mehr vorstellen, etwas anderes zu tun. Für die Hühner stimmte die Kohle. Dann wieder Vietnam, Ägypten, ein paar andere Orte. Algerien? Ich wünschte, ich hätte jemandem nur dieses eine Mal gesagt, er könne mich mal.«
Hier in Biskra drohte er beständig, abzuhauen, was natürlich nicht dasselbe ist.
»Es wäre ja nicht so schlimm, wenn diese Leute Hühner wollten, aber dies ist nicht der Fall und wird es niemals sein.«
Er hatte ein ansehnliches Guthaben auf der Bank.
Er guckte mich mit seinem gesunden Auge an und war sich dabei nicht bewußt, daß sein Glasauge verdreht war. »Sind Sie verheiratet?« fragte er.
Ich sagte: »Ja«, aber ich glaube nicht, daß er mich gehört hat.
Er sagte: »Ich bin zwanzig Jahre lang Junggeselle gewesen, und ich schwöre, daß meine nächste Frau eine taubstumme Barbesitzerin sein wird.« Ein Kalauer, eine verbale Verrenkung, bei der nicht einmal er lachen mußte. Im Lauf der Jahre war seine Familie auf eine verwitwete Schwester auf einem Bauernhof in Alabama zusammengeschmolzen. Er tröstete sich mit dem Gedanken an seinen Ruhestand: »Florida für die kalte Jahreszeit, Alabama fürs Fischen.«
Am nächsten Morgen begleitete ich ihn zur Post, wo er in seinem Postfach nachsah, das aber leer war. Er beschwerte sich, daß die Briefe von seiner Schwester über einen Monat brauchten. Das konnte ich nachempfinden. Er gab mir algerische *Per Luftpost*-Aufkleber für meine eigenen Briefe.
Er wollte mich nicht gehen lassen.
Wir tauschten Adressen aus, und ich ließ ihn mitten in der Stadt stehen: einen kleinen Mann mit karierter Hose, einer Sonnenbrille zum Herunterklappen und Turnschuhen an den Füßen.

# 4.
# Dünenstadt

Hinter Biskra fängt die Sahara dann erst richtig an. Das ist der Große Norden, die Wüste, wie man sie sich gewöhnlich vorstellt – ein glühend heißes Flachland aus fahler Erde mit einem Palmengarten, der sich wie eine dünne, grüne Linie in der Ferne hinzieht, und einem Meer von Dünen. Wenn man die Augen schließt, kann man es vor sich sehen.
Aber die Wüste im Norden wartet auch mit Überraschungen auf. Die erste ist das Öl, dem die neugeborene Nation über Gebühr Beachtung schenkte. Die zweite sind die großen, unterirdischen Wasservorkommen, die aus kleinen Städten große werden ließen. Die dritte ist eine Folge des Reichtums und des Wassers und besteht in einem Netz von ausgebauten Straßen, die das Fahren im Norden beinahe leichtmachen. Die Wege sind eng und manchmal von Treibsand blockiert, aber sie werden instand gehalten und sind übersichtlich.
Abseits der Straßen ist es aber immer noch die unermeßlich große Wüste: flach, glühend heiß und schwer befahrbar. Die Entfernungen zwischen den Oasen betragen 100 Meilen oder mehr. Autofahrer, die quer durchs Gelände fahren und nur minimal von ihrer Richtung abweichen, verfehlen ihre Ziele möglicherweise um Meilen und fahren dann in Panik im Kreis herum, bis sie nicht mehr weiter können. Satellitennavigation wäre nützlich, aber die Fahrer können sich kaum runderneuerte Reifen an ihren Autos leisten. Es empfiehlt sich also, auf den ausgebauten Straßen zu bleiben, wo man in der Nähe gewöhnlich Hilfe bekommt. Die Straßen werden von Kühlwagen, Militärkonvois, Privatautos und Schwärmen von gelben Taxis benutzt. Diese Taxis sind die vierte Überraschung.

Wenn man die Augen schließt und an die Sahara denkt, stellt man sich gewöhnlich keine Flotte von qualmenden Peugeot-Kombiwagen vor, die dringend einer Reparatur bedürften. Sie müssen zugelassen sein, pendeln zwischen benachbarten Oasen hin und her, und anders als die Buschtaxis im südlich der Sahara gelegenen Teil Afrikas transportieren sie kaum mehr als das zugelassene Maximum von sieben Leuten einschließlich des Gepäcks. Aber sie fahren auch selten ohne volle Ladung ab.

Man geht also zur Haltestelle, sucht sich den richtigen Peugeot aus, wirft einen prüfenden Blick auf die Reifen, vereinbart einen Fahrpreis und wartet. Man fragt aber nicht nach der Abfahrtszeit, weil der Fahrer keine Ahnung davon hat und immer mit »bald« antwortet.

Die Wartezeit kann eine Stunde oder mehrere Tage dauern. Unbegrenztes Warten ist eine gute Vorübung für die Zentralsahara, wo es keine Wege oder Taxis gibt und die Transportmöglichkeiten bestenfalls ungewiß sind. Doch irgendwo zu warten ist eine unangenehme Beschäftigung. Im Norden sucht man in Sichtweite des Taxis einen schattigen Platz. Es gibt keine Reservierungen, und unversehens hat ein Taxi mit einem freien Platz drei Fahrgäste zuviel. Wenn man nicht um seinen Platz kämpft, verliert man ihn und man beginnt wieder von neuem mit dem Warten. In einigen Oasen saß ich tagelang fest, ohne daß es mir geglückt wäre, ein Taxi zu ergattern. In Biskra aber entging ich diesem Schicksal.

Der Fahrer, den ich ausfindig machte, war ein alternder Mann mit einer Skimütze mit Troddeln und blitzenden Goldzähnen. Er war wortkarg, aber verlangte, daß wir uns anschnallten, als wir uns einer Straßensperre am Rand der Stadt näherten. Wie gewöhnlich waren wir sechs Fahrgäste. Die Polizei prüfte unsere Sicherheitsgurte nach und ließ sie uns dann aufmachen. Wir mußten zu einer Personenkontrolle aus dem Taxi steigen. Die beiden verschleierten Frauen durften im Auto bleiben.

Der Fahrer überreichte ihnen wortlos seine Papiere. Da die Polizei keine Umstürzler fand, ließ sie uns gehen.
Nach einer Meile entdeckten wir, daß es in Biskras einziger Tankstelle keinen Sprit mehr gab. Wir mußten warten, bis ein Tankwagen mit Nachschub eintraf. Keiner fragte, wie lange das dauern würde. Weil es sich für sie so ziemte, blieben die Frauen im Taxi sitzen. Die Männer stiegen aus und setzten sich neben der Straße auf die Erde.
Ein glattrasierter junger Mann sagte mir, daß er Leuilli hieß. Die beiden Frauen seien seine Mutter und seine Schwester. Es war Freitag, der islamische Fastentag, und er begleitete die Frauen in den Süden, um seinen Onkel zu besuchen. Ich fragte ihn, ob die Frauen nicht unter der Hitze im Wagen litten. Er sah mich erstaunt an und verneinte es. Draußen war die Temperatur auf über 38 Grad Celsius angestiegen.
Leuilli sprach mit Mühe Französisch und etwas Englisch. Die Datteln hatten seine Zähne zerstört. Er sagte mir, daß er Student sei. Zweimal sei er schon beim *baccalauréat* durchgefallen, aber er würde es noch einmal versuchen, wenn er zum Lernen Zeit fand. Er wollte sich mit mir über die Vereinigten Staaten unterhalten.
Schließlich kam der Tankwagen, das Taxi wurde vollgetankt, und wir konnten nach El Oued aufbrechen, einer Stadt in den Dünen, 150 Meilen von Biskra entfernt. Leuilli wollte unbedingt neben mir sitzen. Ich wollte unbedingt einen Platz am offenen Fenster haben.
Die Sahara wellte sich unter einem blaßblauen Himmel. Der Boden bestand aus Staub und Kies, war gelbbraun und öde, aber nicht völlig kahl. Stellenweise diente er Gras und Gestrüpp als Nährboden. Wir kamen an einer verfallenen Moschee vorbei, die von ein paar Palmen umgeben war. Ein Kamel lief dort frei umher. Ein *oued*, der das Sonnenlicht reflektierte, schimmerte wie ein See, die Straße folgte ihm, senkte sich und führte durch den *Chott Melrhir*, eine unter

dem Meeresspiegel gelegene Salzebene. Um mir Erleichterung von der Hitze im Wagen zu verschaffen, tauchte ich mein Gesicht in den heißen Luftstrom, der durchs offene Fenster drang.

Das menschliche Tier ist die anpassungsfähigste aller Arten und die Art, die in der Wüste am erfolgreichsten ist; sie kann aber keine Überhitzung ertragen. Der Körper braucht ungefähr zehn Tage, um sich an die Extreme des Wüstenklimas zu gewöhnen, paßt sich etwas an, um Hitze besser ableiten zu können, wird aber niemals lernen, Wasser zu speichern. Natürlich können einige Menschen die Hitze besser ertragen als andere. Weil die Abkühlung beim Menschen durch Schwitzen erfolgt, funktioniert es am besten bei Menschen mit viel Hautoberfläche im Verhältnis zu ihrem Gewicht – also bei Menschen, die klein und dünn sind. Es gibt allerdings keinen Typ, den man als »Wüstenratte« bezeichnen könnte. Es gibt kleine Wüstenbewohner, aber auch große und beleibte. Besucher fühlen sich dort nach zehn Tagen so wohl wie nach zehn Generationen. Während des Sommers, wenn einem die Luft am Nachmittag die Lunge versengt, leiden die Eingeborenen ebenfalls darunter und klagen häufig über das Wetter.

Die Religion verschlimmert ihre Leiden. Die Frauen in der Sahara würden sich in leichten, langen Gewändern behaglicher fühlen, aber statt dessen hüllen sie sich in schwere Gewänder, um ja keinen Hinweis auf ihr Geschlecht zuzulassen. Die frömmsten von ihnen tragen Skisocken, die um die Knöchel zusammengebunden sind, und haben schwere, wollene Handschuhe an, um die Hände zu verbergen. In der Wüste gibt es viele von diesen Qualen, die man sich selbst auferlegt. Mir wurde geraten, in der Sahara möglichst kein Wasser zu trinken, um nicht zu schwitzen. Man sagte mir, daß heiße Getränke besser kühlen als warme und daß warme besser kühlen als kalte, und daß einen kalte Getränke überhitzen. Hier, in diesem Taxi ohne Klimaanlage, wurde ich von den anderen

Fahrgästen aufgefordert, das Fenster zuzumachen, weil es den heißen Wind hereinließe. Leuilli stimmte ihnen zu. Danach litten wir gemeinsam.

Unser Fahrer legte eine Kassette mit Suren aus dem Koran auf, ein wohlklingendes, melodisches Rezitieren des heiligen Textes. »Wenn du schlecht bist, wirst du zur Hölle fahren«, sagte Leuilli. Er meinte damit einen trockenen, brennend heißen Ort. »Aber wenn du gut bist, wirst du ins Paradies kommen«, und er meinte damit einen Ort, wo nur Esel leiden.

Wir hielten an einem einsamen Haus aus Lehmziegeln, das die Farbe der Erde hatte. Ein Junge kam heraus und bot uns gesüßten Tee in Bleigläsern an. Ich gab eine Runde aus. Leuilli freute sich darüber und brachte den Tee seiner Mutter und Schwester. Sie tranken ihn hinter ihren Schleiern und schauten dabei immer geradeaus. Die Männer gingen in die Wüste und nahmen rituelle Waschungen mit Wüstenstaub vor, bevor sie gen Osten niederknieten, um ihre Nachmittagsgebete aufzusagen.

Später gelangten wir auf Sandboden. Er fing in Form von Platten, Streifen und Einschlüssen im Kies an, trieb wirbelnd über die Straße und formte sich am Horizont zu gelben Dünen. Wüstensand entsteht aus ausgewaschenem und verwittertem Felsgestein, hauptsächlich sind es Quartzpartikel, die vom Wind herumgeschleudert und geschliffen werden. Der Sand drang durch die Fugen ins Taxi und blieb auf den Fußbodenbrettern liegen. Der Fahrer schaltete den Kassettenrecorder ab und band sich ein Stück Baumwollstoff um Mund und Nase. Keiner sprach mehr. Die Dünen markierten die Ufer des Östlichen Großen Erg, eines Sandmeers, das eine Fläche von 120 000 Quadratmeilen umfaßt und etwas größer ist als Arizona. Der Erg besteht zu 70 Prozent aus Sand, enthält verborgene Salzflächen und ab und zu die kiesige Oberfläche des Wüstenbodens. In seinem Kern befindet sich eine Fläche, die zu 90 Prozent aus Sand besteht und so groß ist wie der Staat

New York, ohne einen einzigen Einwohner zu haben. Es gibt aber Sandmeere, die noch größer sind.

Der Östliche Große Erg ist zum Sandmeer geworden, weil das Becken, in dem er liegt, seit über einer Million Jahren Sand aufgefangen hat. Der Sand stammt von einem Fluß und Seen, die sich hier in prähistorischer Zeit befanden, und in jüngerer Zeit von verwittertem Gestein vom Fuße des Atlas aus der Umgebung von Biskra. Dort haben in den vergangenen 2000 Jahren die Winde den Wüstenboden um nahezu vier Meter ausgehoben. Der Wind wirbelt die Sandkörner vom Wüstenboden auf, bläst sie in großer Höhe vor sich her, bis er damit zu einem Becken gelangt. Im Becken wird der Wind langsamer und bricht sich, verheddert sich in den Dünen und läßt seine Last fallen.

Mainguet, ein französischer Geograph, schreibt, daß der Östliche Große Erg immer noch einen »positiven Sandhaushalt« habe. Er will damit sagen, daß der Erg von Sandkörnern überquillt und immer noch welche dazu gewinnt. Jedes Jahr werden weitere sechs Millionen Tonnen Sand angehäuft. Wenn der ganze Sand im Östlichen Großen Erg gleichmäßig verteilt wäre, ergäbe er eine Schicht von 25 Metern Tiefe. Aber dies ist nicht der Fall. Wenn der Sand wieder Sand hervorbringt, türmt er sich zu Dünen auf, die sich beinahe 120 Meter über dem Grund des Beckens erheben, im Abstand von einer Meile wiederholen und umherwandern. Die meisten Sandmeere sind unbewohnbar. El Oued, unser Reiseziel, ist einer der wenigen Orte im Sandmeer, wo sich Menschen niedergelassen haben. Es wurde vor sechs Milliarden Sandtonnen oder vor 1000 Jahren zum ersten Mal besiedelt und nach dem Sickerwasser benannt, das immer noch nahe der Oberfläche gespeichert ist. Zu Recht ist El Oued für sein Überleben berühmt geworden.

Sand wehte auf die Straße, der Belag wurde immer schlechter. Leuilli hatte das Gefühl, daß wir zu schnell fuhren; er befürchtete, daß uns ein Reifen platzen könnte. Wie üblich hatte der

Fahrer keinen Ersatzreifen dabei. Reifen sind rar und teuer, ungefähr 600 Dollar pro Stück zum offiziellen Umtauschkurs. Leuilli fragte mich nach der Situation in den Vereinigten Staaten. Als ich zugab, daß es dort jede Menge Reifen gibt, die preiswerter sind, fragte er mich nach dem Preis für Jeans. Ich antwortete, daß sie relativ billig seien. Leuilli seufzte. »Wissen Sie, ich träume von Amerika.«

Als der Motor des alten Peugeot zu stottern begann, tat der Fahrer so, als ob er es nicht bemerkte. Die Fahrgäste sahen sich betreten an, sagten aber nichts. Dann setzte der Motor vollends aus, und der Wagen kam im Leerlauf zum Stehen. Der Fahrer ging nach vorn, um am Motor herumzuhantieren. Diesmal waren wir zuversichtlich und blieben im Wagen.

Leuilli fragte mich wieder über die Vereinigten Staaten aus. »Kann man dort billig leben?«

»Auch nicht billiger als in Algerien.«

»Gibt es dort Arbeitslosigkeit?«

»Nicht in dem Umfang wie hier. Aber es gibt viele arme Leute.«

Leuilli wollte es nicht glauben. Er lächelte. »In Amerika kann man gut leben.«

Einer der Fahrgäste fiel ihm grob ins Wort: »Sie reden lauter Unsinn!« Es war ein älterer Mann im Anzug und mit Fez, der eine Aktentasche vor sich auf den Knien hatte. Er sagte: »Sie dürfen Algerien nicht mit Amerika oder Europa vergleichen, Staaten, die reich und mächtig sind. Unsere Geschichte ist anders verlaufen.«

Leuilli saß wie ein begossener Pudel da.

Der Herr stellte sich formell vor. Sein Name war Mr. Miloudi, und er war geschäftlich nach El Oued unterwegs. Er fragte mich, ob ich jemals in Ouargla gewesen wäre, der Oase, in der er wohnte. Ich bejahte es. Vor Ameurs Unfall hatten Malika und Ameur Belouard in Ouargla gelebt. Eine häßliche Verwaltungsstadt mit 100 000 Einwohnern, in der Erdöl gefördert wird. Aber Mr. Miloudi sah es anders. Er schwärmte voller Stolz von Ouarglas breiten Prachtstraßen und modernen Gebäuden. »All dies wurde gebaut, nachdem wir die Franzosen hinausgeworfen haben.«

Mr. Miloudi hatte am Unabhängigkeitskrieg teilgenommen. Er war einer der wenigen Wüstenbewohner, die sich nichts aus dem Westen zu machen schienen. Nun verzog er sich, um in der Wüste zu pinkeln. Der unverbesserliche Leuilli ergriff die Chance, um über die amerikanische Militärmacht zu sprechen: über den Golfkrieg und davor den Bombenabwurf über Tripolis – diese Angriffe auf seine Glaubensbrüder hatten nur seinen Glauben an die unversiegbare Zauberkraft der Vereinigten Staaten bestärkt. Man konnte ihn genausowenig davon abbringen wie einen Verschwörer von seinem Vorhaben. Und weil ich dies wußte, versuchte ich es auch gar nicht. Der Fahrer brachte den Wagen wieder in Gang, und wir holperten mühsam weiter.

Die Dünen ragten drohend empor, drückten auf den Straßenbelag und streckten ihre sandigen Fühler über die Straße aus. Straßenschilder warnten vor SABLE!, was auf deutsch SAND! heißt, als ob ihn ein Fahrer sonst nicht bemerken würde. Der Sand blies von den Gipfeln der Dünen herab wie Schnee von den Alpen, wirbelte den Abhang hinab und wehte in Kniehöhe über die Straße. Er tanzte und glitt über den Straßenbelag und verwischte die Farbe auf den Warnschildern. Wir kamen zu einem gelben Bulldozer, der Dieselqualm ausstieß, die Maschine im ewigen Kampf mit den Elementen. Der Fahrer war ungefähr in meinem Alter und trug einen schwarzen Bart. Er blieb gelassen stehen, als wir anhielten, um uns zu überlegen, wie wir über eine sandige Stelle kämen, und er und ich tauschten neugierige Blicke aus. Sein Gesicht hatte etwas von einem Raubvogel. Seine tiefliegenden Augen blickten ruhig. Ich bewunderte bei ihm, daß er trotz seiner Resignation weitermachte, wie auch ich manchmal mit der nötigen Distanz meine eigenen Bestrebungen bereue. Doch ich will nicht so tun, als ob ich ihn um sein Leben beneidete. Ich würde vor Frustration vergehen. So vieles von dem, was wir sind, hängt von unseren Erlebnissen ab.

Kurz vor El Oued stießen wir auf eine Gruppe von Bauern, die Sand schaufelten. In einem Erg schaufeln die Bauern Sand, um zu überleben. In den Mulden zwischen den Dünen pflanzen sie Dattelpalmen an und bringen ihr weiteres Leben damit zu, sie zu hegen. Nur von den Vertiefungen aus können die Palmen das Grundwasser anzapfen, die Palmen aber halten den Wind ab und werden vom Sand begraben. Wenn man sie vernachlässigt, sind die Mulden in kürzester Zeit zugeweht.

Die Bauern sind jedoch klüger, als sie scheinen. Sie setzen sich zur Wehr und umgeben ihre Gärten mit strohgedeckten Zäunen, die den Sand zwar nicht direkt aufhalten, aber den Wind brechen. An den Zäunen häufen sich immer mehr Sandkörner an und begraben sie. Künstliche Dünen entstehen. Sie werden höher, wenn die Bauern neue Zäune auf den Gräbern der alten aufziehen. Nach Jahren türmen sich die Dünen im eng gezogenen Kreis um die Palmen und schützen die Bäume. Dem flüchtigen Betrachter kommen sie wie von Hand gegrabene Löcher vor, die eigentliche Arbeit aber hat der Wind getan. Die Bauern von El Oued haben gelernt, wie man Sand wachsen lassen kann.

In der Stadt hat man sich noch besser mit dem Sand arrangiert. Die Bewohner fegen und schaufeln den Sand, aber statt ihn zu meiden, bitten sie ihn zu sich herein. Sie verhelfen sich zu einem sanften Schlaf, indem sie den Fußboden mit einer dicken Sandschicht bedecken und handgewebte Teppiche darüber breiten. Sie gehören zu den schönsten, die es in der Sahara gibt. Dadurch, daß die Bewohner den Sand quasi hereinbitten, akzeptieren sie, was sie ohnehin nicht ändern können, daß der Sand überall hereindringt. Natürlich kann man sich über den sandigen Geschmack des Brotes beschweren, aber man tut besser daran, es einfach so zu kauen. Sandiges Brot zu kauen, ist eine gute Übung, weil man sich dabei in Geduld üben kann. Die Bewohner von El Oued beten im Sand und nehmen darin ihre rituellen Waschungen vor. Einmal im Jahr schaufeln sie die alten Sandkörner weg, drehen sich dann um und schaufeln die neuen herein. So nehmen sie ihr Schicksal an.

Es gab eine Zeit, als das sozialistische Regime große Hotels in den nördlichen Oasen errichtete, um die algerische Sahara als Ferienziel für Europäer attraktiv zu machen. Ende der achtziger Jahre sah es ein paar Jahre lang so aus, als ob es gelingen würde. Aber selbst damals gab es Probleme: Da sie die Europäer nun schon einmal hinausgeworfen hatten, wollten ihnen nur wenige Algerier gleich wieder dienen. Und in der puritanischen Sahara wurden die Hotels mit Sexualität und Alkoholkonsum gleichgesetzt und gemieden. Man mußte Kellner und andere Hotelangestellten aus der Kabylei »importieren«, einer rauhen Gebirgslandschaft im Norden, wo der Islam nicht so fest verwurzelt war. Isoliert von den Siedlungsgemeinschaften um sie herum, schwärten diese Lasterhöhlen in der Wüste vor sich hin. Ich kenne Wüstenbewohner, die nicht einmal wegen einer Tasse Kaffee eine Hotelhalle oder ein Restaurant betreten würden. Zwangsläufig mußten sich die Hotelgäste nicht willkommen fühlen.
Vor allem Touristen, die nicht auf Abenteuer aus waren, beschwerten sich wegen der schlechten Behandlung. Ich erinnere mich an eines dieser notorisch leeren Hotels in der westlichen Oase von Timimoun während der ärgsten Sommerhitze. Zwei französische Familien saßen dort tagelang fest, weil es in der Stadt kein Benzin mehr gab. Wir saßen nach dem Abendessen zusammen und sprachen über den Verfall.
Einer der Männer war Lehrer in Paris. Er hatte ein schmales Gesicht und zuckte nervös mit den Augenbrauen. Er sagte:

»Da gibt es zuerst den Büroangestellten, dann den Assistenten, der ihm den Kugelschreiber reicht und einen weiteren Assistenten, der ihm das Papier reicht, und *keiner* von den dreien arbeitet wirklich!«
Ich dachte im stillen, daß eine so ehrliche Reaktion, wenn auch diskriminierend, doch in mancherlei Beziehung nicht so zersetzend sei wie das nachsichtige Getue der toleranteren Besucher. Der Franzose schätzte die Wüste realistisch ein, wenn auch aus dem falschen Grund. Ich sagte: »Sie scheinen keine Freude an Ihrem Urlaub zu haben.«
Die Gäule gingen mit ihm durch. »Offen gestanden, alle hoffen, daß endlich das Militär eingreift!«
Der andere Mann am Tisch, ein Zeitungsreporter aus der Normandie, sagte: »Es sind doch schon so viele von ihnen in Frankreich. Es wird hier losgehen, und was dann? *Natürlich* machen wir uns Sorgen. Sie nicht?«
Ich erwiderte, daß ich mehr neugierig als besorgt sei. Aber er hatte natürlich recht – wenn es in Algerien losging, dann kam es auch in Frankreich unweigerlich zu Briefbomben, Personenkontrollen und Polizeirazzien.
Das Hotel in El Oued verfiel allmählich. Ein gräßliches Gebäude mit einer Kuppel und einem Wachtturm, das dringend frischen Sand gebraucht hätte. Um sich die Hände zu wärmen, hatten sich die Hotelangestellten in einer Winternacht ein kleines Lagerfeuer aus Reiseprospekten angezündet. Durch das Feuer waren die Fliesen auf dem Boden schwarz geworden, und es hatte die Decke beschmutzt. Ich bezweifle, daß sich die Angestellten deswegen schuldig fühlten. Sie schienen überrascht, daß sich immer noch ein paar Gäste dorthin verirrten.
In der Nacht, als ich ankam, waren noch zwei Gäste außer mir da. Ein französisches Paar, das mit dem Auto reiste. Die Frau hatte einen Herrenschnitt und ein penetrantes intellektuelles Gehabe an sich. Sie stellte sich als Brigitte vor und duzte mich. Der Name des Mannes war Alain. Er sah müde und älter aus

als sie. Er versteckte sein feistes Gesicht hinter einem grauen Bart.

Alain war ein *Pied-noir*, ein ehemaliger Bewohner der Kolonie. Nachdem seine Familie seit Generationen in Nordafrika ansässig gewesen war, hatte er 1963 wieder ins Mutterland zurückgehen müssen. *Pied-noir* bedeutet »schwarzer Fuß« und bezieht sich auf die schwarzen Stiefel der ehemaligen französischen Soldaten und auf die schwarzen Sohlen der nackten Füße, die ihre verarmten Nachkommen in späterer Zeit hatten. Als Kolonialherren waren die *Pieds-noirs* arrogant, aber nur wenige brachten es je zu Reichtum. Vielleicht weil sie arm waren, fehlte ihnen der politische Mut, im algerischen Unabhängigkeitskrieg mitzumachen. Schließlich handelte Charles de Gaulle an ihrer Statt. Als er die französischen Truppen aus Algerien abzog, war den *Pieds-noirs* klar, daß er sie ihrer Existenzgrundlage beraubt hatte. Sie fühlten sich verraten. Die Algerier verstanden die Zeichen der Zeit besser: nach mehr als einem Jahrhundert unnatürlicher Überlegenheit waren die *Pieds-noirs* einfach zum Verlieren bestimmt.

Die Wut auf beiden Seiten war so groß, daß die *Pieds-noirs* schließlich gehen mußten. Daß sich viele ihren Haß bis heute bewahrt haben, verwundert einen nicht. Sie sind aus der Bahn geworfen worden. Wenn sie in den Ferien nach Algerien zurückkehren, dann beurteilen sie das Land nicht realistisch, sondern beharren darauf, was es hätte sein können, und träumen von einem Algerien ohne Algerier.

Dies könnte erklären, warum Alain und Brigitte froh zu sein schienen, mich im Hotel in El Oued aufgegabelt zu haben. Sie bestanden darauf, daß wir gemeinsam zu Abend speisten und spendierten eine Flasche Beaujolais, die sie von Paris mitgebracht hatten. Alain fing an: »Sie würden es nicht für möglich halten, daß Algerien einst einige der vorzüglichsten Weine in der ganzen Welt produzierte.« Dann fügte er hinzu: »Entsetzlich, wie tief ein Land sinken kann. Ich bin früher schon einmal in El Oued gewesen, damals waren die Straßen noch voller Leben und sauber gewesen. Jetzt schauen Sie sich das heute einmal an!«

Das hatte ich getan und nichts Ungewöhnliches dabei gefunden. Es waren Straßen, in denen Armut herrschte, sie waren heiß und abgeschieden wie so viele Straßen in der Wüste. Sie waren sandiger als die meisten, was sie aber wahrscheinlich immer gewesen waren. Ich glaube allerdings nicht, daß es Alain um El Oued ging. Nach zwei Wochen im Land hatte er das Bedürfnis, mit jemandem zu sprechen. Und immer wieder tauchten Jugenderinnerungen auf.

»Drei Generationen lang hatte meine Familie einen kleinen Hof im Norden. Ich hatte mit meinem Bruder zusammen ein paar Kühe, die wir hüten mußten, wissen Sie, Milchkühe, aber ansonsten waren wir frei. Wir verbrachten unsere Sommer, indem wir bis zu den Knien im Wasser standen und fischten. Manchmal fuhr unser Vater im Traktor mit uns hinaus aufs Feld. Er war ein bedachtsamer Landwirt und ein sanfter Mensch. Er beschäftigte Männer aus dem Dorf und versuchte sie gut zu behandeln. Als die Unruhen anfingen, kamen die Arbeiter und sagten, sie wären unsere Freunde und daß wir nichts zu befürchten hätten. Später aber, als sich die Unruhen ausweiteten, kamen dieselben Männer, um uns zu sagen, daß wir nun nicht mehr sicher wären. O ja, sie versprachen uns, loyal zu sein, aber dann kam es in der Nähe zu Überfällen – ohne daß wir wußten, wer dahinter steckte. Wir erhielten eine anonyme Morddrohung. Meine Mutter hatte Angst. Mein Bruder und ich konnten nicht mehr länger allein nach Hause gehen. Vater hatte von nun an immer das Gewehr dabei, wenn er Traktor fuhr.«

»Wie ist es ausgegangen?«

»Wir mußten den Hof verlassen und zu unseren Vettern nach Algier ziehen. Vater fand Arbeit in einer Metzgerei. Am Ende mußten wir natürlich nach Frankreich auswandern. Ich war vierzehn. Es war das Ende meiner Kindheit. Nach drei Generationen war unsere Familie völlig mittellos. Und der Bauernhof?« Er schnaubte verächtlich. »Unsere treuen Knechte nahmen ihn in Besitz, teilten ihn auf und richteten ihn innerhalb von ein paar Jahren zugrunde. Sie waren gierig und dumm. Man würde erwarten, daß ihre Haßgefühle mittlerweile verraucht sind, aber ich weiß, daß uns die Algerier immer noch die Schuld am Bürgerkrieg geben.«

Brigitte sprach von El Oued. Sie sagte: »Wir waren heute nachmittag auf den Markt und wurden nur feindselig angestarrt.«

Ich war überrascht darüber, wie sehr Brigitte Alains Wut verinnerlicht hatte. Sie war Pariserin und zu jung, um sich noch an den Befreiungskrieg in Algerien erinnern zu können. Wie die ehemaligen Kolonialherren maßte sie sich jetzt aber an, laut über die Algerier zu sprechen, als ob keine anwesend wären oder kein Französisch verstehen würden. Dementsprechend mißachtete sie auch die Gefühle der Saharabewohner: sie hatte einen kurzen Rock und ein ärmelloses Hemd an, unter dessen dünnem Gewebe sich die Brustwarzen abzeichneten. Und sie saß nun mit uns Männern zusammen und trank französischen Wein. Dabei handelte es sich keineswegs um Gleichgültigkeit, dies war offene Aggression. Und die Algerier verstanden den Unterschied.

Alain sagte, daß ihre Reise von Beginn an schiefgelaufen wäre. Das Paar hatte das Land von Marokko aus bereist. Als der Grenzbeamte den algerischen Geburtsort in Alains Paß und den *Pied-noir* erkannte, hatte er ihn angeschnauzt: »Warum verbringen Sie Ihre Ferien eigentlich nicht in Israel?« Für Alain war dies, als ob ihm einer gesagt hätte, daß er zum Teufel gehen solle.

In gewisser Weise traf dies für Alain und Brigitte ja auch zu. Die Üppigkeit des Nordens riefen in Alain zu viele böse Erinnerungen wach. So daß sie über den Atlas in den Süden, in die Unerbittlichkeit und Einsamkeit der Sahara flohen, wo sie sich damit trösteten, Skorpione zu sammeln. Skorpione sind kleine Drachen – rücksichtslose, giftige, unsympathische Kreaturen, die seit jeher gefürchtet wurden. Alain und Brigitte hatten nicht geplant, bei Nacht in der Wüste umherzuwandern und sich über Steine zu beugen. Nach ihrer Flucht aus dem Norden war das Sammeln von Skorpionen für sie so etwas wie Beschäftigungstherapie.

Nach dem Essen im Hotel erlahmte unsere Unterhaltung. Alain stellte eine Schuhschachtel auf den Tisch, und Brigitte öffnete den Deckel, um mich hineinsehen zu lassen. Zwei Skorpione saßen sich regungslos an zwei Seitenwänden gegenüber, jeder auf seinen acht Füßen, die Klauen ausgestreckt, den Schwanz mit dem Stachel über dem Rücken zusammengerollt. Es waren blasse, abstoßende Exemplare, die die Farbe des Sandes hatten und ungefähr fünfzehn Zentimeter lang waren. Brigitte hatte einen Stein in die Schachtel gelegt, damit sich die Tiere heimisch fühlten. Sie schaute sie besorgt an und wandte sich dann an mich, um Antworten auf ihre Fragen zu bekommen. Hatten sie Durst? Hatten sie genug zu fressen? War es im Wagen zu heiß gewesen für sie? Würde es ihnen in Paris zu kalt sein? Ich sagte ihr, sie solle sich keine Sorgen machen. Es war mir ehrlich gesagt auch egal.

Sie verdienen allerdings unseren Respekt: Skorpione gehören zu den ältesten Arten von Lebewesen auf der Welt, sind lebende Fossilien, die sich seit 350 Millionen Jahren nicht mehr wesentlich verändert haben. Seit dieser Zeit haben sie das Meer verlassen, Füße und Lungen entwickelt und sind schließlich über alle große Landmassen gewandert, außer der Antarktis, in Lebensräume von den Urwäldern um den Äquator, über die Savannen bis zu den schneebedeckten Gebirgen der nördlichen Breiten. Sie gedeihen auch im unerbittlichsten Lebensraum, nämlich der Sahara. Und das, weil sie über ihre Anpassungsfähigkeit hinausgehend einfach zäh sind. Skorpione brauchen keine Pflanzen. Sie fressen Spinnen, Würmer und Insekten, gelegentlich wohl auch Schlangen, Eidechsen oder Nagetiere. Wenn sie aus ihren Höhlen herauskommen, geschieht dies gewöhnlich, um Jagd auf Nahrung oder einen Partner zu machen – die Weibchen neigen dazu, dieses miteinander zu verwechseln. Die meisten Skorpione lauern ihrer Beute aus dem Hinterhalt auf. Sie haben bis zu zwölf Augen und eine Unzahl von Fühlern für sich bewegende Objekte. Sie lauern in ihren Höhlen, und wenn Beute vorbeikommt, reagieren sie sehr schnell. Mit ihren Scheren können sie eine Fliege aus der Luft schnappen. Mit größerer Beute machen sie kurzen Prozeß, indem sie mit ihrem Schwanz zuschlagen. Aber sie töten lieber auf die einfache Weise, indem sie die Beute mit ihren Scheren zermalmen. Sie können erstaunliche Mengen von Nahrung aufnehmen. Bestimmte Arten können bei einem Mahl bis zu 30 Prozent ihres Körpergewichts aufnehmen. Wissenschaftler beschreiben solch eine Nahrungsaufnahme ehrfürchtig als »Umwandlung von Beute-Biomasse in Skorpion-Biomasse«. Danach sieht der Skorpion aufgebläht aus.

Die Skorpione können ein Jahr lang ohne Nahrung auskommen. Sie bewahren ihre Körpersäfte so sorgfältig, daß einige Arten niemals trinken müssen, weil sie genügend Flüssigkeit aus dem Fleisch der Beute aufnehmen. Beim Speichern der Flüssigkeit hilft ihnen, daß ihr äußerer Panzer undurchdringlich und der Kot trocken ist und daß sie den Urin in kristalliner Form ausscheiden. Und außerdem – Skorpione schwitzen nicht. Sie regulieren ihre Körpertemperatur, indem sie sich in den Boden eingraben und nur bei Nacht jagen. Wenn sie aus irgendeinem Grund an einem heißen Tag draußen hängenbleiben, können sie bis zu einem gewissen Grad der Hitze standhalten. Für die Gefangenschaft in einer Schuhschachtel hat sie die Evolution aber wohl kaum ausgerüstet. Alain rüttelte an der Schachtel, damit sich die Tiere bewegten, aber sie weiger-

ten sich. Er fuhr mit einer Gabel hinein. Die Skorpione wichen rückwärts in ihre Ecken aus und erhoben abwehrend ihre Schwänze. Die Saharabewohner behaupten, daß sich ein Skorpion, der von Feuer eingekreist ist, zu Tode sticht. Skorpione sind aber immun gegen ihr eigenes Gift. Und, wie ein britischer Zoologe betont hat, Selbstmord erfordert Phantasie, die den Skorpionen abgeht.
Ich war erleichtert, als Alain seine Gabel wieder hinlegte. Auf der ganzen Erde gibt es über 1500 Arten von Skorpionen, von denen nur 25 für den Menschen tödlich sind – aber von diesen 25 sind vier in der Sahara beheimatet, wo es jede Menge davon gibt. Ich hielt es daher für angebracht, diese beiden Exemplare nicht zu reizen. Skorpiongifte sind komplexe Nervengifte und gehören zu den stärksten Giftstoffen in der Natur. Geht man nach dem Molekulargewicht, sind einige der Toxine hunderttausendmal giftiger als Zyanid. Ein schlimmer Stich kann innerhalb von Stunden zu Krämpfen führen, auf die Herzstillstand oder Ersticken folgen. Obwohl es Gegengifte gibt, töten Skorpione mehr Menschen auf der Erde als alle anderen Raubtiere, mit Ausnahme der Schlangen, nämlich über 5000 im Jahr. Bestimmte algerische Oasen sind mit Skorpionen verseucht. Im Hochsommer darf man nicht in die dunklen Ecken seines Zimmers greifen oder sich anziehen, ohne vorher die Kleider auszuschütteln. Wie lange man dort auch lebt, man kann sich nie so richtig zu Hause fühlen.
Das könnte erklären, warum Alain und Brigitte die Skorpione gesammelt haben: daß sie sich den Kreaturen, die den Eingeborenen immer noch Angst einjagen, verwandt fühlen. Es gibt aber auch eine nachsichtigere Erklärung: Vielleicht wollten die beiden einen Schlußstrich unter die Vergangenheit setzen und nach Art der modernen Großstadtmenschen die Wüste einfach aus der Distanz romantisieren; wie die Deutschen, die zu Tausenden den amerikanischen Westen besuchen, weil sie sich nach der einstigen Grenze zwischen Wildnis und Zivilisation

sehnen. Eine ähnliche Sehnsucht treibt die Franzosen in die Sahara. Auch wenn sie keine *Pieds-noirs* sind, meinen sie dort noch immer Privilegien zu genießen, obwohl ihr Herrschaftsanspruch längst erloschen ist. Sie sagen dann Dinge wie: »Man fühlt sich nie allein in der Wüste«, was natürlich nur in ihren Ohren richtig klingt. Es sind die gleichen Menschen, für die Skorpione Souvenirs sind.

# 5.
# Die Physik des verwehten Sandes

Ich blieb noch länger in El Oued. In den frühen Morgenstunden ging ich auf einer befestigten Straße, die dem Ansturm des Sandmeers nicht standhielt und allmählich verfiel, nach Süden. Der Morgen war strahlend heiß. Die Dünen zeichneten sich deutlich gegen den Himmel ab. Ich kam an einem Mann mit Turban vorbei, der auf einem Esel ritt. Er transportierte leere Benzinkanister in die Stadt. Sonst gab es keinen Verkehr auf der Straße. Die Minarette von El Oued verschwanden hinter mir. Die Straße führte schließlich zu einem Dorf oder vielmehr dem, was davon übriggeblieben war. Eine Ortschaft, die größtenteils unter Treibsand begraben war. Von den steinernen Gebäuden waren noch die Ecken und Dächer zu sehen, nur drei Häuser waren aber noch bewohnbar. Daß um sie herum offenbar gegraben wurde, verriet, daß auch sie gefährdet waren.

An einem Ziehbrunnen trank ich aus dem Eimer, der an einem Seil hing. Es gab hier keine Landwirtschaft. Ein freistehender Steinofen, der offensichtlich einem Bäcker gehörte und vor dem man Palmholz gestapelt hatte, war das einzige Zeichen von menschlicher Tätigkeit. Der Wind blies Sand vor sich her, aber sonst regte sich nichts. Zwei Männer saßen im Schatten einer Mauer an einer Feuerstelle, auf die sie einen geschwärzten Topf gestellt hatten. Sie winkten mich herbei und boten mir Tee in einem schmutzigen Glas an. Die bärtigen, abgemagerten Männer, die keine Arbeit hatten, waren älter als ich. Wir verbrachten ein paar Stunden zusammen. Sie zeigten mir die Stelle, wo die Schule unter dem Sand begraben war

und der größte Teil der Ortschaft. Ich fragte sie nach den Ursachen.
Sie sagten mir, daß der Sand unberechenbar wäre. Dünen können sich jahrzehntelang in eine Richtung bewegen oder überhaupt nicht und dann plötzlich gegen die Menschen wenden und sie vernichten. Die Auszehrung durch den Sand ist wie jede andere tödliche Krankheit: sie beginnt so sachte, daß man sich zuerst nicht darum sorgt. Eines Tages fangen die Sandkörner an, sich an deinen Wänden anzuhäufen. Du kennst das schon und nimmst natürlich an, daß sie vom Wind wieder weggeweht werden, wenn er seine Richtung ändert. Dieses Mal aber ändert er seine Richtung nicht. Die Krankheit hält an. Von Woche zu Woche wird es mehr Sand. Du kämpfst mit einer Schaufel dagegen an, und es gelingt dir, die Wände freizuhalten. Das Kämpfen verschafft dir ein gutes Gefühl, und du hast eine Beschäftigung. Der Sand aber läßt dir keine Ruhe, und eines Morgens bemerkst du während des Schaufelns, daß die Dünen näher gerückt sind. Du spannst deine Söhne und Brüder mit ein. Schließlich schwillt der Sand um dein Haus derart an, daß man mit der Zeit auf Sand stehen muß, um den Sand wegzuschaufeln. Schließlich kann kein noch so eifriges Schaufeln die Wände deines Hauses vom Sand befreien. Die Dünen türmen sich über dir auf und lassen Sand über ihre näher rückenden Abhänge rieseln. Du mußt deine Sachen packen und fliehen.
Dein Haus ist aber dein Erbgut, und du würdest es dir gerne erhalten. Wenn es von den Dünen niedergedrückt wird, werden die Mauern einstürzen. Du kannst es nur noch retten, indem du dich in dein Schicksal ergibst: weil du den Kampf gegen den Sand verloren hast, mußt du ihn hereinbitten. Daß du all diese Jahre schon auf Sand geschlafen hast und deine Böden damit bedeckt hast, hilft dir, dich seelisch darauf einzustellen. Es genügt allerdings nicht, den Sand hereinzuschaufeln. Deine letzte Aufgabe ist es, die Fenster einzuschlagen, die

Türen auszuhängen und ins Dach Löcher zu schlagen. Du überläßt es dem Wind, für dich zu arbeiten. Wenn er sein Ziel erreicht und dein Haus mit Sand gefüllt hat, bleiben die Mauern stehen. Nach hundert Jahren, wenn es der Wind so will, werden die Dünen weiterwandern und das Dorf wieder freilegen. Deine Nachfahren werden Gott und den Propheten segnen. Sie werden sich nicht darum scheren, daß du ausgehungert und arm warst und keine Arbeit mehr hattest. Sie werden sich an dich als einen Menschen erinnern, der mit sich und seiner Welt im Einklang stand. Die Wüste nimmt, aber sie gibt auch.

Ich überließ die Männer ihren Betrachtungen und stieg auf die Düne hinauf, die ihr Dorf verschlungen hatte. Von ihrer höchsten Stelle aus sah ich ungefähr 70 Meter unter mir ein Tal. Auf der Talsohle kam ein Asphaltstreifen aus dem Sand hervor. Die Straße war nicht auf der Landkarte verzeichnet. Sie befand sich jenseits des Dorfes und ging nach Süden, auf das leere Zentrum des Östlichen Großen Ergs zu. Ich dachte, daß sie vielleicht zu einer alten Siedlung führte, vielleicht zu einer, die der Wind freigelegt hatte, und machte mich daran, der Sache nachzugehen.

Ich hätte vorsichtiger sein sollen. Ich war nicht gut ausgerüstet für die Wanderung, hatte weder eine Kopfbedeckung noch Wasser dabei, und mit meinem Orientierungssinn stand es auch nicht zum besten. Die Straße verlief in unzähligen Windungen, tauchte in den Sand ein und wieder auf. Schließlich verschwand sie vollkommen unter einer Düne. Ich kletterte auf die Düne und von dort auf die höchsten Gipfel des Dünengürtels. Auf dem Weg dorthin war mir schon bewußt, daß ich zu weit gegangen war. Die Dünen waren wie ein riesenhafter Seestern, der sich an der Oberfläche kräuselte, und die geschwungenen Fangarme zu Linien verband. In allen Richtun-

gen dehnte sich der Erg bis zum Horizont in einem Labyrinth aus Sand.
Dies war der Landschaftstyp, der den britischen Offizier Ralph A. Bagnold inspirierte. Was die Erforschung des Sands in der Sahara anbetrifft, so war Bagnold der größte Experte in der Geschichte. Bagnold war ein englischer Gentleman der alten Schule gewesen. Er hatte in den flandrischen Schützengräben im Ersten Weltkrieg gekämpft und sich dann an der Universität von Cambridge einen Ehrentitel in Maschinenbau erworben. Später meldete er sich wieder freiwillig bei der britischen Armee für eine überseeische Mission. Während seiner Stationierung in Ägypten und Indien zwischen 1929 und 1934 führte er in umgebauten Fords Expeditionen durch, um die Sandmeere in der libyschen Wüste zu erkunden. Es waren völlig unerforschte Gebiete. Eines dieser Sandmeere war allein schon so groß wie Frankreich.
Bagnold war vom Forscherdrang besessen. Er staunte über die Vielfalt der Wüstenmuster, sah in den Dünen geheimnisvolle Kräfte am Werk und wollte alles erklärt wissen. Zu seinem Erstaunen fand er heraus, daß die Wissenschaft über die Sandwüsten nur beschreibender Art war: die Formen der Dünen waren katalogisiert worden, aber man wußte wenig über ihren Entstehungsprozeß. Bagnold wollte sich Klarheit verschaffen. 1935 ging er zurück nach England, nahm seinen Abschied von der Armee, zimmerte sich einen Windtunnel und begann eine Reihe von spitzfindigen Experimenten mit verwehtem Sand. Er betrachtete sich selbst als Dilettanten, Stümper und Amateurwissenschaftler. 1941 resultierte seine Forschertätigkeit in der Publikation eines kleinen Meisterwerks der Forschung: *The Physics of Blown Sand and Desert Dunes.* Es war ein Traktat, das so streng und doch auch so vergnüglich geschrieben war, daß es bis heute als mustergültig gilt. Durch das ganze Buch hindurch hat sich Bagnold sein Staunen bewahrt. Er schreibt:

> Statt Chaos und Unordnung vorzufinden, kommt der Beobachter nicht aus dem Wundern über die Einfachheit der Form, der Exaktheit der Wiederholung und einer geometrischen Ordnung heraus, die in einem größeren Maßstab als dem der Kristallstrukturen in der Natur bisher unbekannt war. An manchen Stellen setzen sich riesige Anhäufungen von Sand, die Millionen Tonnen wiegen, in regelmäßiger Anordnung über die Erdoberfläche in Bewegung, wachsen an, wobei sie aber ihre Form behalten, und vermehren sich sogar auf eine Art und Weise, die durch die groteske Nachahmung des Lebens auf den mit Phantasie begabten Menschen leicht beunruhigend wirkt.

Bagnolds Genialität liegt in seiner Fähigkeit, sich mit den kleinsten Teilen, den Sandkörnern, zu befassen. Er definierte Sand als Gesteinspartikel, die klein genug sind, um vom Wind in Bewegung gesetzt zu werden, aber nicht so klein, daß sie – wie Staub – unbegrenzt in der Luft schweben können. Bagnold ging von der Bewegung des einzelnen Sandkorns aus. Das war seine größte Leistung, die er in einem Labor – weit weg von der Wüste – zuwege brachte. Aber er war kein trockener Wissenschaftler. Er begriff, welche Kraft in der Vervielfachung liegt. Und als er wieder zur Sahara zurückkehrte und wie ich auf den Dünenkämmen der großen Ergs stand, entdeckte er in diesen Sandhügeln seine treuesten Weggefährten. Unmittelbar vor seinem Tod im Mai 1990 schrieb er seine kurzgefaßten Lebenserinnerungen, die ungewollt die traurige Erinnerung an ein erfülltes Leben sind. Er schrieb über die beiden Weltkriege, über große Männer, die er kennengelernt hatte und über seine Familie, die er liebte. Die eindrucksvollsten Passagen aber beziehen sich wiederum auf den Sand. Bagnolds gesundheitlicher Zustand verschlechterte sich. Es ist bezeichnend für den Mann, daß er in ziemlich unsentimentaler Weise über die »Selbstheilungskräfte« der Dünen schreibt.

Ich gab es auf, weiter nach der Straße zu suchen. Alles, was ich darüber wußte: daß sie gerade dort endete, wo ich stand, in einem verschütteten Dorf Hunderte von Metern unter mir. Meine Spuren, die bereits vom Wind verwischt und kaum mehr sichtbar waren, führten mich zurück nach El Oued. Der Sand hatte einen leuchtenden, gelbbraunen Farbton, der die Sonnenstrahlen reflektierte und die Luft erhitzte. Kahle Felsen können die gleiche Wirkung haben. Deswegen ist die Sahara einer der Orte mit der extremsten Reflexion: Was Hitze und Licht angeht, kann die Wüste 90 Prozent der Solarenergie abhalten, die auf ihre Oberfläche trifft. Für die Tiere, die sich wie die Skorpione eingraben, hat dies einen wichtigen Nebeneffekt: Es bedeutet, daß es schon wenige Zentimeter unter der Oberfläche kühl ist. Für die Lebewesen auf der Oberfläche ergeben sich durch die reflektierte Energie dagegen große Probleme. Das ist etwas, was Bagnold kaum der Erwähnung wert fand, daß nämlich die Sonne von unten brennt, wenn man am frühen Nachmittag im Sand spazierengeht.

Obwohl ich zufällig ein kleines Thermometer dabei hatte, las ich darauf nicht die Temperatur im Östlichen Großen Erg ab. Es war Herbst, eine gemäßigte Jahreszeit, und ich hatte schon die viel größere Sommerhitze in der Sahara erlebt. Dennoch zitterten meine Hände, und ich litt unter der Trockenheit in meinem Mund und dem Zusammenziehen der Kehle, die den Beginn des großen Dursts kennzeichnen. Als ich meinen Weg über die Sandhügel zurückverfolgte, dachte ich sehnsüchtig an echte Meere.

Daß man sich Wasser einbildet, ist eine normale menschliche Reaktion auf die Sahara. Aus diesem Grund und wegen der oberflächlichen Ähnlichkeit des Ergs mit einer wogenden See, kommt es zwangsläufig zum Vergleich mit einem Ozean. Dennoch geht man mit dem Vergleich zu weit. Kamele sind eben keine Schiffe, und Nomaden segeln nicht über den Sand. *Erg* bedeutet im Arabischen nicht »Meer«, sondern »Ader«

oder »Gürtel«. Dünen wellen sich zwar, aber bilden keine richtigen Wellen. Dazu Bagnold:

> Die Ähnlichkeit (mit einer Welle) ist nur äußerlich. Denn eine Welle dient im wesentlichen dazu, Energie zu verbreiten, entweder mittels eines Klangkörpers, wie im Falle von Tönen, oder auf der Oberfläche eines Körpers, wie im Falle einer Wasserwelle. Bei einer Sandwelle findet keine Energieübertragung statt. Bei einer Sandwelle verwirft sich lediglich die Oberfläche durch Windeinwirkung oder wird faltig, und sie kann daher nicht als Welle im streng dynamischen Sinn verstanden werden. Die Entsprechung liegt nur in der regelmäßigen Wiederholung der Oberflächenform.

Beim Thema »Sand« war Bagnold sehr genau. Er unterschied streng zwischen Sandwehen, die sich im Windschutz bilden und »wirklichen Dünen«, die es besonders auf ebenem, gestaltlosem Untergrund zu größter Perfektion bringen. Die wirklichen Dünen vermehren sich unbegrenzt. Gleich aussehende Dünen leben in riesigen Familienverbänden zusammen, die sich oft über Hunderte von Meilen erstrecken. Ihre Gestalt hängt von der Menge des Sandes und der Stärke und Richtung der vorherrschenden Winde ab. Im einzelnen scheinen sie unendlich verschieden zu sein. Es ist jedoch möglich, zwischen ein paar Grundtypen zu unterscheiden.

Der elementarste Typ ist der *barchan* – eine halbmondförmige Wanderdüne mit einem sanften Abhang auf der Windseite, auf dem die Sandkörner langsam aufwärts geweht werden, und mit einer steilen Leeseite, auf der dieselben Sandkörner dann herabfallen. Barchans bewegen sich lawinenartig, indem sie nach jeder Seite abgeflachte Hörner treiben. Sie sind ihrer Natur nach Einzelgänger, die sich selbst erhalten: entstanden durch Wind aus einer Richtung und begrenzten Mitteln, be-

wahren sie ihre Form und Masse, indem sie ständig ihren Überschuß an Sand herunterkippen.
An den Stellen, die reichlich mit Sand versorgt werden, vermehren sich die Barchans in immer dichteren Kolonien, bis sich schließlich die Hörner miteinander verbinden und im rechten Winkel zur Windrichtung bogenförmige Hügelketten bilden.
Wenn sich der Sand setzt, werden aus den Hügelketten hohe Kammlinien, über die möglicherweise kleinere, untergeordnete Barchans zu wandern beginnen. Solche zusammengesetzten, halbmondförmigen Dünen sind in der nordöstlichen Ecke des Östlichen Großen Ergs und in anderen Teilen der Sahara, wo der Wind aus einer einzigen Richtung bläst, besonders häufig.
Wo der Wind unbeständig ist, kommt es zu völlig anderen Sandformationen. Winde, die aus zwei Richtungen kommen, treiben den Sand zusammen, indem sie ihn zuerst aus dem einen, dann aus einem leicht veränderten Winkel zusammenschieben, bis sie ihn schließlich in verlängerte Formationen gebracht haben, die parallel zueinander in Windrichtung verlaufen. Bagnold beschrieb diese Dünen mit dem Wort *sief,* was auf arabisch »Schwert« bedeutet. Aber so, wie sie über den Wüstenboden kriechen und sich krümmen, gleichen sie eher Schlangen.
Wo der Wind kräftig aus allen Himmelsrichtungen bläst, in regelmäßigen, jahreszeitlichen Verschiebungen, wandert der Sand nicht ziellos herum, sondern türmt sich zu spitz zulaufenden Imitationen von Seesternen auf.
Sterndünen umschlingen El Oued mit ihren Fangarmen. Wenn ein Fangarm sich ausstreckt, verschwinden ganze Ortschaften.
Die Formen der Dünen in den wirklichen Sandmeeren sind natürlich komplexer als ihre idealisierten Modelle. Sogar das Konzept der Trennung – durch das die verschiedenen Arten

von Dünen auseinandergehalten werden – ist eher ein theoretisches Hilfsmittel als eine praktische Anleitung für das Wissensgebiet.
Bagnolds größte Leistung war, daß er sich ohne Flugzeug und in einer Zeit *vor* der Satelliten-Kartographie ein Bild von der Geometrie in der Wüstenlandschaft gemacht hat. Sternförmige Dünen wachsen auf den Kämmen von halbmondförmigen Dünen, die in Barchan-überquerenden Barchans auslaufen. Bagnolds »Einfachheit der Form«, seine »Genauigkeit der Wiederholung« und seine »geometrische Ordnung« verbinden sich zur Symmetrie eines Labyrinths.
Ich tappte nun immer tiefer in dieses Labyrinth hinein. Da ich meine früheren Spuren verlassen hatte, um die höchsten Gipfel zu umgehen, stieg ich auf einen Dünenkamm, um mich wieder zu orientieren. Statt die alte Straße an der Stelle zu erblicken, wo ich sie vermutet hatte, sah ich nur Sand. Ich hätte zu meinen früheren Spuren zurückkehren können, war mir aber sicher, daß die Straße in der Nähe war – vielleicht jenseits des nächsten Dünenkammes oder des übernächsten. Mein Durst trieb mich voran. Ich hatte noch ein paar Stunden Zeit, weil es nicht so heiß war wie im Sommer und ich nicht direkt Angst hatte. Ich wußte aber genug über die Sahara, um mich zu beeilen. Ich dachte nicht mehr an den romantischen Zauber des Sandmeers und die Bewegungen seiner Dünen. Ich erinnerte mich vielmehr an die abenteuerlichen Geschichten.

In einer Oase im Norden traf ich einmal einen alten Trinker namens Lag Lag, der als junger Mann Fernfahrer gewesen war und Güter durch die Sahara transportiert hatte, in der es damals noch keine Straßen gab. Wir lernten uns eines Nachts am Lagerfeuer kennen, wohin ihn unsere gemeinsamen Freunde mit billigem Wein gelockt hatten. Ein drahtiger, gutmütiger alter Mann, der einen ziemlich verwahrlosten Eindruck machte. Seine Freunde sagten mir, daß er in jüngeren Jahren ein frommer Muslim gewesen sei und meinten, daß er mit seiner Trunksucht seinen Glauben verhöhnt habe. Sie fanden aber, daß man seine Geschichte trotzdem erzählen müsse, und wollten, daß ich sie aufzeichne. Lag Lag war bekannt dafür, daß er sich nicht nur zweimal im Östlichen Großen Erg verirrt, sondern es auch zweimal überlebt hatte.

Er erzählte mir, daß er sich das erste Mal im Sommer 1957 dort verirrte, als er mit seinem Beifahrer von Biskra Maschinen zum neu entdeckten Erdöllager bei Hassi Messaoud transportierte. Statt den längeren Weg über die festen Kiesebenen nach Westen zu nehmen, beschlossen sie, mit ihrem Lastwagen die Abkürzung durchs Sandmeer zu wagen. Es war keine gute Idee gewesen. Zwischen den Dünen durchzufahren, ist ein beschwerliches und frustrierendes Unterfangen und erfordert, daß man sich mit der Beschaffenheit von Sand auskennt. Man muß häufig umkehren oder die Spur zurückverfolgen, was sehr schnell auch den besten Orientierungssinn verwirren kann.

Weder Lag Lag noch sein Beifahrer kannten sich besonders gut aus. Sie wußten nur, daß die Sonne in Mekka aufging, den ganzen Tag über hoch am Himmel blieb, im Westen unterging und die ganze Nacht über von den anderen Gestirnen gejagt wurde. Und so machten sie sich auf den Weg. Schließlich bemerkten sie, daß nichts mehr stimmte, gerieten aber noch nicht in Panik. Drei Tage lang kämpften sie gegen die Dünen an, bis ihnen der Sprit ausging.

Da sie Wasser dabei hatten, waren sie nicht unmittelbar gefährdet. Auf die Dauer aber waren die Aussichten schlecht. Aus dem Sandmeer zu Fuß hinaus zu gelangen war undenkbar, aber es war auch unwahrscheinlich, daß hier jemand vorbeikommen würde. Die Männer an der Bohrstation erwarteten sie, wußten aber natürlich nicht, welchen Weg sie eingeschlagen hatten. Sie rechneten auch nicht mit der Möglichkeit, daß man sie mit dem Flugzeug suchen würde. Heute wie damals nahm man es hin, daß Leute in der Wüste umkommen.

Die Sonne zwang sie dazu, sich unter den Lastwagen zu verziehen, wo es schattig war und sie einen flachen Graben aushoben. Tag für Tag lagen sie dort, sahen ihren Wasservorrat schwinden und warteten, daß Gottes Wille geschähe. Sie besannen sich auf ihren islamischen Glauben und sprachen über das Leben nach dem Tod. Sie hatten Essen, aßen aber nicht, weil sie fürchteten, dadurch noch durstiger zu werden. Die Wanderer in der Wüste kommen nicht durch Verhungern um, sondern durch Austrocknen. Durst ist das schrecklichste aller menschlicher Leiden.

Die Physiologen, die sich auf Durst spezialisiert haben, scheinen ihn nie erfahren zu haben. Das verwundert mich. Man würde glauben, daß jemand, der sich dafür interessiert, es ausprobieren und eine Zeitlang nichts trinken würde, da es für kurze Zeit ja kein Risiko bedeutet. Den Physiologen aber geht es bekanntlich um Wissen, nicht um Erfahrung. Sie verwenden Ausdrücke, die aus dem Griechischen kommen, die der Qual den Stachel nehmen. Zum Beispiel würden sie die Sahara – den brennend heißen Sand und den Himmel, von dem erbarmungslos die Sonne herab brennt – als *dipsogen* bezeichnen, daß sie also das Trinken auslöst. Bei der Besprechung von Lag Lags Fall würden sie sagen, daß sich sein Durst von der *Eudipsie,* die »gewöhnliches Trinken«, über die *Hyperdipsie,* die »über das Normale hinausgehendes Trinken«, bis zur *Polydipsie,* die »andauerndes und übermäßiges Trinken« bedeutet, steigerte. Wir können es präziser definieren: da *poly* »viel« bedeutet, ist *Polydipsie* der zwanghafte Zustand, in dem man alles trinkt. Für dieses Verhalten gibt es wiederum Fachausdrücke wie *Uridipsie,* das Trinken von Urin, und *Hämodipsie,* das Trinken von Blut. Philologen können sich daran berauschen. Unsere Lexika sind allerdings noch nicht auf dem

neuesten Stand der Technik. Zu dumm, daß man in der Antike noch keine Autos kannte! Trotz aller Anstrengungen habe ich kein passendes griechisches Wort für »das Trinken von rostigem Kühlwasser gefunden«.
Lag Lag und sein Beifahrer fingen an, Kühlwasser zu trinken, als ihr Trinkwasser zu Ende war. Sie hausten nun schon seit drei Wochen unter dem Lastwagen, ohne daß sie jemand gefunden hätte. Sie schrieben Abschiedsbriefe an ihre Familien und klemmten sie am Führersitz fest.
Der Beifahrer seufzte.
Lag Lag ärgerte sich und sagte: »Wenn man stirbt, dann stirbt man eben.« Er lag ruhig da und bereitete sich auf das Ende vor.
Als er viele Jahre später beschrieb, wie ruhig er dabei war, mußte ich zugeben, daß mir das seltsam vorkam. Danach erfuhr ich am eigenen Leib, was es heißt, in der Sahara ausgesetzt zu sein. Aber Lag Lag war der erste, der mir sagte, daß solch ein Tod nicht schwierig sei, daß die Sahara ihre Opfer einfach überwältigt und ihnen keine andere Wahl läßt, als sich in ihr Schicksal zu ergeben. Ein Fatalismus, den auch der Islam von den Gläubigen fordert. Lag Lag sagte weiter, daß der größte Gott der Gott der Wüste sei.
Sie hatten schon den größten Teil ihres Kühlwassers ausgetrunken, als Lag Lag ein rettender Gedanke kam. Es fiel ihm ein, daß die Benzintanks immer noch Reste von Diesel enthielten und daß er Motoröl hinzufügen könnte, um eine leichtentzündliche Mischung zu erzeugen. Sein Beifahrer, der von den Tränen zu völliger Hoffnungslosigkeit übergegangen war, weigerte sich, unter dem Lastwagen hervorzukommen. Lag Lag ignorierte ihn und zapfte so viel Motoröl ab, wie er sich traute, um es dann in den Benzintank einzufüllen. Er kletterte auf den Führersitz, schaltete die Zündung ein und ließ den Wagen an. Der Motor fing sich zögernd an zu drehen, sprang aber nach ein paar Versuchen ratternd an. Der Beifahrer stieg

ein. Der Lastwagen rollte vorwärts und stieß dabei dichten, blauen Rauch aus.
Nach ein paar Meilen kamen sie zu einer Wagenspur. Obwohl sie keine Ahnung hatten, wo sie waren oder wohin sie die Spur führte, folgten sie ihr. Weil sie den größten Teil des Kühlwassers getrunken hatten, überhitzte sich der Motor und fraß sich fest. Die Wüste aber verschonte sie: ein voll klimatisierter, in der Hitze schimmernder Lieferwagen erschien in der Ferne und fuhr in der Wagenspur auf sie zu, brachte Wasser, frisches Fleisch und Gemüse. Der Fahrer war ein Freund der beiden Männer. Er brach die Plombe an seinem Laderaum auf und machte ein Lagerfeuer. Lag Lag und sein Beifahrer tranken und schmausten. Die Fachleute würden sagen, daß sie wieder *hydrierten*.

Nach Algeriens Unabhängigkeitskrieg förderte Hassi Messaoud für die neu gegründete Nation Erdöl und Erdgas. Lag Lag fuhr auch weiterhin durch die offene Wüste und verdrängte sein traumatisches Erlebnis. Er fuhr nicht mehr so bereitwillig durch das Sandmeer, erklärte sich aber 1964 bereit, einen riesigen Deckel aus Beton zu einem Ölfeld inmitten der Dünen zu transportieren. Sein jüngster Bruder fuhr mit. Sie fuhren auf einer Piste zu einer Oase und stießen dann in den nicht markierten Sand vor. Am Ende des ersten Tages hatten sie sich verirrt. Sie machten kehrt und verfolgten ihre Spur zurück, die an verschiedenen Stellen durch den Wind bereits verwischt war. Nachts schliefen sie. Am zweiten Tag verkalkulierten sie sich, und der Lastwagen versank im weichen Sand. Weil das Versinken im Sand auch beim Befahren der offenen Sahara außerhalb der Sandmeere etwas Alltägliches ist, war Lag Lag am Anfang nicht beunruhigt. Man schaufelt den Sand oder gräbt ihn mit bloßen Händen von den vier Rädern weg und fährt dann weiter. Schlimmstenfalls dauert es ein paar

Stunden, bis man wieder fahren kann. Dieses Mal aber war der Sand anders, so fein und weich, daß der Lastwagen durch das Graben nur noch weiter einsank. Sie versuchten den Betondeckel für die Bohrstation vom Wagen herunterzuschubsen, als dies nicht gelang, versuchten sie ihn herunterzuwuchten. Der Deckel aber war zu schwer. Er war übrigens auch das Gewicht gewesen, das sie hatte einsinken lassen. Am Ende des Tages stellte Lag Lag fest, daß ihn das Sandmeer wieder in eine Falle gelockt hatte, und all die verdrängten Erinnerungen kehrten wieder.

Sein Bruder wollte sich allein auf den Weg machen. Lag Lag befürchtete die Sinnlosigkeit eines solchen Unterfangens und hielt dagegen, daß, wenn sie im Schatten des Lastwagens bleiben und sich kaum bewegen würden, ihnen vielleicht das Wasser für eine Woche ausreichte. Wenn es Gottes Wille wäre, würde jemand ihre Spuren entdecken oder des Wegs kommen. Wenn nicht, sagte Lag Lag, wäre es besser, dem Tod ruhig und mit männlicher Haltung entgegenzusehen. Wenn du stirbst, stirbst du eben.

Die Woche ging vorüber, und sie tranken ihr letztes Wasser. Lag Lag erkannte, daß niemand ihnen zu Hilfe kommen würden. Es blieb ihnen nur noch das Kühlwasser. Er war stolz auf seinen Bruder, der nicht um Rettung betete, sondern sich in Gottes Willen fügte. Auch Lag Lags Stimmung war fatalistisch, aber nicht bis zur Untätigkeit. Ausgehend von seiner letzten Erfahrung gelangte er zu dem Schluß, daß er dazu bestimmt war, einen Ausweg zu finden.

Lag Lags Lösung war nicht sehr originell, er war noch nie ein großes Licht gewesen. Sein Durst zwang ihn aber dazu, sich zu konzentrieren. Mit Hilfe seines Bruder ließ er so lange die Luft aus den Reifen, bis sie nur noch schlaffe Wülste waren. Ich weiß heute, wie das damals geklungen hat – das durchdringend scharfe Zischen der entweichenden Luft in einer Wüste, in der sonst stärkere Winde am Werk waren. Lag Lag und sein Bruder warteten, bis es Nacht wurde, und bauten Sandrampen, auf denen der Lastwagen emporsteigen konnte. Eine Arbeit, die nach zwei verzweifelten, schwer atmenden Männern geklungen haben mußte. Dann warteten sie, bis es Tag wurde.

Kurz vor der Morgendämmerung, als sich am Horizont die ersten Anzeichen der aufgehenden Sonne zeigten, beteten sie. Lag Lag kletterte auf den Führersitz. Er startete den Motor, als versierter Fahrer ließ er ihn zuerst warm werden, bevor er in den zweiten Gang schaltete. Sein Bruder stand draußen, um das Auto anzuschieben. Mit vereinten Kräften und schleifender, glühend heißer Kupplung, holten sie den Lastwagen aus seinem Grab.

Sie waren immer noch in Gefahr: Sie hatten keine Pumpe dabei, mit der sie die Reifen hätten aufblasen können, und der Gummi würde sehr bald von den Rädern abblättern. Das Wasser war aufgebraucht, und die Wagenspuren von der vergangenen Woche waren verschwunden. Überall lag unberührter Sand. Sie machten sich in einer Richtung auf, die sie für die richtige hielten. Und das Schicksal war ihnen gnädig: Nach knappen zwei Meilen, als sie den Fangarm einer Sterndüne überquert hatten, sahen sie unter sich die gleiche kleine Oase liegen, von der aus sie aufgebrochen waren.

Es war ein stiller Ort mit einer Moschee und einer Poststelle. Die Bewohner ließen sich durch die beiden Männer, die aus der Wüste auftauchten, nicht beeindrucken. Schon möglich, daß einige ihren starken Bartwuchs und den Zustand ihrer Reifen bemerkt hatten. Jemand reichte ihnen Wasser, ein anderer verkaufte ihnen Nahrungsmittel. Lag Lag dachte über die tiefere Bedeutung ihrer Prüfung nach. Sie waren beinahe in Rufweite der Oase steckengeblieben, hatten aber als gute Muslime nicht gerufen. Es kam ihm alles sehr rätselhaft vor und trug nur zur Ehre Gottes und der Wüste bei. Als ich ihn viele Jahre später kennenlernte, war allen am Lagerfeuer klar, warum Lag Lag später so elend dran war. Er hatte eine alte Geschichte völlig ausgeschöpft und hatte nun nichts mehr zu erzählen. Er hatte der Zeit und dem Alkohol gestattet, der Erinnerung an sein Wüstenerlebnis den Stachel zu nehmen.

Meine eigene Erfahrung im Östlichen Großen Erg war weniger bedrohlich. Ich ging spazieren, wurde durstig und stellte mir kaltes Wasser vor. Und wo ich die verlassene Straße wiederzufinden glaubte oder das halb begrabene Dorf, fand ich statt dessen einen Bauer, der sich um seine Palmen hinter dem Zaun aus Palmwedeln kümmerte und ein Kamel dabei hatte. Er trug Hosen und ein Hemd und hatte einen lose drapierten Turban auf. Er schien nicht überrascht, daß ich aus den Dünen kam.

*»Bonjour, monsieur«,* sagte er auf französisch mit einem starken Akzent. »Haben Sie einen schönen Spaziergang gehabt?«

Ich bejahte es.

Er bot mir Wasser an, und ich trank gierig. Er sah mir interessiert zu, denn die Wüstenbewohner trinken in kleinen Schlucken. Er sagte: »Noch vor ein paar Jahren haben uns hier eine ganze Menge Europäer besucht, weil wir die schönsten Dünen in der ganzen Sahara haben. Wußten Sie, daß selbst Monod hier war?« Er meinte damit Théodore Monod, den Jacques Cousteau der Wüste unter den Poeten. Von den Sahara-Forschern ist mir Bagnold lieber, dessen Strenge dem Wesen der Wüste besser entspricht.

Ich sagte: »Ich bin kein Franzose.«

»Ich weiß. Sie sind Amerikaner.«

»Haben Sie das am Akzent gemerkt?«

»Sie sind mit einem Taxi aus Biskra gekommen. Mein Vetter ist mit Ihnen gefahren.«

Ich mußte lachen. »Was wissen Sie sonst noch über mich?«

»Sie mögen keine Skorpione.«

»Das geht aber allen so.«
»Gestern nacht sind Sie mit einem französischen Paar im Hotel zusammen gewesen. Die Franzosen hatten Skorpione in einer Schachtel dabei.« Er lächelte. »Ich habe auch einen Vetter, der im Hotel arbeitet.«
Er war zum Prahlen aufgelegt: »Ich weiß auch noch, daß Sie einen Brief in die Vereinigten Staaten geschickt haben. Die beiden aus Paris wollten in Paris anrufen, haben aber keine Verbindung bekommen. Aber Sie – Sie haben nicht einmal versucht zu telefonieren.«
Ich fragte ihn nicht, wie er das herausbekommen hatte. Zusammen gingen wir zurück nach El Oued, zu all seinen Cousins. Den ganzen nächsten Tag verbrachte ich damit, mit Taxis nach Westen und Süden zu fahren, nach Touggourt, einer Oase am Rand des Sandmeers, und über ein Geröllplateau nach Ouargla, der Oase, in der Ameur und Malika Belouard gelebt hatten.

# 6.
# Eine Lektion in Liebe

Dies ist eine Geschichte, mit der man Malikas Wüste durchqueren kann. Von einem König von Ouargla, der vor langer Zeit gelebt hat, heißt es, daß er eines Tages herausbekommen wollte, ob ihm seine Untertanen gehorchten. Er ließ alle jungen Männer der Oase in den Palast kommen und sagte: »Ich will euch auf die Probe stellen. Um mir eure Loyalität zu beweisen, sollt ihr nach Hause gehen und eure Väter töten. Wenn ihr morgen in den Palast zurückkehrt, darf kein einziger alter Mann mehr in Ouargla am Leben sein.«

Die Männer gingen, und als sie nach Hause kamen, schnitten sie ihren Vätern die Kehle durch. Nur einer der Söhne brachte dies nicht übers Herz. Er versteckte seinen Vater statt dessen in einem großen Behälter, der für die Aufbewahrung von Datteln gedacht war.

Am nächsten Tag versammelten sich die Männer wieder im Hof des Palastes.

Der König fragte: »Habt ihr eure Väter getötet?«

»Ja«, antworteten sie, »und möge Gott ihre Seelen verdammen!«

Der König sagte: »Nun will ich sehen, ob ihr mich angelogen habt. Ich will, daß morgen jeder von euch mit seinem König, seinem Erzfeind und seinem besten Freund zurückkehrt.«

Ziemlich verwirrt verließen die Untertanen den Palast, weil sie nicht wußten, wie sie des Königs seltsamen Befehl ausführen sollten. Der junge Mann, der seinen Vater versteckt hatte, ging ebenfalls nach Hause. Seine Frau setzte ihm das Abendessen vor. Sein Vater kam aus dem Versteck hervor und setzte sich

zu ihm an den Tisch. Der junge Mann war so nervös, daß er keinen Bissen hinunterbrachte.
Sein Vater bemerkte es. »Was quält dich, mein Sohn?«
»Vater, es ist der König. Er verlangt von mir, meinen König, meinen Erzfeind und meinen besten Freund in den Palast mitzubringen. Ich weiß aber nicht, was er damit meint.«
»Ach, mein Junge«, sagte der alte Mann, »iß und mach dir keine Sorgen. Wenn du morgen erwachst, sollst du deinen Sohn auf deine Schultern setzen, deinen Hund mitnehmen und deiner Frau befehlen, dich zu begleiten.
Zeig dem König deinen Sohn und sage: ›Hier, Majestät, das ist mein König. Wenn er weint, bricht mir das Herz. Dann würde ich alles in der Welt tun, um ihn zu trösten.‹
Zeig ihm dann deinen Hund und sage: ›Hier ist mein bester Freund. Wo immer ich auch hingehe, begleitet und verteidigt er mich. Wenn ich ihn füttere, ist er glücklich und wedelt mit dem Schwanz. Wenn ich ihn schlage, wird er nicht böse oder rennt weg, sondern fährt fort, mir zu dienen.‹
Zeig ihm schließlich deine Frau und sage: ›Hier ist meine Erzfeindin. Sie ärgert mich andauernd. Wenn ich etwas nach Hause bringe und ihr nichts davon gebe, fängt sie an zu schreien und zu heulen.‹«
Den jungen Mann beruhigten die Worte seines Vaters. Er beendete seine Mahlzeit und legte sich schlafen. Am nächsten Morgen versammelten sich wieder alle Männer im Hof des Palastes.
Der König sagte: »Kommt näher und zeigt her. Habt ihr gefunden, was ich euch sagte?«
Die Menge schwieg. Keiner hatte das Rätsel des Königs lösen können. Dann trat der junge Mann vor mit seinem Sohn, seinem Hund und seiner Frau und wiederholte die Worte seines Vaters.
Der König hörte ihm zu und ergriff dann selbst das Wort: »Mein Freund, ich weiß, daß dies nicht deine eigenen Gedan-

ken sind. Sie sind so weise, daß sie nur von einem alten Mann stammen können. Das verrät mir, daß du deinen Vater versteckt hast. Er ist also nicht tot.«
Der junge Mann senkte beschämt den Kopf.
Der König sagte: »Ich werde mein Urteil über dich fällen. Weil du mir nicht gehorcht hast, werde ich dir all deine Güter wegnehmen. Aber weil du dir aus Liebe zu deinem Vater als einziger deinen gesunden Menschenverstand bewahrt hast, werde ich dir die Hälfte all meiner Besitzungen geben und dich zu meinem Nachfolger ernennen, damit du über diese Dummköpfe herrschst, die weder Verstand noch Herz haben.«
Der König gab dem jungen Mann das Zepter in die Hand, legte ihm den Königsmantel um die Schultern und setzte ihn auf den Thron.
Seit jener Zeit ehren die Männer von Ouargla ihre Väter, lieben ihre Kinder, erfreuen sich ihrer Hunde. Nur ihre Frauen sind vielleicht weniger glücklich dran.

# 7.
# Der König von Ouargla

Der König von Ouargla war ein Fahrlehrer, Malikas Gatte und mein Freund: Ameur Belouard. Er lebte mit Malika und den vier Kindern in Ouargla und mußte für das Verkehrsministerium auch andere Oasen bereisen, um neue Führerscheinanwärter zu prüfen. Wenn möglich flog er mit der Air Algeria. Er liebte das Fliegen, besonders in Jets, und wäre am liebsten Pilot geworden. Er kannte alle Piloten der Air Algeria beim Namen. Und sie kannten ihn. Er war ein berühmter Mann. Jedesmal, wenn er mit ihnen flog, baten sie ihn, ins Cockpit zu kommen, freuten sich aufrichtig über seine Anwesenheit und schmeichelten ihm, indem sie über ihre Arbeit sprachen. Es war das mindeste, was sie für ihn tun konnten. Sie wünschten, sie hätten mehr für ihn tun können. Mit der Zeit gewöhnte ich mir ab, mich darüber zu wundern. Ameur Belouard war in der ganzen algerischen Sahara ein hochgeschätzter Mann. Wie weit seine Berühmtheit reichte, wurde mir erst richtig bewußt, als mich in Siedlungen, die weit weg waren von Ouargla, Fremde aufsuchten, nur weil Ameur sie von meinem Kommen verständigt hatte.

Er war damals zweiundvierzig, ein kleiner Mann von dunkler Hautfarbe, mit einem ungeduldigen Naturell. Die Frauen fanden ihn attraktiv, für die Männer war er der Bruder, den sie sich gewünscht hätten. Er war natürlich mehr als nur ein Fahrlehrer. Er war ein kleiner Ganove, korrupt und mit vielen Verbindungen. Er hatte immer ein Handy dabei. Er besorgte einem einen Kühlschrank oder Fernseher auf dem Schwarzmarkt, ohne unmittelbar eine Gegenleistung dafür zu erwarten. Er wußte, wo man am besten Reifen bekam. Er tauschte fremde Währungen zu einem günstigen Kurs ein, natürlich nur in bar und ohne Quittung, und hatte immer ein dickes Bündel algerischer Dinare dabei. Wenn man ein Darlehen brauchte, konnte man auf ihn zählen, es war eine Sache unter Freunden und ohne daß er Zinsen dafür verlangt hätte. Er kannte einen Beamten beim Telefonamt, der eine Rechnung ändern oder die endlosen Verzögerungen beim Telefonieren durchbrechen konnte. Er konnte auch einen Platz in einem völlig ausgebuchten Flugzeug besorgen. Wenn nötig, fünf Plätze. Die Leute glaubten an ihn, weil er ein Organisationstalent war.

Sein Ouargla war kein hübscher Ort. In seinem Zentrum gab es einen *ksar* aus Backsteinen: eine alte, befestigte Altstadt mit verwinkelten Gassen, die von einem gewissen malerischen Reiz war. Weiter draußen aber artete es in öde Boulevards und Slums ohne Grün aus, in eine Beamtenstadt, die vom Öl lebte. Ich lernte Ameur während meines ersten Aufenthalts dort kennen. Er war der ältere Bruder eines Freundes in Frankreich, eines algerischen Einwanderers, der darauf bestanden hatte, daß ich ihn aufsuchte. *»Sacré ameur!«* hatte ihn mein Freund liebevoll genannt.

Das war zu Beginn der islamischen Revolution gewesen, als es in Algier zu einem Aufruhr wegen des Brotpreises gekommen war, und die Armee mit Maschinengewehren gegen die Aufständischen vorging. Ich verließ die zertrümmerten Straßen der Stadt und floh in den Süden, wo ich eine friedliche Wüste vorzufinden glaubte. Statt dessen traf ich ein Ouargla mit einer Militärgarnison in höchster Alarmstufe an. Der Soldat im Wachtturm legte immer seine Kalaschnikow an, wenn ich vorbeiging, denn als Amerikaner war ich verdächtig. Ein Hauptmann des Nachrichtendienstes verhörte mich und ließ mich von Beamten mit dunklen Sonnenbrillen und in Lederjacken rund um die Oase beschatten. Das Ganze hatte eine gewisse Komik. In dem schäbigen, staatlichen Hotel konnte ich bei

meinen Telefongesprächen sogar das Schnaufen der Beamten hören, die in der Empfangshalle waren.
Die Sache mit der Überwachung erfuhr Ameur von Leuten, die sich mit dem Militär auskannten und ihm diesen Gefallen schuldig zu sein glaubten. Als er mich im Hotel traf, sagte er:
»Weißt du, was diese Hundesöhne mit dir machen?«
»Natürlich.«
»Weißt du, wie sie dich behandeln?«
»Sie tun nur ihren Job.«
»Ich will nicht, daß du dir deswegen Sorgen machst.«
»Tu ich schon nicht.«
»Sie haben Angst«, sagte er.
»Ich weiß. Ich bin schließlich von Algier gekommen.«
»Sie haben Angst, weil sie Soldaten sind.«
»Natürlich.«
»Die Leute werden hart mit ihnen verfahren.«
Ich antwortete nicht. Ich fand, daß Ameur zu dick auftrug.
»Sie könnten dir gefährlich werden«, sagte er.
»Ich habe nichts zu verbergen.«
»Du bist mein Gast. Ich will nicht, daß du dir deswegen Sorgen machst.«
»Ich versprech's dir.«
»Du wirst sehen, ich werde anrufen und es diesen Schweinen schon zeigen.«
»Wäre mir aber lieber, wenn du's sein ließest.«
Davon wollte er aber nichts wissen. Er berührte mich am Arm. »Kein Problem, wirklich kein Problem!« Er wiederholte es auch noch ein drittes Mal mit großem Nachdruck: *»Il n'y a pas de problème!«*
Wie alle seine Freunde übte ich Nachsicht mit ihm. Ameur war jedenfalls nicht zu bremsen. Selbstvertrauen war sein größter Trumpf. Er kam aus einer Bauernfamilie und hatte den Ehrgeiz eines sozialen Aufsteigers. Wenn er von der Welt jenseits der Sahara hörte, pflegte er gerne zu sagen: »Ach, das!

Erstklassig!« Er trug Hosen mit Bügelfalten und gemusterte Hemden aus Paris. Er wäre in den größten Städten der Welt zu Hause gewesen. Nur seine Mokassins, die vom ockerfarbenen Wüstensand gebeizt waren, verrieten seine Herkunft.

In seinem alten Peugeot-Sedan stahl er sich mit mir vom Hotel weg. Meine Wächter waren zu Fuß und konnten uns nicht folgen. Ich bezweifle, daß es ihnen etwas ausmachte. Wir fuhren an einer neuen Moschee vorbei zu Ameurs Haus, das einfach auf festgetretener Erde stand und weder Schatten hatte noch bepflanzt war.

Ameur hatte es mit seinen eigenen Händen gebaut, aus Schlackensteinen und Beton: ein kleiner Bunker mit einem Flachdach. Nach außen sah das Haus eher armselig und unfertig aus, was aber keinen Aufschluß über den Komfort in seinem Inneren gab. Elektrizitäts- und Telefonkabel liefen an der Seite entlang. Zur Straße hin gab es nur ein kleines, vergittertes Fenster mit geschlossenen Fensterläden. Die anderen Fenster gingen auf einen Innenhof, der hinter hohen Mauern verborgen war. Der Motor einer Klimaanlage ratterte und summte. Auf dem Dach war eine Fernsehantenne zu sehen.

Wir betraten den Hof durch eine Metalltür und wurden von den Kindern im Alter zwischen drei und zehn Jahren schüchtern begrüßt. Ich gab ihnen kleine Mitbringsel, die ich aus Paris mitgebracht hatte, und eine Tüte mit schlechten Pralinen aus der Stadt. Wir ließen unsere Schuhe in der Eingangshalle. Das Haus hatte zwei Wohnzimmer, eines für die männlichen Besucher und ein weiteres – in der Nähe der Küche – für die Familie und die Frauen.

Ameur aber war ein von Natur aus aufgeschlossener Mann. Mit einer freundschaftlichen Geste lud er mich ins Familienzimmer ein, das kühl und dunkel und mit schweren Möbeln ausgestattet war. Ich weiß nicht, wo Malika war, ich hatte sie noch nicht kennengelernt. Ameur und ich saßen in den üppig gepolsterten Sesseln, während uns seine älteste Tochter starken, süßen Mokka servierte. Sie brachte eine Klassenarbeit in Französisch mit, für die sie gerade eine sehr gute Note bekommen hatte. Und sie hatte eine Weltkarte und bat mich, ihr zu zeigen, wo ich hingehöre. Darauf zeigte sie mir ihren Heimatort.

In einem Schrank, der bis unter die Decke reichte, stand Ameurs wertvollster Besitz: eine Stereoanlage, ein Fernseher, ein Videorecorder, eine arabische Enzyklopädie in mehreren Bänden und eine Sammlung von Figuren aus Mali – Reiseandenken aus den Jahren, bevor die Algerier Gefangene ihrer Währung wurden. Ameurs kostbarster Besitz, das Telefon, stand einsam auf einem Messingtablett neben Ameur. Er wählte die Nummer eines Überwachungsoffiziers und steigerte sich immer mehr in seine Wut hinein, er sprach Französisch, damit ich verstünde. Er machte deutlich, daß er sich persönlich beleidigt fühle durch die Art und Weise, wie man seinen Gast behandelt hatte.

Nachdem er aufgelegt hatte, sagte er: »Sie werden dich nicht wieder belästigen.«

»Ich bin beeindruckt«, sagte ich.

Er nickte und klopfte sich auf die Brust. »Frag irgend jemand, und sie werden dir sagen, Ameur Belouard ist der König von Ouargla.«

Ich sah die Wächter nie wieder. Es war eine kurze, merkwürdige Phase in der Geschichte der Sahara gewesen, als das Militär und die Geheimpolizei noch zögerlich agierten.

Wir fuhren zu einer Marktstraße im alten *ksar,* wo Ameur einen Metzger bat, ihm eine Keule von einem ganzen Lamm herunterzuschneiden. Der Metzger versuchte, Ameur damit ein Geschenk zu machen, dieser aber lehnte ab und bezahlte den Preis aus dem festen Bündel mit Banknoten, das er immer dabei hatte. Das Wechselgeld überließ er dem Metzger.

Ameur und der Ladenbesitzer erzählten sich Witze als Beweis ihrer Freundschaft. Wir kauften noch Karotten, Kartoffeln und Mandarinen ein. Wir brachten die Lebensmittel nach Hause, die Kinder trugen sie hinein. Wir kehrten zum Auto zurück und fuhren unbeirrt weiter.
Ameur hatte beim Fahren beide Hände auf dem Lenkrad. Er war der staatliche Fahrlehrer, ein Aushängeschild für Ouargla und eine Säule bürgerlichen Verantwortungsgefühls. Außerdem war er übertrieben höflich. Wenn ein Esel oder Fahrzeug den Weg blockierten, geriet er nicht gleich aus dem Häuschen oder richtete sein Gewehr auf den Motor des anderen Wagens, sondern wartete geduldig. Wenn eine Gruppe verschleierter Frauen den Gehsteig verließ, bremste er und ließ sie passieren. Wenn ein Lastwagen wendete, ohne ein Signal zu geben, schnalzte er nur mißbilligend. Er fuhr nicht schnell, machte keine Vollbremsung und fuhr nicht aggressiv. Er fuhr gewandt, wachsam und sehr sicher. Er hatte das Gefühl, daß aller Augen auf ihm ruhten.
Ich brauchte eine ganze Weile, bis mir klar wurde, daß er kein bestimmtes Fahrziel hatte. Wir fuhren kreuz und quer durch die Stadt, bogen ab und machten kehrt, wir fuhren in Ouargla umher wie Jungen vom Land. Wir befuhren alle größeren Straßen in beiden Richtungen. Andere Fahrer fuhren ebenfalls nur ziellos umher. Ameur bediente die Hupe als Erkennungszeichen und winkte seinen Bekannten zu. Wir hielten an, um mit einem Fluglotsen zu sprechen. Andere Leute kamen hinzu und blieben neben unserem Wagen stehen, um sich die Zeit zu vertreiben. Ameur versprach dem Mann, für den Anstrich seines Hauses weiße Farbe zu besorgen, die nicht leicht zu bekommen war. Kein Problem.
Als das Tageslicht verblaßte, kühlte die Luft ab. Wir schauten bei Ameur vorbei und nahmen seine jüngste Tochter mit, ein schüchternes Mädchen mit lockigem Haar, das gerade erst vier Jahre alt war. Er nannte sie seine Prinzessin. Sie saß auf mei-

nem Schoß, als wir aus der Stadt heraus und auf der Teerstraße nach Norden fuhren. Ameur wollte sein Abendgebet in den Dünen aufsagen. Er sagte, daß er früher ein Trinker und Sünder gewesen, aber nun auf den Pfad der Tugend zurückgekehrt sei.

Ich fragte, wann.

Er antwortete: »Kürzlich.«

Ich fragte ihn, warum er in der Wüste beten wolle.

»Weil dort der Sand sauber ist.« Er ging allein weg, um seine Seele im Sand zu baden.

Seine Tochter suchte vor dem Nachtwind in meinen Armen Schutz. Sie roch nach Seife. Wir spazierten in die Dunkelheit hinaus. Das Sternenlicht wurde von durchsichtigen Wolken getrübt. Ouargla zog sich wie ein leuchtender Streifen am Horizont hin.

# 8.
# Außereheliche Beziehungen

Dies ist eine weitere Geschichte über Malikas Wüste. Vor langer Zeit, als der kurze Blick auf eine Frau schon bedeutete, mit ihr eine sexuelle Beziehung zu haben, lebte in Ouargla ein mächtiger Richter, der alle Frauen in der Stadt schon gesehen hatte außer der Frau des Steuereintreibers. Was er sehr bedauerte, weil gerade sie als die Schönste galt.

Der Richter fragte sich: »Wie soll ich es nur anstellen, daß ich die schöne Frau des Steuereintreibers sehen kann?« Dann hatte er eine Idee: »Ich werde ihn ganz einfach mit einem Auftrag wegschicken.«

Er schrieb ein paar Briefe, ließ dann den Assessor kommen und befahl ihm, die Briefe zu einer Oase mit Namen M'Zab zu bringen, die ein paar Tagereisen entfernt war. Als sich der Richter sicher war, daß der Steuereintreiber weg war, sprach er mit dessen Nachbarin, einer alten Frau.

»Sag mal, wie klopft eigentlich dein Nachbar an die Tür, wenn er nach Hause kommt?« wollte er wissen.

»Das ist ganz einfach«, erwiderte sie. »Er klopft so. Er klopft ganz leicht mit dem Finger.«

Der Richter dankte ihr und kaufte bei einem Juwelier einen wunderschönen goldenen Ring. Dann ging er damit zum Haus des Steuereintreibers und pochte an die Tür, genau wie es ihm die alte Frau gezeigt hatte.

Drinnen sagte die Frau des Steuereintreibers zu ihrem schwarzen Dienstmädchen: »Steh auf und geh nachsehen. Nur ein einziger Mann kann so anklopfen. Dein Herr ist offenbar früher als erwartet zurückgekehrt.«

Das Dienstmädchen öffnete die Tür und sah den Richter. Sie kehrte zu ihrer Herrin zurück und sagte: »Er klopft an wie mein Herr, aber es ist der Richter.«

Die Frau des Steuereintreibers war ebenso klug wie schön. Sie sagte zu ihrem Dienstmädchen: »Führe den Richter ins Wohnzimmer. Wir wollen ihm eine Lektion erteilen.«

Das Dienstmädchen führte den Richter ins Wohnzimmer und forderte ihn auf, sich auf den Ehrenplatz auf den Teppichen zu setzen. Sie ging in die Küche und bereitete nach den Anweisungen ihrer Herrin in der Küche ein Mahl auf zugedeckten Platten vor.

Als das Essen fertig war, trug das Dienstmädchen es auf einem Tablett ins Wohnzimmer. Zuerst war der Gast erfreut über die Gastfreundschaft, als er aber die Deckel hob, entdeckte er auf jeder Platte ein einziges gekochtes Ei. »Was soll das bedeuten?« fragte er.

»Daß die Frauen wie Eier sind«, erwiderte das Dienstmädchen, »den einen gibt Gott weiße Schalen, den anderen schwarze. Aber im Inneren sind sie alle gleich.«

Ebenso beeindruckt von ihrer Klugheit wie von ihrer Tugendhaftigkeit, verzichtete der Richter darauf, des Steuereintreibers Frau anzuschauen. Als er aber aufstand, um zu gehen, ließ er aus Versehen den Ring fallen, den er für sie mitgebracht hatte. Der Ring rutschte unter den Teppich.

Als der Steuereintreiber erschöpft von der langen Reise aus M'Zab zurückkam, setzte er sich auf den Teppich. Er spürte etwas Hartes unter seinem Hintern, entdeckte den Ring und zog seine Schlüsse. Er rief das Dienstmädchen zu sich und sagte: »Sag deiner Herrin, daß ich sie nie wieder sehen will!«

Monatelang weigerte er sich, seine Frau mit Kleidern und Nahrung zu versorgen. Sie wurde blaß und schwach und am Ende krank. Als ihre Eltern sie besuchten, waren sie entsetzt über ihren Zustand. Sie erzählte ihnen vom Besuch des Richters und dem Ring.

Ihre Eltern gingen daraufhin zum Richter. Der Vater sagte: »Euer Ehren, wir hatten einst einen schönen Garten, den wir einem Freund anvertrauten, der ihn fruchtbar machen und bewässern sollte. Nun haben wir aber entdeckt, daß er ihn herunterkommen ließ. Wir fragten ihn, warum, und er sagte uns, daß er dort die Spuren eines Schakals entdeckt und sich gefürchtet hätte zurückzukehren.«

Der Richter ließ den Steuereintreiber kommen und fragte: »Warum hast du deinen Garten vernachlässigt?«

»Euer Ehren, ich habe dort die Spuren eines Schakals entdeckt.«

Zuerst war der Richter streng. »Wenn du dich nicht um deinen Garten kümmerst«, warnte er ihn, »dann werde ich mich selbst darum kümmern.« Dann entsann sich der Richter aber der Tugendhaftigkeit und Klugheit der Frau und sagte: »Es stimmt, daß Schakale in der Wüste zu Hause sind. Du hast die Spuren von einem entdeckt, also hat er auch bestimmt deinen Garten heimgesucht. Er hat aber nichts gefressen, nichts beschädigt und nichts angerührt.«

Der Steuereintreiber glaubte dem Richter. Er holte seine Frau zu sich zurück, gab ihr wieder Kleider und Nahrung, und der Legende zufolge lebte er mit ihr so glücklich wie zuvor.

# 9. Ameur war ein moderner Mann

Ameur war ein moderner Mann und wollte, daß ich seine Frau kennenlernte. Wir kehrten vom Abendgebet in der Wüste zurück. Ameurs Frau kam vor dem Abendessen ins Wohnzimmer der Familie, lächelte mich freundlich an und trocknete die Hände an ihrer Schürze ab. Sie war schützend umringt von ihrer Kinderschar. Ich fand sie schön. Wir gaben uns die Hand. Von der Küchenarbeit waren ihre Handflächen rauh geworden. Sie fragte mich nach meiner Frau und den Kindern und betrachtete eingehend die Fotos, die ich ihr zeigte. »Wie schön sie sind«, sagte sie, »sie müssen Ihnen fürchterlich fehlen.« Ich gab zu, daß dies der Fall war. Sie fragte mich nach gemeinsamen Freunden in Algier und Frankreich. Ich versicherte ihr, daß sie sie ganz herzlich grüßen ließen. Das schien sie aufrichtig zu freuen. Ihre Stimme war zart, sanft und angenehm fürs Ohr. Wahrscheinlich eine gute Mutter und, gemessen an den Maßstäben der Sahara, auch eine gute Ehefrau. Ihre sanften, braunen Augen schienen verletzbar. Sie zog sich wieder zurück. Sie war anspruchslos. So daß sich Ameur hätte glücklich wähnen können. Ich muß allerdings zugeben, daß Malika die Männer nervös machte.

Sie ging in die Küche zurück, um unser Abendessen zuzubereiten. Ich aß mit Ameur im Eßzimmer. Danach sahen wir im Fernsehen eine Ansprache des algerischen Präsidenten im fernen Algier an eine trübsinnige Versammlung von Parteisekretären. Vor der Ansprache wurde von einem Kind ein Bittgebet aufgesagt: Der Knabe hielt die Hand ans Ohr und zitierte Verse aus dem Koran mit der Musikalität eines Chorknaben. Der

Präsident stand erhobenen Hauptes neben ihm, die Augen nach vorn gerichtet, die Arme ausgestreckt, mit nach oben gerichteten Handflächen.
Ein feierlich gekleideter Mann sang die Nationalhymne. Ameurs Kinder, die hereingekommen waren, sangen mit. Malika stand in der Tür und hörte ruhig zu. Ameur verfolgte das Geschehen auf dem Bildschirm mit wachsender Ungeduld. Der Präsident sprach mit algerischem Akzent, aber seine Worte waren in die arabische Hochsprache synchronisiert worden.
Ameur fluchte. »Sie wagen es nicht, sich deutlich auszudrücken. Meinen die vielleicht, daß sie die Leute mit diesem Zirkus überzeugen? Es sind dieselben, die Algerien zugrunde gerichtet haben. Glauben die wirklich, daß wir uns davon beeindrucken lassen?«
Er schaltete den Fernseher ab und bat mich, ihn zu begleiten. »Wir fahren zum *ksar,* ich werde dich meinen Freunden vorstellen.«
Ich sah Malikas besorgten Blick. Als ich in ihren Augen forschte, lächelte sie halbherzig. Es war ein Mißverständnis, ich dachte damals, ihre Angst sei politischer Natur. Ich bemerkte ihre Angst wieder, als wir gingen, an der Art, wie sie ihre Kinder ganz nahe zu sich heranzog.
In dieser Nacht, in einem alten Haus aus Lehmziegeln in einer dunklen Allee, stellte mich Ameur seinen Freunden vor. Wir trafen uns in einem Raum ohne Fenster, der nur von einer nackten Glühlampe erleuchtet war. Während wir auf Teppichen aus der Sahara saßen, kochten wir Tee auf einem Gaskocher und rauchten Zigaretten. Die schweren Fahrzeuge eines militärischen Konvois rollten in der Nähe vorbei und ließen die Häuser in der Nachbarschaft erbeben. Wir sprachen über Politik.
Einer der Männer sagte: »Wir Männer aus der Sahara sind große Schürzenjäger. Wir sind berühmt dafür. Etwas, das in

allen von uns steckt. Die Wüste versetzt unser Blut in Wallung.«
Ein anderer meinte: »Wir haben gehört, daß sich in Amerika die Mädchen schon mit Sechzehn entjungfern lassen.«
»Das erscheint mir aber ein bißchen jung«, erwiderte ich.
Er sah enttäuscht aus. »Dann ist es ja wie hier.«
»Nicht ganz so ...«
Ein anderer sagte: »Hier suchen sich die Soldaten immer die besten Mädchen aus.«
Einer von ihnen wollte sich aber partout nicht entmutigen lassen: »Es ist eine unumstößliche Tatsache, daß wir am Ende des Jahrzehnts sechsmal mehr Frauen als Männer in der Sahara haben werden.«
Ich fragte ihn nicht nach einer Erklärung. Der dies sagte, war ein schmächtiger, junger Mann, der nicht verheiratet war und einen unsicheren Eindruck machte. Ich dachte, laß ihm sein Paradies der Schakale!

Ameur nahm mich nach Touggourt mit, einer Oase, die wegen ihrer Teppiche berühmt ist. Wir sollten dort übernachten. Er mußte eine Fahrprüfung abnehmen. Unterwegs sagte er mir, daß er dort Freunde aufsuchen müsse. Es war Nachmittag. Wir fuhren drei Stunden durch eine fahle Wüste mit Gestrüpp und Sand, bis wir zur Oase mit ihren Dattelpalmen, Eseln und Häusern aus Lehmziegeln kamen.
Im schattigen Café in einem Park in der Mitte der Ortschaft fiel mir auf, daß sich Ameur sehr zwanglos unter den anderen Gästen bewegte. Er kannte jeden, blieb stehen, um ihnen die Hand zu schütteln, sie zu umarmen, um zu lächeln und zu lachen. Man liebte ihn also auch in Touggourt.
Ein Mann mit einem Spitzbart gab mir ein Zeichen, daß ich mich zu ihm setzen solle. Er trug eine Lederjacke, hatte buschige Augenbrauen und machte einen aufgeweckten Ein-

druck. Er wollte mir nur sagen: »Ich kenne Ameur von Kindesbeinen an. Er ist etwas Besonderes und ist es schon immer gewesen.«

Ameur hatte mir ein Zimmer im Hotel bestellt. Weil ich sein Gast war, wollte er dafür bezahlen. Der Empfangschef war nicht damit einverstanden. Er vermutete, daß wir auf dem Schwarzmarkt Geld tauschten. Er bestand darauf, daß ich für mich selbst zahlte, und zwar in offiziell erworbenen Dinaren. Er verlangte den Beleg vom Umtausch, den alle Ausländer dabei haben mußten.

Die Aufforderung des Empfangschefs war zu jenem Zeitpunkt ganz normal – sie war sogar Gesetz –, aber Ameur faßte sie als Beleidigung auf. Er stellte sich namentlich vor, was er nur sehr selten nötig hatte, der Empfangschef hier war aber neu und hatte noch nie von ihm gehört.

Ameur begann zu schreien. Der Empfangschef blieb ungerührt. Ameur stürmte aus dem Hotel. Ich folgte ihm. Wir fuhren zurück zum Café und tranken Espresso. Das Koffein stärkte Ameurs Entschluß. Eine Oase ist eine kleine Welt. Weil nun Ameurs Ruf auf dem Spiel stand, fuhren wir wieder zurück zum Hotel.

Unterwegs machte mich Ameur an einer kleinen Polizeiwache auf die beiden Beamten in Zivil aufmerksam, die so auffällig auf der Straße herumstanden. Einer war fett und kahlköpfig. Der andere – sein Stellvertreter – hatte ein mageres, pockennarbiges Gesicht und das Aussehen eines Dorftrottels. Auf mich wirkten beide etwas gefährlich. Ameur setzte ein gleichgültiges Gesicht auf, als wir vorbeifuhren.

Das brachte Ameur auf eine Idee. Er hielt den Wagen plötzlich an, bat mich, zu warten, und ging zurück zu den Polizeibeamten.

Im Rückspiegel konnte ich sehen, wie er ihnen die Hand schüttelte, ihnen den Arm um die Schultern legte und sie in die Polizeiwache hineinführte. Wenig später tauchten sie wieder

auf und kamen mit zum Auto, wo sie auf dem Rücksitz Platz nahmen.
Im Hotel führte der Oberinspektor das Wort. Dieses Mal gab es keinen Widerspruch von seiten des Empfangschefs. Er verlangte keine Belege mehr und entschuldigte sich, daß er meine Paßnummer aufschreiben mußte. Dann wollte er mir das Zimmer gratis geben. Ameur lehnte das Angebot voller Verachtung ab und ließ das Bargeld auf den Tresen fallen.
Wir gingen alle hinunter, um das Quartier zu besichtigen. Ameur stellte befriedigt fest, daß mir Zimmer Nr. 1 zugeteilt worden war. Wir drängten uns hinein, während der Empfangschef unterwürfig im Flur stehenblieb. Der Oberinspektor zog eine große Show ab, indem er die Bettücher zurückschlug, um zu sehen, ob sie sauber wären. Er ließ sich aufs Bett fallen, um die Matratze zu testen. Ameur drehte am Lichtschalter herum. Der andere Beamte ging über die Diele ins Bad, um die Toilettenspülung auszuprobieren und die Dusche zu überprüfen. Dann standen wir unschlüssig herum, bis ich bemerkte, daß sie Lob erwarteten.
»Sehr gut!« sagte ich.
»Tadellos!« fügte Ameur hinzu.
Dann gingen wir wieder hinaus.
Ameur verbrachte die Nacht nicht im Hotel, sondern bei einer anderen Frau. Er behauptete von sich, ein guter Muslim zu sein, weil er aufgehört hatte zu trinken und seine Kinder liebte. Er gab aber auch zu, Eheprobleme zu haben. Am nächsten Tag fuhren wir nach Ouargla zurück. Wir sprachen nicht darüber, wo er die Nacht verbracht hatte, und mit Rücksicht auf unsere Gefühle sprachen wir auch nicht über Malika.

Das Wetter schlug über Nacht um, so daß eines Morgens dicke graue Wolken über Ouargla lagen. Nachmittags traf ich Ameur. Wir holten seinen Freund ab und fuhren in der Gegend umher. Sein Freund war Fluglotse und hieß Ishmael, ein schwarzer Haratin, der Nachkomme von Sklaven aus dem Süden, die einst von Karawanen zur Oase verschleppt worden waren. Wenn er keine Haratin zur Frau genommen hätte, seine Kinder keine Haratins gewesen wären und wenn er nicht im alten Haratin-Viertel des *ksar* gelebt hätte, hätte man wohl meinen können, daß er sich seiner Hautfarbe kaum bewußt war. Er hatte über das schwierige Verhältnis zwischen Weißen und Schwarzen in den Vereinigten Staaten gehört, es aber nur einmal lachend erwähnt, als ob er damit sagen wolle, daß dies alles nichts mit ihm zu tun hätte. Er sagte, daß die Wüste – wie der Tod – alle gleichmachte.

Ishmael wußte, daß ich Pilot gewesen war, und er wollte mit mir über meine Erfahrungen sprechen. Er sagte, daß der Job eines Fluglotsen in der Sahara darin bestünde, auf den Funkspruch eines Flugzeugs zu warten und ihm dann die Landeerlaubnis zu erteilen und Angaben über Wind und Temperatur zu machen. Das kann bis zu viermal am Tag der Fall sein. Da das gleiche Flugzeug schließlich wieder abfliegt, muß man es auch zum Start freigeben. Man kann die Start- und Landeerlaubnis in Arabisch oder Französisch erteilen – oder in der internationalen Sprache der Flugsicherung, in Englisch. Ishmael hatte wenig Gelegenheit, sich in Englisch zu üben, und er nutzte die Gelegenheit, mit mir Englisch zu sprechen. Er sagte Dinge wie: »Ich habe gewiß, daß Sie interessant scheinen zu unserem Flugplatz.« Ameur pflichtete ihm enthusiastisch bei, weil er sich – in welcher Sprache auch immer – gerne über das Fliegen unterhielt.

Wir fuhren also zu dritt zum Flughafen von Ouargla, der einen kleinen, staubigen Terminal hatte und von Soldaten bewacht wurde. Wir stiegen die Treppe zur verglasten Kanzel des Kontrollturms hinauf. Ein Fluglotse, einer von Ishmaels Freunden, döste vor dem Funkgerät. Er wachte nur auf, um Ameur zu fragen, ob er einen Gebrauchtwagenhändler für sein

Auto wüßte. Ameur war höflich, wollte aber jetzt nicht abgelenkt werden. Draußen auf dem Rollfeld stieg eine Gruppe von Passagieren die Treppe einer Boeing der Air Algeria hinab. Ameur erkannte die Piloten.

Die Wolken am Himmel versetzten die Leute auf dem Flughafen in Aufregung. Unten, in der Wetterstation, trafen wir den Meteorologen, der die Aufsicht über einen veralteten Fernschreiber und ein Regal mit veralteten Instrumenten hatte. Ein schlaksiger junger Mann mit herabhängenden Schultern und akademischem Gehabe. Er sagte, daß das Wetter von Norden käme, bezeichnete es als ein folgenschweres Tiefdruckgebiet und deutete auf eine Kaltfront, die den Raum über dem Mittelmeer verlassen hatte und sich gerade über das Atlasgebirge schob. Er führte uns durch eine Seitentür, um uns zum bedeckten Himmel aufschauen lassen, was aber nur für die Piloten wichtig sei, und zeigte auf den Luftsack, der waagrecht stand.

Drinnen ratterte der Fernschreiber. Der Meteorologe beugte sich über die neuesten Meldungen. »Es regnet in Annaba. Es regnet in Constantine, in Bou Saada und Biskra.« Er blickte auf. »Es regnet überall, und die Regenfront kommt auf uns zu.«

Ishmael sagte: »Der Flugplatz ist bereit!«

Ameur sagte: *»Pas de problème.«*

Die Piloten von der Air Algeria, die über die Rampe auf uns zukamen, schienen sich weniger dafür zu interessieren. Sie flogen regelmäßig durch die Wolken Europas und sahen genug Regen, sogar daheim in Algier. Ihr Besuch in der Wetterstation war nur eine Routinesache. Aber ihre Mienen hellten sich auf, als sie Ameur dort antrafen. Die Männer umarmten sich. Während der Copilot die Informationen des Meteorologen über sich ergehen ließ, nahm der Flugkapitän Ameur zur Seite und fragte ihn nach einem Auspuffrohr für seinen Fiat. Ameur versprach es ihm innerhalb von einer Woche. Der Kapitän gestand, daß er knapp bei Kasse sei. Ameur sagte, daß es ohnehin ein bescheidenes Geschenk sei und bestand darauf, noch ein bißchen Geld von sich abzuzweigen, um ihm bis zum nächsten Gehaltsscheck auszuhelfen. Der Flugkapitän war zutiefst dankbar. Das war Ameurs geniale Taktik: In einem trockenen Land wußte er, wie man die Wolken mit Wasser füllt. Und er schien nie mit Gegenleistungen zu rechnen. Er war der herzlichste und spontanste Mensch, den man sich vorstellen kann.

Vom Flugplatz fuhren wir zu einem Bauernmarkt in einem etwas abgelegenen Dorf, wo Ameur und Ishmael Säcke mit Gemüse auf den Rücksitz luden. Als die Wolken im Laufe des Nachmittags dunkler wurden, fuhren wir zurück nach Ouargla. Einige Meilen vor der Stadt stießen wir in der Nähe eines Palmengartens und einer Gruppe von Häusern an der Straße auf einen alten Mann mit Turban, neben dem ein Junge von ungefähr zehn Jahren saß. Der alte Mann war groß und hager. Er gab uns zu verstehen, daß er mitfahren wolle. Ameur fuhr langsam heran, aber hielt die Hände hilflos hoch, weil wir im Wagen keinen Platz hatten. Der Alte winkte uns zu, um zu signalisieren, daß er verstanden habe. Wir fuhren vorbei.

Ameur sah mich an. »Ich frage mich, ob der Junge krank war. Er kam mir krank vor.«

Er wendete und fuhr zu den beiden Anhaltern zurück. Der Junge hatte tatsächlich einen geschwollenen Hals und Fieber. Der alte Mann war sein Großvater. Er quetschte sich auf den Rücksitz zwischen Ishmael und das Gemüse. Der Junge setzte sich mir wortlos auf den Schoß. Dann fuhren wir ins Krankenhaus. Der alte Mann sagte, daß er Datteln anpflanze und kein Geld für ein Taxi habe.

Ameur strich dem Jungen über Hals und Wangen. »Siehst du, ich hatte so einen Riecher, kleine Jungen sitzen gewöhnlich nicht still. Mir war so, als ob er krank sein müßte.«

Das Krankenhaus war ein modernes öffentliches Gebäude, der letzte Außenposten des einst so hoffnungsvollen Sozialismus in Algerien. Ich fragte Ameur, ob die Ärzte kompetent wären.

Er zuckte mit den Achseln. »Unter den alten – einige. Aber nicht unter den neuen.«
»Worin unterscheiden sie sich?«
»Es ist wie mit allem anderen. Sie kümmern sich einen Dreck um ihre Patienten.«
Was man von Ameur nicht behaupten konnte. Er ging mit dem Jungen in das Aufnahmezimmer, als ob ihm das Krankenhaus gehörte, und begab sich sofort hinter die Theke. Von der Krankenschwester erzwang er sich das Versprechen, daß die Ärzte den Jungen nicht warten ließen. Vor dem Weggehen schob er dem alten Mann Geld in die schwieligen Hände. Er stellte sich ihm nicht vor, weil es genügte, daß Gott sein Zeuge war.

Zuerst fing es an zu nieseln. Wir setzten Ishmael im *ksar* ab und fuhren nach Hause. Ameurs Kinder spielten auf der Straße, die immer noch voller Staub war. Sie waren völlig außer sich und streckten ihre Hände den Regentropfen entgegen. Malika stand im Hof. Sie ließ die kühle Luft auf ihr Gesicht einwirken und sah ruhig und erleichtert aus. Ameur war so gut gelaunt, daß er unbedingt nach Amerika telefonieren wollte. Ich gab ihm eine Nummer. Er kam durch und rief: »Das ist ja wirklich Amerika!« und gab mir den Hörer. Danach fuhren wir mit den Kindern zum städtischen Zoo.
Der Zoo hatte die Größe eines Spielplatzes, stand in einem öffentlichen Palmengarten am Rand der Stadt. Der Regen hatte den Schmutz dort in Schlamm verwandelt. In einem Unterstand mit Strohdach saß ein Wärter, der sich seichte algerische Varieté-Sendungen auf einem Schwarzweißfernseher ansah. Er drehte den Ton leiser, als wir hereinkamen, und verkündete, daß der Eintritt wegen des schlechten Wetters frei sei. Neben ihm stand ein Glaskasten, in dem sich zwei kleine Vipern in der Nähe einer wärmenden Glühlampe zusammenrollten. Sie

waren sandfarben, hatten Nasen wie Hörner und lagen ganz still da.
»Die sind gefährlich«, sagte ich.
»*Sehr* gefährlich«, stimmte mir Ameur zu.
Der Wärter nickte. Wir waren also alle einer Meinung.
In einem weiteren Ausstellungskasten wimmelte es von Skorpionen. Der Wärter fuhr mit einem Stück Metall hinein und schubste einen davon an. Das Tier rollte seinen Schwanz ein. Unmittelbar darüber war das Strohdach verfault und ließ den Regen herein, der nun stärker herabfiel. Ich hatte heute morgen einen Skorpion in meinem Hotelzimmer getötet und fragte mich, warum sie sich im Zoo die Mühe machten, sie zu sammeln.
Der Wärter stieß den Skorpion immer wieder an, er wollte ihn dazu bringen, zurückzuschlagen. Als er es nicht tat, sagte der Wärter boshaft: »Seht nur, wie der Regen auf ihn niederprasselt. Skorpione sind Wüstentiere. Sie können Wasser nicht ausstehen.«
Er hatte unrecht. In den Oasen wimmelt es von Skorpionen, weil sie nach Wasser suchen und gut gedeihen, wo sie welches finden. Einige Arten können bis zu drei Tagen im Wasser überdauern.
Ich marschierte mit den Kindern über den schlammigen Hof, um die Tiere anzuschauen. Sie lebten ziemlich elend in Gehegen mit Betonböden und Drahtzäunen: Strauße, Affen, Füchse und zwei räudige Löwen, die mich partout nicht ansehen wollten. Wir gingen zum Wagen zurück und fuhren wieder weg. Der Ort stimme ihn immer sehr traurig, meinte Ameur.
Der Regen hielt an. Ameurs Scheibenwischer, die kratzend über die Windschutzscheibe fuhren, verloren schließlich ihre Wischerblätter. Ameur ärgerte sich. Möglicherweise waren Wischerblätter das einzige Autoersatzteil, dessen Erwerb er nicht einkalkuliert hatte. Wer hätte auch gedacht, daß man sie

hier brauchte? In Ouargla hatte es jahrelang nicht mehr geregnet, und so viel auf einmal ein ganzes Leben lang nicht.
Für Ouargla war ursprünglich nur die Versorgung durch Grundwasser vorgesehen gewesen. Bei Anbruch der Nacht wurden die Bewohner unruhig, weil der Regen immer noch nicht nachgelassen hatte. Die meisten Wohngegenden waren ohne Strom, die Dächer undicht und die Lehmwände hatten sich aufzulösen begonnen. Ameurs Telefon funktionierte nicht. Wir aßen bei Kerzenlicht, und zwar mit der ganzen Familie. Ich betrachtete Malika im flackernden Licht. Nach dem Essen fuhren Ameur und ich mit den Kindern durch die dunklen leeren Straßen der Oase. Die Wassermassen zwangen Ameur, im Schneckentempo zu fahren. An manchen Stellen stand das Wasser beinahe bis zur Wagentür. Wachsoldaten versahen mißmutig ihren Dienst. Ein neu geschaffener Fluß ergoß sich über den Marktplatz.
Ameur befahl seinen Kindern: »So seht doch!« Was soviel hieß wie: »Damit ihr euch später wieder daran erinnert.«
Und sie erinnerten sich daran.
Denn nur ein paar Monate später hatte Ameur, der Fahrlehrer, einen Verkehrsunfall. Er saß nicht am Steuer oder in seinem eigenen Wagen, sondern begleitete eine Frau, der er vor langer Zeit einen Führerschein ausgestellt hatte. Weil er sie liebte, hatte er vergessen, sich anzuschnallen. Als sie die Gewalt über den Wagen verlor, schlug Ameur mit dem Kopf auf und fiel ins Koma.
Als sicher war, daß er nicht mehr zu sich kommen würde, verließen ihn seine Freunde. Schließlich ließen sie sogar die Erinnerung an ihn fallen. Sie sagten, daß Gott Ameur für seine Sünden bestraft habe. Ich will versuchen, sie nicht zu verurteilen. Sie waren zu einem puritanischen Leben in der Wüste erzogen worden und wollten sich von ihren eigenen Affären distanzieren. Indem sie alle Schuld auf Ameur abwälzten, konnten sie bereuen. Und da war noch etwas: Wenn ein star-

ker Mann stirbt, vergessen Feiglinge sehr schnell, daß sie ihn einst gebraucht haben. Ameurs Freunde waren Feiglinge, und er konnte ihnen jetzt nicht mehr helfen. Weit weg in Algier verbrachte er seine Tage damit, in dem verfallenen Haus seiner Mutter die Wände gedankenlos anzustarren. Schließlich erfuhr man davon sogar in der Wüste. Was mir Malika in Algier gesagt hatte, stimmte. Wenn man zu Ameur gesagt hätte: »Der Himmel ist blau«, würde er geantwortet haben: »Ja, der Himmel ist blau.« Aber wenn man zu ihm gesagt hätte, der Himmel sei rot, würde er auch dem zugestimmt haben. Von seinem Königreich war nichts mehr übriggeblieben.

# 10.
# Malikas Wüste

Dies ist eine wahre Geschichte. Ameurs Geliebte lebte in einer Oase 150 Meilen westlich von Ouargla. Sie war eine Karrierefrau, eine Gynäkologin namens Fatima. Mit Dreißig war sie noch ledig, was ungewöhnlich war, weil sie weder häßlich noch arm war. Sie lernte Ameur kennen und nahm sich vor, ihn zu lieben. Er ließ ihr ihre Stärke und fürchtete sich nicht vor ihr. Dafür gab sie sich ihm vollständig hin. Sie verbrachten Nächte zusammen, in denen sie Ameur einen Vorgeschmack vom Paradies gab. Malika bekam es heraus, weil Ameur sie bei einem Ehekrach mit einer Erklärung bestrafte. Sie erzählte mir später, daß er ein gequälter und zuweilen sogar grausamer Mensch war.

Sein Verhältnis mit Fatima dauerte mehrere Jahre. In dieser Zeit schwängerte er Malika mit ihrem vierten Kind. Fatima wurde nicht schwanger, weil Ameur es nicht wollte und weil sie als Ärztin über Empfängnisverhütung Bescheid wußte. Sie konnte Ameur ihre Leidenschaft schenken, ohne die Folgen tragen zu müssen. Die Moralisten sagen, daß sie ihm auch die Möglichkeit zur Selbstzerstörung bot. Sie verurteilen sie genauso wie ihn. Was wahrscheinlich fair ist. Fatima fuhr auf einer gut ausgebauten Straße, als sie die Kontrolle über ihr Fahrzeug verlor.

Die Nachricht verbreitete sich wie ein Lauffeuer in der Wüste: daß Ameur bewußtlos in irgendeiner Oase am Straßenrand lag, kaum noch atmete und eine Gehirnblutung hatte. Fatima war nicht verletzt, aber außer sich vor Schmerz. Sie weigerte sich, von seiner Seite zu weichen. Malika blieb bei ihren Kindern und wollte nicht zu ihm gehen, solange Fatima bei ihm

war. Es machte ihr nichts aus, daß Fatima die einzige Ärztin im weiteren Umkreis war. Fatima war ihr böser Dämon.
Die ausweglose Situation wurde von Ameurs altem Freund, einem reichen Kaufmann in Algier, gelöst: Weil er begriff, wie ernst Ameurs Lage war, mietete er einen Privatjet, um Ameur aus der Sahara direkt nach Paris bringen zu lassen, wo er im Saint-Sulpice-Krankenhaus nahe dem Stadtzentrum auf die Intensivstation kam.
Fatima traf binnen Stunden in Paris ein, ging ins Krankenhaus, wo sie sich als Ameurs Ehefrau ausgab. Sie wich nicht von Ameurs Seite, legte sich nach kurzer Zeit mit den französischen Ärzten an und beschuldigte sie der Vernachlässigung. Es stimmt, daß sie wenig Zeit an ihn verschwendeten. Er war eben ein »Araber«, wieder so einer, der sich hier einnisten wollte. Als sich sein Zustand stabilisierte, nahmen sie ihm das Sauerstoffgerät weg und überließen ihn seinem Schicksal. Immer noch tief im Koma blieb er auf der Station liegen.
In Ouargla überließ Malika die Kinder der Obhut ihrer alten Berber-Mutter und flog mit der Air Algeria nach Paris. Ihr Ticket war ein Geschenk der Piloten der Fluggesellschaft. Als sie sich im Krankenhaus als Ameurs rechtmäßige Ehefrau ausgewiesen hatte, verlangte sie, Fatima daran zu hindern, ihn fortan zu besuchen.
Fatima hielt dagegen, daß sie nach islamischem Gesetz Ameurs zweite Frau sei, und glaubte schon beinahe selbst daran. Fatima war aber die Ausgestoßene: Sie hatte ihre Familie, ihre Freunde und ihre Karriere geopfert, um Ameurs Geliebte zu werden. Sie war klüger als Ameur, hatte ihm jedoch geglaubt, als er ihr die Ehe versprach. Sie stilisierte sich zu seiner Lebensgefährtin. Dann, in einem Moment der Unachtsamkeit und falschen Bewegung des Lenkrads, opferte sie auch ihn. Selbst für die Sahara ein zu grausames Schicksal, als daß man es hätte hinnehmen können. Und so war sie die Ehe mit Ameur in ihrer Einbildung eingegangen.

Dennoch war die Ehe auch nach islamischem Gesetz ungültig. Ein Mann kann sich eine zweite Frau nur dann nehmen, wenn er die erste nicht vernachlässigt. Malika aber war jahrelang vernachlässigt worden. Die Krankenhausverwalter wußten das zwar nicht, waren aber froh, kein polygames Verhältnis anerkennen zu müssen.

Fatima versuchte alle möglichen Tricks und behauptete nun, Ameurs Ärztin zu sein und ihn pflegen zu müssen.

Die Franzosen wollten ihre Papiere sehen.

Sie sagte, daß sie zu Hause in der Sahara wären.

Die Franzosen antworteten: »Dann holen Sie sie doch!«

Sie unterschätzten Fatima, die vermögend und hingebungsvoll war. Sie flog nach Algerien zurück, stieg auf ein Flugzeug in die Wüste um und kehrte noch am gleichen Tag mit ihren Papieren nach Paris zurück.

Einmal begegneten sich die beiden Frauen auf einem Gang im Krankenhaus. »Haben Sie denn immer noch nicht genug angerichtet?« fragte Malika. »Können Sie ihn denn immer noch nicht in Ruhe lassen?«

»Wer außer mir könnte ihn denn heilen?« fuhr sie Fatima an. »Sie vielleicht?«

»Haben Sie eigentlich überhaupt kein Schamgefühl?«

»Haben Sie denn überhaupt kein Gefühl für ihn?«

»Ich bin hergekommen, um dem Vater meiner Kinder beizustehen.«

»Und ich, um meinem Geliebten beizustehen.«

Ohne darüber zu sprechen, hatten sie Vorkehrungen getroffen, um nicht mehr zusammenzutreffen. Malika blieb während der Besuchszeiten im Krankenhaus bei Ameur und saß still neben seinem Bett. Danach besuchte ihn Fatima und verbrachte als seine Ärztin die Nacht mit ihm.

Es heißt, daß man ein Koma durchbrechen kann – daß Patienten durch den Tiefschlaf hindurch die Welt um sich herum hören und fühlen, obwohl sie nicht darauf reagieren können.

Einige können sich, wenn sie sich wieder erholen, sogar an Einzelheiten während ihrer Bewußtlosigkeit erinnern. Nicht so Ameur. Wenn er in seinem traumartigen Zustand auch der Wachen an seinem Bett gewahr wurde, wenn er Malikas sanfte Stimme hörte oder den Atem von Fatima fühlte, war seine Einsamkeit doch nicht weniger absolut. Er hatte alles falsch gemacht. Das Koma war sein Ausweg. Mit jedem Tag, den er schlafend verbrachte, entfernte er sich immer weiter von seinem Leben.

Fatima konnte sich nicht damit abfinden, daß Ameur nie mehr zu sich kommen würde. Malika kannte Ameur besser. Schon lange Zeit zuvor hatte sie in ihm eine Unsicherheit entdeckt, die niemand dort vermutet hätte. Das war der Grund, warum er in den Oasenstädten blieb und sich nie weiter hinaus in die offene Wüste wagte und sich ohne Telefon nicht mehr wohl fühlte. Das war der Grund, warum er Malika immer wieder schwängerte. Er hatte Angst vor dem sexuellen Verlangen – seinem eigenen und ihrem, wenn er sie allein ließ. Nun spürte Malika das ganze Ausmaß seiner Selbstaufgabe.

Ameur hatte Malika nicht auf diese Freiheit vorbereitet. Er hatte sie mit vier kleinen Kindern, einem alten Peugeot mit defekten Scheibenwischern, einem kleinen Haus in Ouargla und einem Königreich von wankelmütigen Freunden zurückgelassen. Und auch Ameurs Arbeitgeber, der algerische Staat, war keine große Hilfe, weil Ameur nicht bei der Arbeit verunglückt war. Zweifellos mußten Schulden eingetrieben werden, aber sie wußte nicht von wem. Überall im Haus war ein bißchen Bargeld versteckt, der älteste Sohn aber wollte Tennisschuhe und einen Basketball und die älteste Tochter brauchte eine Schulausrüstung. Auch würden Rechnungen für Ameurs Behandlung im Krankenhaus eingehen. Schließlich blieb noch das Problem von Ameurs Pflege. Um alles noch zu verschlimmern, braute sich in Algerien ein Bürgerkrieg zusammen. Malika hatte keine Ahnung, wie sie die Familie durchbringen sollte. Doch sie weinte nicht und versuchte auch nicht, sich ihrer Pflicht zu entziehen. Schon vor langer Zeit hatte sie gelernt, geduldig zu sein und sich in ihr Schicksal zu fügen. Und sie bekam nun ganz neue Lektionen erteilt, ob sie wollte oder nicht. Die Wüste stellt einen auf eine harte Probe. Die Zeit diktierte den Ablauf. Malika mußte ihren ersten Kampf mit dem Krankenhaus, Saint-Sulpice, führen. Ein Verwaltungsbeamter hatte gedroht, Ameur, der sich nach wie vor im Koma befand, zu entlassen, weil sich die algerische Regierung immer noch nicht offiziell dazu bereit erklärt hatte, die finanzielle Verantwortung für den Patienten zu übernehmen. Malika bat um eine Fristverlängerung. Das Krankenhaus räumte ihr zwei weitere Tage ein. Malika bat um Verständnis und versprach, daß die algerische Regierung ihre Angelegenheit schließlich doch in Ordnung bringen würde. Das Krankenhaus blieb ungerührt.

Ich war gerade auf der Durchreise in Paris. Es war ein grauer und nasser Nachmittag. Malika wartete in der Straße vor dem Krankenhaus auf mich. Obwohl ich noch weit weg war, verschlug es mir den Atem, als ich sie sah: Sie war wie eine elegante Pariserin gekleidet mit Kopftuch und maßgeschneidertem Kleid. Sie führte mich hinein, aber nicht zu Ameur. Zu meinem Erstaunen nahm sie mich mit in den vierten Stock, ins Büro ihrer Widersacherin, einer spindeldürren Blondine, die sich »Sozialarbeiterin« nannte. Die Frau hatte einen Ring an jedem Finger. Die Sozialarbeiterin mußte wohl durch meine Anwesenheit verwirrt gewesen sein, was ich nicht verstand. Malika hatte vielleicht gehofft, daß ich eingreifen würde oder sie wollte mich einfach dabei haben. Ich sagte nichts. Die Sozialarbeiterin vermied es, mich anzusehen.

Malika beteuerte wieder einmal, daß Ameur über seinen Arbeitgeber, das Verkehrsministerium, versichert sei, was die Bezahlung garantierte.
Die Sozialarbeiterin blieb ungerührt. »Ich bedaure, *madame,* aber Ihr Ehrenwort zählt nicht.«
Malika erwiderte nur: *»Oui, madame«,* weil sie nicht mehr weiter wußte.
Die Sozialarbeiterin sagte: »Ich muß Sie daran erinnern, daß Sie jetzt nicht in Algerien, sondern in Frankreich sind.«
*»Oui, madame.«*
Der Regen trommelte eintönig gegen die Scheiben. Die Sozialarbeiterin nahm Ameurs Akte zur Hand, um sie noch einmal durchzublättern. Die Wände ihres Büros waren mit Modern-Dance-Posters geschmückt. Sie hatte ein Radio, zwei Lampen, einen PC-Monitor, eine Tastatur und eine Sammlung von klassischen Romanen, einige davon in der Übersetzung.
Ich kannte die Frau nicht, versuchte mir aber im stillen ihre Welt vorzustellen: ein kleines Apartment in einem der Vororte von Paris und Tag für Tag einen langen Nachhauseweg mit der Metro. Ich nahm an, daß sie regelmäßig ins Kino ging und sich immer noch gerne in der Stadt amüsiert hätte, aber ich bezweifelte, ob sie wirklich noch viel ausging. In einer Stadt, die Jugend in den Himmel hebt, legte sie zu viel Make-up auf. Nun lebte sie eingeschlossen in einem neuen Europa, mußte bei einer Arbeit, die unter ihrer Würde war, Krankenhausakten hin und her schieben, und erinnerte sich an ihre Ideale als Schülerin. Offensichtlich aber konnte sie ihren Zorn auf Ausländer nicht abschütteln.
Jahrelang hatte sie nun schon diese Wüstenbewohner aus der Sahara durch ihr Büro marschieren und für ihre Sache in schwerfälligem Französisch mit der altmodischen und unsicheren Haltung des Landvolks plädieren sehen. Eine Haltung, die zugleich unterwürfig und unverschämt ist. Wie bestimmt sie ihnen auch die Ablaufmodalitäten im Krankenhaus be-

schrieben hatte, verlangten sie doch nach Ausnahmen, ließen durchblicken, daß es in ihrer, der Sozialarbeiterin, Macht stünde – als ob die ganze Welt bestechlich wäre. Malika war nicht die erste, die sie auf den Unterschied zwischen Algerien und Frankreich hingewiesen hatte.

Ich glaube, daß sie Malika nicht einmal richtig wahrnahm, sondern nur katalogisierte. Dort unten im zweiten Stock lag auf Station fünf irgendein Mann aus der Sahara im Koma. Malika war seine Frau. Er hatte hier noch eine zweite Frau, die ständig von Liebe quasselte. Es gab Algerier, die in den Gängen des Krankenhauses Messerstechereien veranstaltet hatten. Und noch mehr gab es, die geschworen hatten, ihre Rechnungen zu bezahlen, was aber nicht geschehen war. So daß sie, als sie Malikas Bitte ablehnte, die Sache zu durchschauen glaubte. Und natürlich war sie im Recht.

»Algerien hat seine eigenen Krankenhäuser«, sagte sie.

Malika hielt den Blick auf ihre Hände gesenkt. »Bitte! Er hat vier Kinder. Sie kennen Algerien nicht. Es bedeutet seinen Tod, wenn Sie ihn zurückschicken!«

Die Sozialarbeiterin runzelte die Stirn und blätterte wieder in der Akte. Vielleicht hatte ich sie doch falsch eingeschätzt. Sie zuckte mit den Achseln. Ihre Vorgesetzten übten Druck auf sie aus, aber sie würde Ameurs Fall noch einmal mit ihnen durchsprechen, was auch immer dabei herauskäme. Malika sagte nichts. Die Sozialarbeiterin erwähnte, daß sie in Tunesien gewesen sei und der Wüste einen Besuch abgestattet habe. Was sie nun brauchte, wäre ein Dokument, vielleicht ein Telegramm, das bewies, daß man sich bemühte, ein Blatt Papier von offizieller Seite, irgend etwas Schriftliches eben.

Ich verließ mit Malika das Büro. Ich erwartete Dankbarkeit von ihr, statt dessen mußte ich feststellen, daß sie wütend war. Die Wut beraubte Malika ihrer Sanftheit und schien sie selbst zu überraschen, so als ob sie dieses Gefühl nicht gewöhnt wäre. Statt schwächer zu werden, wurde es immer stärker. »Sie

ist nichts als eine Rassistin!« schimpfte sie. »Hast du gesehen, wie sie mich haßt? Eine widerliche Rassistin, verstehst du?«
Ich antwortete nicht, weil Malika sehr wohl wußte, daß das Problem tiefer lag.
Und sie fügte nur noch hinzu: »Ich werde mich nicht wieder demütigen lassen!«
Das war näher an der Wahrheit. Malika war dabei, die Wüste zu verlassen.

In einer muffigen Station mit zwölf Betten, die durch Vorhänge getrennt waren, führte mich Malika zu Ameur. Ich hätte ihn nicht wiedererkannt. Er lag auf dem Rücken, atmete nur schwach, war blaß und abgemagert und war nur notdürftig bekleidet. Seine Augen waren halb geöffnet, aber mit einem Film überzogen und nahmen nichts wahr. An den Armen und in der Nase waren Plastikschläuche, und am Brustkorb befand sich ein Herzmonitor. Seinen Schnurrbart hatte man abrasiert. An seiner Stelle wuchsen Stoppeln, über das Kinn verteilt. Die Prellung am Kopf war immer noch groß und blutunterlaufen. Ich legte ihm einen Bildband von Cape Cod aufs Bett, eine Huldigung an sein früheres Leben. Er hatte immer davon gesprochen, in der Welt herumreisen zu wollen. Als ich ihm nun die Hand drückte, war sie so ledern wie die eines Leichnams. Ameur hatte Leichengeruch an sich.
Ein Pfleger kam herein und klatschte ihm auf die Brust. »Wachen Sie auf, Monsieur Belouard, ein Freund aus Amerika ist hier!«
Er wachte aber nicht auf. Ich beobachtete Malika, wie sie ihn abwusch und seine Laken glättete. Sie sprach ihn in einem energischen Ton an, als ob er ein kleines Kind wäre. Dann stand sie still. Sie liebte nicht ihn, sondern die Kinder, die sie von ihm hatte. Das wurde uns beiden klar.
Danach saßen wir in einer Brasserie zusammen, in der sich zu

dieser abendlichen Stunde das Publikum drängte. Wir teilten uns mit anderen Gästen einen Tisch an der Vorderseite des Lokals an einem Fenster, das auf die Straße hinausging. Der Regen draußen war eisig geworden, und die Lichter der Metropole, die mit zunehmender Dunkelheit farbenprächtiger wurden, spiegelten sich auf dem Trottoir wider. Wir tranken Tee. Malika erzählte mir von ihrem Aufenthalt in Paris.

»Nachmittags gehe ich ins Krankenhaus. Die Vormittage verbringe ich in der Algerischen Botschaft und versuche, die Beamten dazu zu bringen, für Ameur die nötigen Unterlagen zu beschaffen. Dort ist es aber wie in Algerien: Die Beamten sind arrogant und nichts geschieht.«

Ich fragte sie, wo sie in Paris übernachtete. Sie sagte: »Bei alten Freunden, einer Familie, die nun hier lebt.« Sie war stolz oder tapfer und wollte nicht jammern. Erst als ich in sie drang, gab sie zu, daß es eine zehnköpfige Familie war, die in einer Zweizimmerwohnung in einer anrüchigen Gegend am Montmartre wohnte. In ihrer freien Zeit half Malika im Haushalt mit und schrieb Briefe an ihre Kinder in Ouargla. »Ich bin nun schon zwei Wochen weg. Die zwei Jüngsten begreifen es nicht – wie sollten sie auch?«

»Was ist, wenn Ameur im Koma bleibt?«

»Es wird für mich sehr schwierig. Du weißt, ich habe Pflichten als Mutter und als Ehefrau.«

Aber unter all dieser Last hörte ich Malikas Erleichterung heraus. Sie schien nun zu entdecken, was sie sich selbst schuldig war, und sie hatte eine besondere Ausstrahlung dabei bekommen. In der Art und Weise, wie sie ihre Beine bog und ihren Körper bewegte, in der Haltung ihres Nackens, trug sie ihre Schönheit mit zurückhaltender Anmut zur Schau. Die Männer verfolgten sie mit den Blicken. Eine Frau, die voller Lebenskraft war. Sie lehnte sich nach vorn und berührte, um ihre neu entdeckte Freiheit zu bekräftigen, meinen Arm. Sie hatte es nicht eilig, das Lokal zu verlassen. Den Bildband über Cape

Cod hatte sie mitgenommen. Wie Ameur wollte sie etwas über die große, weite Welt erfahren.
Jeden Nachmittag traf ich sie im Krankenhaus an der Seite Ameurs. Jeden Abend in der Brasserie sah ich sie die Sahara immer mehr von sich abstreifen. Manchmal schien sie besessen von Fatima und erging sich minutenlang in engstirnigen, bitteren Tiraden gegen sie. Dann wurde sie plötzlich ganz ruhig und schüttelte alles von sich ab. Es war ein elementarer Kampf, den sie mit sich selbst austragen mußte. Er bestand in erster Linie darin, mit Fatima abzurechnen, die so eng mit ihrem Leben in der Sahara zusammenhing, und darin, daß sie sich neuerdings darüber erhob. Ich glaube nicht, daß es ihr so richtig bewußt war, denn sie stand in Paris unter dem Schock der Veränderung und handelte größtenteils instinktiv.
Als ich sie fragte, ob sie nach Ouargla zurückkehren wolle, antwortete sie: »Die Sahara ist kein Ort für eine Frau«, und meinte damit nicht die Sand- oder Steinwüste, sondern das Leben in einem Haus in einem bestimmten Stadtteil.
Sie bestritt nun beinahe das ganze Gespräch, wobei sie manchmal wie ein überschwengliches kleines Mädchen klang, des öfteren aber wie eine zornige Ehefrau. Sie sagte, daß eine Frau in Ouargla, wenn sie erst einmal verheiratet sei, bis an ihr Lebensende unter Hausarrest stehe. Eine Frau darf ausgehen, aber nur mit Schleier. Sie darf gerade mal zum Haus einer Nachbarin huschen oder ihre Schwestern besuchen oder in Begleitung anderer Frauen verstohlen auf den Markt gehen. Aber selbst das darf sie nicht regelmäßig tun. »Ihre Wüste« ist von ihrem Ehemann und ihren Brüdern besetzt.
Als Malika eines Abends erwähnte, daß sie von Ameur geschlagen worden sei, unterbrach ich sie nicht, um zu fragen, warum und wie oft oder warum sie es danach noch bei ihm ausgehalten habe. Ich befürchtete, daß das Gespräch durch solche Fragen zu intim würde. Schließlich mußte ich auch meinen eigenen Gefühlen ihr gegenüber widerstehen.

In der darauffolgenden Nacht sprach Malika wieder über Ameur. Sie sagte, daß er zu spät geboren worden sei, um am Befreiungskrieg teilzunehmen, aber nicht zu spät, um davon zu profitieren. Er war wegen des Erdöls und eines modernen Lebensstils in die Sahara gezogen. Er sah sich nicht als Einheimischen und beabsichtigte auch nicht, seine junge Frau von der Welt abzuschließen. Aber in den Oasen brachte man ihm bei, daß die Frauen schwach sind. Ameurs Seele wurde vergiftet, als er begann, seine Frau mit den Augen seiner Freunde anzusehen. Er fing an, ihr Vorschriften hinsichtlich ihrer Kleidung und ihres Benehmens zu machen. Er ließ sie einen Schleier tragen. Auch das half nichts, seine Seele wurde weiter vergiftet. Man konnte Malika nicht trauen. Ameurs Affären mit anderen Frauen bestärkten seinen Argwohn und machten ihn nur noch zorniger. Er benutzte Fatima als Waffe, mit der er Malika verhöhnte. Als er die Rettung im Islam suchte, gab er das Trinken auf, aber von Fatima konnte er nicht lassen.

Malikas Gerede verwirrte mich manchmal. Ich sah, was sie fühlte, und hörte ihre Worte, aber konnte nicht so tun, als ob ich ihre Meinung teilte. Ich sah in Ameur einen Mann wie mich selbst. War sich Malika wirklich nicht der Ironie bewußt, wenn sie so offen mit mir – einem anderen Mann – über ihr Leben sprach? Ich versuchte in ihrer Miene zu lesen und ihre Bewegungen zu deuten. Ich war alles andere als ein unparteiischer Vertrauter.

In seinem Krankenhausbett dämmerte Ameur vor sich hin. Die französischen Ärzte sagten Malika, daß er, auch wenn er wieder aus seinem Koma erwachte, wahrscheinlich für den Rest seines Lebens ein Pflegefall bliebe.

Malika mußte zu ihren Kindern zurück. Ich hatte dienstlich in Algier zu tun. Wir flogen zusammen mit der Air Algeria. Malika spielte immer noch die treusorgende Ehefrau. Sie malte sich aus, daß, wenn sie Ameur nach Ouargla zurückbrächten, sie dort mit ihm alt werden wolle, und wenn sie ihn statt dessen nach Algier transportieren würden, sie mit ihm ins Haus seiner Mutter ziehen und sich der Herrschaft seiner Familie unterwerfen wolle. Sie schien sich mit ihrem Schicksal abgefunden zu haben.

Während des Flugs äußerte ich keine Meinung, weil ich keine hatte, mit der sie etwas hätte anfangen können. Mitgefühl ohne tätige Hilfe ist ein wohlfeiles Gefühl. Es kann vielversprechend klingen. Ich konnte Malika nicht helfen, wie man den meisten Menschen, denen es schlechtgeht, nicht helfen kann.

Bitter sagte Malika: »Es interessiert ja keinen, wie wir Frauen leben. Wir dienen unseren Ehegatten, unseren Schwägern und unseren Schwiegermüttern. Wenn wir Pech haben und eine unglückliche Ehe führen, können wir nichts dagegen tun. Das ist dann eben das Leben. Ich bin für meine Kinder da.«

Als sie einer der Stewards, der Ameur kannte, wegen ihrer frivolen Aufmachung rügte, machte sie ein bekümmertes Gesicht, und als wir das Mittelmeer überflogen, zog sie ein Kopftuch an.

Nach einigen Monaten erwachte Ameur aus dem Koma. Er war gelähmt, konnte nicht sprechen, hatte seine Orientierung verloren und war teilnahmslos. Weil sie überhaupt keine Zahlung bekommen hatten, schoben ihn die Franzosen ab. Die Algerier wiesen ihn in ein Militärkrankenhaus in Algier ein. Ich suchte ihn dort auf. Er drückte mir die Hand, aber erkannte mich nicht. Als er sich aufregte, schnallte ihn ein Pfleger fest. Im Krankenhaus konnten sie nichts mehr für ihn tun. Er zog zu seiner Mutter in ein verfallenes Bauernhaus in einem Elendsviertel von Algier.

Malika hatte sich die Sache inzwischen reiflich überlegt. Sie machte das Haus in Ouargla dicht, verschloß Ameurs Auto im Hof und brachte die Kinder nach Algier. Sie nahm sie mit zu Ameur in das verfallene Bauernhaus. Aber dann, statt mit ihm zu leben, zog sie mit ihren Kindern zu ihrer Schwester Zora am anderen Ende der Stadt. Sie sagte, daß das Bauernhaus zu klein sei für die ganze Familie, aber niemand fiel darauf herein. Ihre Schwiegereltern waren entrüstet. Wie konnte sie sich nur so aufführen? Wo war die gehorsame Tochter geblieben, als die sie sie kennengelernt hatten? Als sich Malika von ihnen abwandte, verdammten sie sie. Sie verlangten, daß sie für sie arbeitete. Sie forderten Gehorsam. Sie wollten den Wagen in Ouargla. Nach den Normen der Wüste hatten sie recht, Malika dachte aber nicht daran, sich zu unterwerfen.

Ouargla blieb unversöhnlich. Als ich das letzte Mal im Taxi von El Oued auf der langen Reise in den Süden dort vorbeikam, sah ich, daß sich an einer Ecke von Ameurs Haus Sand auftürmte. Die Risse in der Hofmauer waren größer geworden. Aus den Reifen von Ameurs ehemaligem Auto war die Luft entwichen. Die Fernsehantenne war umgekippt.
Aus Gewohnheit überwachten die Hotelangestellten immer noch meine Telefongespräche. Ich rief Ishmael an, den Fluglotsen, er nahm mich zu Ameurs ehemaligen Freunden im *ksar* mit. Wie gewöhnlich wollten sie über Frauen sprechen. Der gleiche sagte wieder: »Wir Wüstenbewohner sind große Schürzenjäger.« Und der gleiche sagte auch wieder: »Eines Tages wird es in der Sahara sechsmal mehr Frauen als Männer geben.« Ishmael wollte über Malika sprechen. Er nannte sie eine böse Frau, weil sie nach den Normen von Ouargla Freiwild geworden war. Er sprach von ihr, als ob er bei ihr – ohne daß sie etwas dagegen hätte – seinen Geschlechtstrieb befriedigen könne. Kein einziges Mal erwähnte er Ameur. Ich verlor die Geduld mit ihm und sah dauernd auf meine Uhr. Für mich war Ouargla bereits eine Erinnerung. Später in der Nacht nahm ich ein Taxi, das mich tiefer in die Wüste brachte.

# 11.
# Gefangene der Oase

Die Straße, auf der wir in dieser Nacht fuhren, zog sich über schwarze, steinige Ebenen hin, machte einen Bogen und verlief dann stundenlang kerzengerade. Das Taxi war alt und langsam, aber hielt etwas aus. Es ratterte durch die Dunkelheit. Ich saß neben dem Fahrer, einem ruppigen, schweigsamen Mann mit einem durchfurchten Gesicht, das durch die Reflexion der Scheinwerfer erhellt wurde. Hinter uns schliefen die Fahrgäste. Kurz vor der Morgendämmerung kamen wir zu unserem Reiseziel, zur Oase, als die Straße in ein enges Tal mit schroffen Felswänden hinabführte. Wir fuhren noch um eine Kurve herum, als sich ein Tal, das mit elektrischen Lichtern übersät war, vor uns ausdehnte. Es war das berühmte M'Zab: eine aus fünf befestigten Städten bestehende Oase, in denen 100 000 Menschen leben und es doppelt so viele Palmen gibt. Ein Tal, in dem man in 30 Meter Tiefe auf Wasser stößt. Eine Steinwüste, in der Gärten gedeihen.
Im M'Zab siedelte sich vor 1000 Jahren eine islamische »Sekte« an, die der Verfolgung im Norden entkommen war. Sie sprachen einen Berber-Dialekt, heirateten untereinander und hatten besonders ausgeprägte, markante Gesichtszüge. Sie nannten sich Mozabiten. Obwohl sie schließlich Handel trieben und in allen Oasen Geschäfte eröffneten, ließen sie doch immer durchblicken, daß sie unter sich bleiben wollten. Während des Kriegs mit den Franzosen ließen sie die Kämpfe an sich vorübergehen. Der Versuch des befreiten Algeriens, das M'Zab dem Tourismus zu öffnen, gelang nie so richtig. Die Mozabiten halten auch heute noch an ihren Traditionen fest.

Alte Männer laufen in altmodischen Pumphosen herum und Frauen aller Altersgruppen hüllen sich, wenn sie sich nach draußen wagen, in weiße, wollene Tücher, die nur ein Auge frei lassen. Im M'Zab haben vor kurzem radikale Islamisten eine Gruppe von ausländischen Rohrlegern umgebracht. Eine der Städte schließt ihre Tore jede Nacht, um Fremde und Ungläubige auszuschließen.

Bei Anbruch des Tages mußte unser Taxi einen Militärposten passieren, um dann weiter ins Tal fahren zu können. Wir überholten einen Mann mit einem Eselskarren, der Brennholz vom Palmengarten zum Markt transportierte. Wir fuhren im Kreisverkehr um ein Denkmal aus Beton zur Befreiung Algeriens herum, mußten einmal einem Transporter und ein zweites Mal einem Pferd ausweichen. Die Oase erwachte zum Leben. Bei Sonnenaufgang hörte man von den Felswänden der Talsenke Lobpreisungen Allahs aus dem Verstärker widerhallen. Wir kamen auf dem Marktplatz von Ghardaia an, der Hauptstadt des M'Zab. Der Mozabiter auf dem Eselskarren traf später auf die dort übliche Art ein, indem er sein Lasttier mit Schlägen antrieb.

Vom M'Zab aus gelangt man in das Kernstück der Sahara, es ist der Punkt, an dem der Bus in die Wildnis eintaucht. Der Bus folgt der *Transsaharienne*, der Transsahara-Straße, die auf den Landkarten fett hervorgehoben ist, als ob sie eine richtige Autobahn wäre. Man würde Tankstellen und hier und da ein Motel erwarten. Die Landkarten spiegeln aber ein Wunschdenken wider, das nie von der Wirklichkeit eingeholt wurde. Eine Straße von Norden nach Süden durch die Sahara müßte 2000 Meilen des Landes durchqueren, das unter den extremsten Bedingungen leidet, die man auf der Erde kennt, müßte Dürre und plötzliche Überschwemmungen zu bestehen haben, Felsschluchten und Berge, Salz, Sand, Schlamm, Felsen und Krieg. Und darüber hinaus müßte sie auch noch instand gehalten werden.

Versuche dazu hat es gegeben. In den frühen Neunzigern, unmittelbar vor dem Ausbruch der islamischen Revolution, hatte die algerische Armee die *Transsaharienne* gebaut und umgebaut, in Abschnitten bis zum geographischen Mittelpunkt, einem Gebirgsort namens Tamanrasset. Aber wie immer nahm die Wüste die Straße schnell wieder zurück. Zu dem Zeitpunkt, als ich im M'Zab ankam, war sie beinahe vollständig zerstört. Nur Stunden von der Stadt entfernt war im Süden der Straßenbelag der *Transsaharienne* aufgebrochen, so daß man mit Autobussen gezwungenermaßen den Weg über die offene Wüste nehmen mußte, die Sand ins Getriebe brachte und die Fahrzeuge so durchrüttelte, daß sie auseinanderbrachen. Weil das Verkehrsministerium kein Geld für Reparaturen hatte, wurde der einst so ehrgeizige Plan des Linienverkehrs auf die gelegentliche Abfahrt eines einzelnen Busses reduziert. Ich fand heraus, daß ich im M'Zab mehrere Tage warten müsse. Aber es gibt schlimmere Arten, sich die Zeit bis zur Abfahrt eines Busses zu vertreiben.

Ich fand hier meinen »Freund aller Freunde«, einen Mozabiten namens Hassan Hamim, der eine staatliche Konzession für M'Zabs Kino hatte. Hamim war ein ruhiger, glattrasierter Mann in weiten Hosen, mit italienischen Slippern, von denen er unentwegt den Staub wischte. Er kannte seine Besucher, gewöhnlich junge Männer, die von der Beengtheit ihres Lebens in der Oase frustriert waren. Hamim zeigte ihnen billige Liebesgeschichten und Karatefilme und machte damit ein gutes Geschäft.

Wie andere erfolgreiche Mozabiten hatte er zwei Häuser – eines in der Stadt, das er neun Monate im Jahr bewohnte, und ein anderes im Schatten von Palmengärten für die Hitze im Hochsommer. Das Haus in der Stadt war drei Stockwerke hoch, hatte dicke Lehmmauern und den traditionellen Hof auf

dem Dach, wo man in der kühlen Nachtluft schlafen konnte. Er lud mich ein, bei ihm zu wohnen.
Vor dem Essen setzten wir uns in einen Salon im oberen Stockwerk. Er war spärlich mit Teppichen und Kissen ausgestattet. Die Wände waren mit Bildern von den Alpenseen und Versen aus dem Koran tapeziert. Hamim machte mich mit seinen jungen Töchtern bekannt, aber nicht mit seiner Frau. Die Töchter verschwanden in den Familiengemächern, dem Harem, der für Männer, die nicht zur Familie gehörten, tabu war. Hamim sagte mir, daß er und seine Frau sich gemeinsam für die klösterliche Abgeschiedenheit seiner Frau entschieden haben. Ich glaubte ihm. In den äußersten Extremen einer unerbittlichen Wüste war es sogar sinnvoll. Wenn sich Malika wirklich eingeschlossen hätte, hätte Ameur sie nie mit den Augen eines Fremden gesehen. Es gibt Wüstenbewohner, weibliche wie männliche, die das als Freiheit bezeichnen.
Hamims Freunde kamen – ein schüchterner Postbeamter, ein Dattelpflanzer und ein zynischer Wirtschaftsinspektor, der als einziger einen Anzug mit Weste trug. Bis zum Abend hatten sie frei. Hamims Töchter brachten uns das Essen. Es gab Couscous, und danach Orangen und Tee. Die Männer kannten die Wüste nicht über das M'Zab hinaus. Sie wollten sprechen, aber hatten wenig zu sagen. Sie dösten vor sich hin. Sie tratschten. Sie meinten, daß es schon Jahre her wäre, daß sie einen Amerikaner gesehen hätten. Sie sagten, daß nun sogar die Franzosen wegblieben.
Zu dieser Zeit stammten die einzigen Fremden im M'Zab aus dem Gefolge eines saudiarabischen Prinzen. Sie waren mit Flinten und Falken zur Gazellenjagd gekommen. Der Prinz war eine Woche zuvor mit seinem Privatflugzeug eingetroffen und hatte sein Lager im Norden der Stadt aufgeschlagen. Seine Piloten, Nutten und Gefolgsleute hatten sich im Hotel breitgemacht, wo sie die Nächte mit Trinken und Tanzen verbrachten. Hamims Freunde mißbilligten das. Als Mozabiten

haßten sie offenen Hedonismus. Als algerische Staatsbürger waren sie voller Groll auf die Monarchie. Ich pflichtete ihnen bei. Als sie mich nach einer höflichen Pause fragten, was mich zum M'Zab gebracht hätte, sagte ich, daß ich auf einen Bus wartete.

»Einen Bus wohin?«

»Nach Tamanrasset«, sagte ich. Tief in den Süden.

Sie starrten mich entgeistert an. Hamim sprach aus, was alle dachten: »Der Bus ist kein Bus. Es ist eine Safari!«

Ich verstand ihn nicht. Ich dachte, daß er damit einen etwas ungewöhnlichen Ausflug meinte.

Der Dattelpflanzer sagte: »Die Safari ist nichts für Sie. Das ist nur etwas für die Barbaren aus Mali. Es ist die Hölle!«

»Das macht nichts.«

Hamim kannte die Filme, die ich gesehen hatte. Er sagte: »Es ist nicht, was Sie sich darunter vorstellen!« Er erklärte auch, daß der Bus vom M'Zab nicht die ganze Strecke fuhr. »Safari« war der Name für den zu hart gefederten Lastwagen, auf den ich schließlich würde umsteigen müssen, um die gebirgige Zentralsahara zu überqueren. Er sagte: »Warum fliegen Sie nicht?«

»Weil ich die Wüste aus nächster Nähe sehen will.«

»Kaufen Sie sich eine Postkarte!«

»Aber ich will die Wüste fühlen.«

»Sie fühlt sich schlecht an!«

Am Abend nahm mich Hamim mit ins Kino. Wir betraten es durch eine Seitentür, blieben in der Nähe der Leinwand stehen und sahen den Film an. Es war ein verworrener Krimi, der in Los Angeles spielte und arabisch synchronisiert war. Ich habe den Titel und die Handlung vergessen, aber erinnere mich an entblößte Busen und Liebesszenen, an ein Publikum, das nur aus Männern bestand und eine Atmosphäre sexueller Frustration verbreitete. Hamim erzählte mir, daß er den Film schon kannte, offensichtlich war er aber scharf darauf, ihn noch einmal zu sehen. Ich wollte gehen, aber Hamim selbst war auch sein bester Kunde. So blieben wir also bis zum Schluß.

Am nächsten Morgen streiften wir durch die Stadt. Verschleierte Mozabitinnen huschten in der Nähe der Hauswände vorüber. Sie kamen mir vor wie aufgeregte, einäugige Gespenster. Eine kam auf uns zu. Zuerst schien sie nur ein weiteres dieser Wesen zu sein, die möglichst anonym und uninteressant erscheinen wollten, aber dann wechselte ich Blicke mit ihr und entdeckte ein wunderschönes Auge – oval, mandelfarben, dezent geschminkt, lange Wimpern und dazu eine makellose Haut. Das Auge war voller Glut, lebhaft und einladend. Es genügte, nur dieses eine Detail von der Frau gesehen zu haben.

Ich frage Hamim, ob er es bemerkt habe. Er lächelte und sagte: »Sie ist aber verheiratet!«

»Kennen Sie die Frau?«

Er schüttelte den Kopf. »Darum trägt sie doch den Schleier!«

»Und Ihre Frau, trägt sie auch einen Schleier?«

»Natürlich!« Ich war zu weit gegangen und hatte seine Gefühle verletzt.

Später wies ich auf eine unverschleierte Frau in einem Schneiderkostüm hin, die über die Straße ging. »Und wer ist sie?«

»Eine Hure.«

»Kennen Sie sie?«

Er schüttelte den Kopf.

Ich sagte: »Vielleicht arbeitet sie in einem Büro.« Ich dachte an Malikas Schwester Zora und an die berufstätigen Frauen, die ich in anderen Oasen gesehen hatte.

Hamim sagte noch einmal mit Nachdruck: »Sie ist eine Hure!« Es war, als ob man mit jemandem über seinen Glauben spräche. Ich sagte: »Gut, aber warum?«

»Sie sind eben unmoralisch. Und man weiß über sie Bescheid.

Sie bumsen, weil sie Spaß daran haben, und danach will sie niemand mehr heiraten.«
Darin hatte er wahrscheinlich recht. Oasen sind kleinste Städte, und die Bewohner werden unauslöschlich besudelt durch ihren Ruf. Es gibt kein Erbarmen. Aus einem Mädchen, das sich zu unüberlegt der Liebe hingibt, wird dann vielleicht eine Frau, die keine Liebe mehr erfährt.

Einmal saß ich mit einer Gruppe von Männern um Mitternacht am Rande einer Oase am Lagerfeuer, als plötzlich zwei Frauen auftauchten. Sie waren unverschleiert, ohne männliche Begleitung und trugen enge Jeans. Die eine war Lehrerin, die andere ihre beste Freundin. An ihrer Dreistigkeit erkannte ich, daß sie Ausgestoßene waren. Die Männer, die meine Freunde waren, ließen ihrer Verachtung freien Lauf. Sie stellten sie mir als »schlechte Frauen« vor, die »geil auf Männer« sind. Als die Frauen nicht daran dachten zu gehen, wurde die Sprache unflätiger. In ihrer Gegenwart nannten sie die beiden Frauen läufige Hündinnen. Sie sagten, daß ich sie nicht bezahlen müßte, daß mir die Frauen vielmehr etwas dafür bezahlen würden. Und immer noch dachten die Frauen nicht daran, wegzugehen.
Als sie sich später von zwei Männern in die Wüste abschleppen ließen, war es nicht um der Liebe oder des Vergnügens willen, sondern um sich selbst zu erniedrigen. Die Männer waren schnell befriedigt, und danach kamen die Frauen zurück, um die Haßtiraden der anderen über sich ergehen zu lassen. Sie nahmen kein Geld. Sie schützten sich, indem sie sich unterwarfen.
Ein anderes Mal sah ich auf einem Markt am Ufer eines Flusses in Westafrika eine junge Frau mit verkrüppelten, krummen Beinen auf den Händen gehen. Sie trug ein zerrissenes Kleid, das sie um die Hüften hochgezogen hatte. Ihr freundliches

und lebhaftes Gesicht war von glanzlosem Haar umrandet. Jungen, die sich zusammengerottet hatten, fingen an, sie zu verspotten, nannten sie eine »Ziege« und grapschten nach ihren Brüsten. Sie schien keine Angst zu haben oder wütend zu sein. Sie lächelte sogar. Dann stieß sie einer der Jungen mit dem Fuß brutal an die Schulter. Das Mädchen rollte auf die Seite in einen stinkenden Dreckhaufen. Ich wollte auf sie zugehen, blieb aber stehen, als sie über und über mit Dreck verschmiert aufstand und mit ihren Peinigern lachte. Sie ging auf den Händen weiter, schwang ihre verkrüppelten Hüften dabei und verschwand in der Menge. Sie warf einen letzten Blick zurück, der kein Entsetzen, sondern Befriedigung ausdrückte. Sie schien zu fühlen, daß sie durch ihr Verhalten etwas gewonnen hatte. Überall werden die Leute durch die Oasen, in denen sie leben, verwirrt.

Es war kein Zufall, daß Hamim im Filmgeschäft war. Er war ein guter Muslim, aber konnte sehr wohl nachempfinden, wie faszinierend Sünde war. Eines Abends nahm er mich zum Abendessen in das Hotel mit, das auf einem Berg über dem M'Zab thront wie eine Zitadelle der verbotenen Freuden mit Mauern aus Lehm. Die Saudis waren von der Jagd zurückgekehrt und feierten gerade eine nächtliche Orgie. Sie waren keine guten Muslime. Sie saßen an Tischen voller Speisen und Weine und ließen sich von Musikern mit Trommeln und Blasinstrumenten unterhalten.

Ich saß mit Hamim und zwei seiner Bekannten – einem früheren Landwirt, der von einer deutschen Firma eingestellt worden war, um Schrott in der Wüste zu sammeln, und einem drahtigen Architekten mit Bart und sportlichem Jackett, der einen etwas vornehmeren Job hatte und die traditionelle Bauweise in der Sahara studieren durfte, zusammen.

Als die Musik eine Pause machte, erzählte mir der Architekt, daß die Häuser im M'Zab wegen ihrer Nacktheit und Sachlichkeit berühmt wären. Le Corbusier, der französische Architekt der Moderne, wäre hier gewesen, um zu lernen, um seine Theorien zu erhärten und eine Verbindung zur Vergangenheit zu finden.

Das interessierte mich, und ich fragte den Architekten, ob er Le Corbusiers Stil mochte.

Er verneinte es und ging zu einem neuen Thema über: Frauen. Die Frauen im Gefolge der Saudis waren junge Italienerinnen, nackter und schöner als jedes Gebäude.

Der Architekt sagte etwas Unanständiges über sie, was wie hohle Phrasen klang.

Hamim zwang sich zu einem weltmännischen Lächeln. Aber ich konnte an seinem starren Gesichtsausdruck ablesen, daß er sich über die Frauen ärgerte. Sie waren lebhaft und eingebildet, unverhohlen geil und völlig unverschleiert. Und es war nicht zu übersehen, daß Eingeborene wie Hamim für sie Luft waren.

Der Wein floß in Strömen. Schließlich standen die Saudis auf und tanzten miteinander. Die Frauen feuerten sie an. Plötzlich tauchte ein junger, gelenkiger Mann mit einem Lockenkopf aus der Tiefe des Restaurants auf, um mit den Männern zu tanzen. Er sah aus wie eine Frau und tanzte wie ein leichtfüßiger Satyr mit erhobenen Armen und verzückter Miene. Er war dekadent, rebellisch und völlig nüchtern. Hamim sah angewidert weg.

Die Frauen lachten. Die Saudis waren sauer. Einer ihrer Leibwächter, ein riesengroßer Mann mit einem Turban, der mit verschränkten Armen dagestanden hatte, verscheuchte daraufhin den Satyr. Der Satyr ging um ihn herum und tanzte weiter. Der Leibwächter ging entschiedener auf ihn zu und hinderte ihn an der Rückkehr. Die Frauen lachten. Die Saudis amüsierten sich. Bedrückt schlich der Satyr an unserem Tisch vorbei. Der Architekt bemerkte sarkastisch: »Er ist arbeitslos, schafft

es aber, sich hier im Hotel über Wasser zu halten.« Er wußte aber nicht, wie er das machte.
In den oberen Räumen gab es noch mehr Saufgelage. Ich folgte Hamim zu einem Piloten der Air Algeria aufs Zimmer. Der Pilot übernachtete dort, weil seine Boeing eine Panne hatte. Ein verschlossener, sehniger Teufelskerl, der im Unterhemd dasaß und mit seiner Crew den Whisky der Fluggesellschaft trank. Buffalo, New York, hatte es ihm angetan, wo er zum Piloten ausgebildet worden war. Er brüstete sich damit, daß er ein echter Wüstenbewohner sei, ein Nachkomme von Nomaden. Er sah die Sahara allerdings nicht in romantischem Licht. Er sprach von den Flughäfen in den Oasen und sagte: »VIPs, es gibt immer irgendwelche VIPs, auf die die anderen Fluggäste warten müssen. Ich würde ihnen gerne sagen: ›Ich – mein Vater wurde von den Franzosen umgebracht! Ich würde euch am liebsten den Hunden zum Fraß vorwerfen!‹«
Der Pilot mußte sich nicht wie ein Muslim verhalten. Er legte seine eigene Moral fest, trank wie ein Loch, verzog die Lippen verächtlich und brummte: »Wenn es nach mir ginge, würde ich all diese Typen an die Wand stellen und ohne mit der Wimper zu zucken abknallen. Ich hätte überhaupt keine Skrupel dabei.«
Er meinte damit auch die Saudis, die unten feierten.
Hamim lebte wieder auf. Wir verließen das Hotel. An der Bestimmtheit seines Gangs sah ich, daß er sich wieder wie ein Mann fühlte. Der Flugkapitän der Air Algeria war ein Kampfpilot gewesen. Die Saudis tanzen, die Saharabewohner aber kämpfen.

Hamims bester Freund war ein Mozabit namens Moustafa Oukal, der so großmäulig war wie Hamim schüchtern. Oukal hatte einst als Fahrer für texanische Erdölproduzenten gearbeitet und war voller Bewunderung für sie. So trug er sich den

Spitznamen *L'Américain* ein. Als wir uns begegneten, grinste er und sagte auf französisch: »Wir Amerikaner haben keine Angst, uns unsere Hände zu beschmutzen!« Er war kahlköpfig und muskulös und trug einen Backenbart, eine Tweedmütze und derbe Freizeitkleidung. Er sagte mir, daß er seine frühere Karriere als Fotograf aufgegeben habe. Er hatte immer noch ein kleines Fotostudio in der Nähe des Marktes, meinte aber, daß er keinen Film auftreiben konnte und zudem keine Zeit mehr hatte für derlei minderwertige Tätigkeiten. Er war sich sicher, daß, welche Seite auch immer den Bürgerkrieg gewinnen würde, die Mozabiten auch weiterhin darunter zu leiden hätten. Er würde allerdings Erfolg haben – und tat so, als ob er sich dessen ganz sicher wäre.

Oukal war ein Überlebenskünstler, wie sie nur die Wüste hervorbringt. Seine Hoffnung setzte er auf ein Stück Wüste etwa 20 Meilen außerhalb der Stadt, wo er einen Brunnen gegraben und die ersten Palmen gepflanzt hatte. Er nannte es seine Ranch und versprach mir, mich dorthin zu bringen, aber zuerst wollte er noch ein bißchen trinken.

Wir fuhren in seinem VW-Lieferwagen, um Wein am Ende der Gasse zu kaufen. Hinten im Laderaum ratterte Werkzeug. Es handelte sich um algerischen Wein, der ursprünglich für den Export nach Europa bestimmt war, am Hauseingang aber und ohne Etiketten von einer verschleierten Frau verkauft wurde: ein regelmäßig betriebenes, heimliches Geschäft. Als wir mit unserem Volkswagen die Gasse entlangratterten, schlich sich gerade ein alter Mann davon, der eine Flasche in seinem Gewand versteckte. Oukal kannte allerdings keine Scham. Er begrüßte die Frau mit lauter Stimme, stellte mich ihr als guten Freund vor und lud zwei Dutzend Flaschen ein. Er wollte zu Ehren Amerikas eine Party geben.

Er veranstaltete das Fest noch in derselben Nacht, im betonierten Hof seines Hauses. Ich erkannte die meisten Männer dort wieder – den Architekten, den Schrottsammler, den Han-

delsinspektor, den Empfangschef vom Hotel, den Teppichhändler vom Markt, den Polizisten, den schlauen, mit einer Kapuze bekleideten Klempner, der immer zu einem vergnügten Augenzwinkern aufgelegt war, und natürlich Hamim, den voyeuristischen Sünder. Oukal war in bester Stimmung. Er entschuldigte sich für die Unordnung in seinem Haus und entschuldigte seine Frau, der die Arbeit mit den zwei kleinen Kindern über den Kopf wachse. Ich nahm an, daß sie die Freunde ihres Mannes mißbilligte.
Alles war sehr amerikanisch. Oukal kochte und fachte ein großes Barbecue-Feuer auf dem Beton des Innenhofs an, und nachdem es zu einem glühenden Haufen zusammengefallen war, grillte er Lamm am Spieß über den glühenden Kohlen. Die Nachtluft kühlte ab. Wir rückten in die Nähe des Feuers, aßen das Fleisch und fingen an zu trinken. Zuerst war die Stimmung leutselig. Als der Beton unter dem Feuer aufbrach und Funken über den Hof sprühte, machte der Polizist überrascht eine Rolle rückwärts, so daß wir lachen mußten. Der Wein aber war so stark, daß die Unterhaltung ins Stocken geriet. Ich wollte über die Oase sprechen, die anderen hatten aber schon genug geklagt und geprahlt – so daß die einfachen Themen erschöpft waren. Das Trinkgelage wurde humorlos, alle kapselten sich ab. Nur der überzeugte Muslim Hamim hielt gläubig an seiner Zukunft fest. Hamim konnte träumen. Er wollte den Abend retten. Die anderen aber ödete die Party an.

Eines schönen Nachmittags fuhr mich Oukal zu seinem Grundstück, das südlich der Stadt in einer Wüstenmulde lag, auf einem Grund, den jeder haben konnte, der willens war, ihn zu bebauen. Oukal hatte zehn Morgen flachen Landes beantragt und ebensoviel Hügelland. Er hatte einen Brunnen gegraben und zwei Nomaden angestellt, um die Felsen für ihn zu räumen. Die Nomaden waren illegale Einwanderer, Tuareg aus dem Süden, aus den Hochland-Wüsten Nigers. Die Tuareg sind nomadische Berber, verwegene Kamelreiter, die das gebirgige Kernstück der Sahara seit Tausenden von Jahren beherrschen. Oukals Gehilfen waren – typisch für die Tuareg – groß und hager und trugen die *chèche,* die im extremsten Teil der Wüste getragen wird: ein hoher Turban aus einem Baumwolltuch, das zuerst um den Kopf gewickelt wird, und mit dem dann auch Nase, Mund und Hals geschützt werden. Die *chèche* schützt einen gegen die Trockenheit und den Staub im unerbittlichsten Teil der Sahara, aber was noch wichtiger ist, sie verleiht ihren Trägern Anonymität. Die Tuareg-Stämme gründeten ihre Existenz auf Raubzüge und Krieg. Die Männer waren so überzeugt von den Vorteilen der *chèche*, daß sie Fremden bis vor kurzem nie ihr Gesicht zeigten. Im Gegensatz dazu tragen die Frauen der Tuareg keinen Schleier. Europäer, die sich an dieser scheinbaren Freiheit begeistern, mißverstehen die *chèche* und ihre Assoziation. Bei den Frauen ist die Nacktheit des Gesichts ein Ausdruck ihrer Verletzbarkeit. Die *chèche* der Männer ist kein verhüllender Schleier, sondern eine Maske.

Oukals Tuareg waren die Verlierer in einem Krieg gegen die Neuzeit. Sie lebten ohne Dach über dem Kopf auf einem mit Stroh umzäunten Grundstück, das eine Eingangstür aus Holz hatte. Oukal hatte sie mit einer Schaufel, einem Eimer und Schubkarren ausgestattet. An diesem Tag brachte er ihnen die Lebensmittel für eine Woche, mit denen sie sogleich in ihrer »Behausung« verschwanden, weil sie Hunger hatten. Oukal erzählte kichernd, daß sie ihre Tür draußen in der Wüste gefunden hätten. Bald sah man den Rauch von einer Feuerstelle über der Umzäunung in die Luft steigen.

Oukal führte mich über das Grundstück zum Brunnen, der 40 Meter tief und mit Beton ausgegossen war. Er setzte die Dieselpumpe in Gang und bot mir Wasser an, das aus einem

Schlauch hervorschoß. Ich sagte, daß das Wasser süß schmecke. Er zeigte mir die ersten Dattelpalmen, zarte Setzlinge, die bis zur Brust reichten und reihenweise am Fuß eines Hügels gepflanzt waren. Er erklärte mir, wo er sein Gemüse anpflanzen würde. Er sagte auch, daß er Hühner, Ziegen, Schafe und vielleicht ein Pferd halten wolle, damit er wie ein amerikanischer Cowboy in die Berge reiten könne. Das Wasser würde alles ermöglichen. Er führte mich zu der Stelle, wo sein Haus gebaut werden sollte, und meinte, daß seine Frau hier allerdings weniger Zerstreuung finden würde als in der Stadt. Er sah auch Erfolg für seine Kinder voraus. Sie waren noch sehr jung und würden den offenen Horizont fern der Oase lieben lernen. Er gelobte, ihnen diese Freiheit zu verschaffen. Wie ein guter Amerikaner schritt er die Umrißlinie für seinen Swimmingpool ab.

Aber seine Begeisterung hielt nicht einmal bis zum Ende der Heimfahrt vor. Wir fühlten beide die Veränderung – die Ahnung von der voraussichtlichen Niederlage, die ihn beschlich, und daß sein Schicksal schon besiegelt sein könne. Er war kein junger Mann mehr. Er hielt seinen Volkswagen an der Stelle an, von wo aus die unbefestigte Straße das Tal von M'Zab überblickte, und blieb schweigend hinter dem Lenkrad sitzen. Ich wartete darauf, daß er sprechen würde. Während er über die Dächer der Oase hinwegsah, beteuerte er, keinen Respekt für die Leute zu haben, die hier lebten. Er bezeichnete sie als faul und feige. Er nannte sie Afrikaner, obwohl er ja selbst einer war, und ließ den Blick nachdenklich in die Ferne schweifen.

Hamim hatte mir bereits gesagt, daß Oukals Ranch wie seine anderen Unternehmungen fehlschlagen würden. In seinem Brunnen war zwar süßes Wasser, aber es war schwach, man konnte nur eine Stunde pro Tag Wasser pumpen. Er ließ durchblicken, daß Oukal ein Träumer sei.

Aber Oukal war kein Träumer. Er war mit den Enttäuschun-

gen eines Lebens im Tal von M'Zab konfrontiert und wollte sich einfach nicht damit abfinden. Wenn ihn dies auch in aller Augen töricht erscheinen ließ, so bewunderte ich doch seine Stärke und seinen Mut.
Hamim hatte gesagt: »Oukals Leben verläuft nach dem folgenden Muster: Er hat einen Hund und eine Ziege. Der Hund jagt die Ziege. Die Ziege jagt den Hund. Und beide wirbeln Staub auf.«
Hamims Leben dagegen bestand im Konsumieren von Filmen.

# 12.
# Der Fluchtmechanismus

Wenn man Glück hat, steigt man einfach in den Bus ein. Dieses Mal war es ein alter, öliger Nissan, dessen Reifen kein Profil mehr hatten, der eines sonnigen Morgens vom M'Zab nach Süden fuhr. Ich drängte mich zur Tür, schwenkte meine Fahrkarte und bahnte mir den Weg in den Wagen. Die anderen Fahrgäste waren schweigsame, aufmerksame Männer mit Turbanen und *chèches*. Sie musterten mich mit ernstem, unbeweglichem Gesichtsausdruck, als ich an ihnen vorbeiging und ganz hinten einen zerbrochenen Sitzplatz fand. Der Fahrer kletterte auf seinen Sitz. Er war unrasiert, träge, übergewichtig und verdrießlich.

Sein Kontrolleur betrachtete die Fahrgäste mit prüfendem Blick: ein kleiner und wichtigtuerischer Mensch, der ganz erfüllt war von seiner aufregenden Aufgabe. Wir saßen in einem klapprigen Bus, mit einem Fahrer, der sich einen Dreck scherte, in einer Zeit des Umsturzes unterwegs zu einer Stadt namens In Salah, die 400 Meilen tiefer in der Wüste lag, an der sich allmählich auflösenden *Transsaharienne*. Der Kontrolleur mußte auf die Passagiere aufpassen und schien sich auf mögliche Zwistigkeiten zu freuen.

Fast den ganzen Tag über glich die *Transsaharienne* einer Straße – einem holprigen, aber befahrbaren Streifen schwarzen Asphalts, der sich über Kiesebenen in der Ferne verlor. In der Ebene wurde der Bus schneller, aber die Berge gingen über seine Kraft. Ich schreibe »Berge«, obwohl es doch nur Hügel waren – kleine Wellen auf der Oberfläche der weiten Wüstenebene. Doch für unseren schwachen Motor waren sie so schwer zu schaffen wie Gebirgsabhänge.

Der steilste Anstieg war ein so schwerer Kampf, daß sich der Fahrer aus Mitgefühl für sein Fahrzeug über sein Rad nach vorne lehnte. Blauer Rauch stieg durch die Ritzen des Bretterbodens. Der Kontrolleur runzelte die Stirn und forderte die Passagiere dazu heraus, es zu merken. Wir fuhren im Schnekkentempo über den Sattel und gewannen bei der Abfahrt auf der anderen Seite allmählich an Tempo. Irgendwie hatte es der Motor doch noch geschafft. Nun drohte der Bus durch die hohe Geschwindigkeit auseinanderzubrechen. Die Fahrgäste blieben ungerührt sitzen. Die Fenster gingen auf. Die Brise vertrieb den Rauch.

In einer Oase namens El Golea stiegen weitere Fahrgäste zu und drängten sich in den Gängen zwischen den Sitzreihen. Unter ihnen war eine verschleierte Frau mit ihren Kindern. Der Kontrolleur bahnte sich seinen Weg nach hinten und forderte mit großer Genugtuung zwei Männer auf, ihre Plätze zur Verfügung zu stellen. Dann drängelte er sich nach vorn und stieg aus, um die Fenster wieder zuzuschlagen.

Die Sonne ging unter, und die Nacht wurde bitterkalt. Der Bus war nicht geheizt. Ich kauerte mich auf meinen defekten Sitz über dem Motor, nahm die Wärme in mir auf, sog die Dämpfe ein und horchte auf den Fahrer, der geräuschvoll die Gänge wechselte. Eine Mondsichel tauchte zwischen den Sternen auf. Dünen zwangen den Bus, im Schneckentempo zu fahren. Einmal mußten wir wegen einer Kamelherde so scharf bremsen, daß das Gepäck auf dem Gepäckständer auf dem Dach in einer Staubwolke nach vorne rutschte. Der Kontrolleur machte ein finsteres Gesicht. Der Fahrer zündete sich eine Zigarette an.

Wir kamen zum ersten Hindernis – einer Reihe von Steinen, hinter denen der Straßenbelag zu Schutt zerfallen war. Der Fahrer schaltete herunter und fuhr geradewegs in die offene Wüste hinein. Für den Rest der Nacht aber kamen wir kaum noch mit Straßenbelag in Berührung. Wir hielten immer wie-

der an, überlegten, kehrten zurück; so fuhren wir über Sand und an Felsgestein vorbei, das die Straße säumte und manchmal ziemlich weit von der Straße entfernt war. Die Fenster gingen wieder auf. In der Luft war Staub aufgewirbelt. Atmen war schwer und Schlafen unmöglich.
Ich verbrachte die Stunden damit, dem Fahrer bei der Arbeit zuzusehen. Er hatte sein Gesicht mit einer *chèche* umwickelt und sah nun wie ein Tuareg aus, der sein schwerfälliges »Lasttier« mit viel Konzentration und Geschick führt. Er war ein vorzüglicher Fahrer. Er war stolz. Er war reizbar. Wenn einer der Passagiere sich nach vorn lehnte und ihn nach der Route fragte, die er eingeschlagen hatte, zog er die Bremse und hielt an, öffnete die Tür und schaltete die Scheinwerfer aus. Er wollte damit erreichen, daß sich der Horizont im Mondschein abzeichne.
Der Fahrer sagte nichts.
Der Fahrgast war unschlüssig.
Der Kontrolleur sagte triumphierend: »Sie können ja zu Fuß gehen, wenn Sie wollen!« Er hätte den Mann mit dem größten Vergnügen ausgesetzt.
Der Passagier zog sich auf seinen Platz zurück. Wir fuhren wieder weiter. Der Mond ging unter.
In der tiefschwarzen Nacht ohne Sterne kamen wir vor Tagesanbruch ans Ziel unserer Reise. Ich begab mich in das verfallene Stationsgebäude aus Schlackensteinen, wo im Dunkeln Gruppen von Männern herumstanden. Melancholische arabische Musik erklang. Ein Kind weinte still vor sich hin. Von weit her kam ein früher Aufruf zum Morgengebet. Zusammengekauerte Gestalten schliefen in Decken gehüllt an der Wand. Es war so kalt, daß ein Eimer mit Trinkwasser eine Eisschicht hatte. Ich hockte mich mit Fremden in weiten Gewändern um ein Feuer aus Papier. Der Rauch stieg zur Decke auf. Ich wärmte meine Hände an dem schwachen Feuer. Hinter In Salah steigt das Land zum unzugänglichen und gebirgigen

Herz der Sahara an. Niemand konnte sagen, wann die »Safari«, der Lastwagen, der die Passagiere nach Tamanrasset bringen sollte, abfahren würde. Auf dem Fahrplan war eine Fahrt pro Woche angegeben – so Gott will. Ich wartete an der Station wie die anderen.

# 13.
# Das Inferno

Einmal fuhr ich einmal in die Sahara in der Hitze des Hochsommers, um etwas über Wasser in einer Provinzhauptstadt namens Adrar zu schreiben, die westlich von In Salah liegt. Ein Ort, der sogar bei uns wegen der Rauheit seines Klimas bekannt ist. Von 4100 Stunden Tageslicht im Jahr ist Adrar 3978 Stunden direkter Sonneneinwirkung ausgesetzt. Es handelt sich um Sonnenstrahlen, die in einem steilen Winkel einfallen, also ziemlich kräftig sind. Im Winter, wenn die Lufttemperatur nachts auf den Gefrierpunkt sinkt und am Mittag auf über 30 Grad Celsius ansteigt, schwanken die Erdtemperaturen so brutal, daß das Gestein Risse bekommt. Im Sommer ist die Sahara der heißeste Ort auf der Erde. Den Rekord hält El Azizia in Libyen, wo am 13. September 1922 eine Lufttemperatur von 58 Grad Celsius gemessen wurde. Death Valley folgt ihm auf dem Fuß mit 57 Grad Celsius im Jahre 1910. In jüngerer Zeit, nämlich 1994, erreichte die Lufttemperatur 55 Grad Celsius. Dazu die *New York Times*: »Ein Beobachter hat berichtet, daß er die offene Hand nicht einmal im Schatten dem starken Wind entgegenhalten konnte, weil er ihn verbrannt hätte.« In Adrar hätte dies keine Schlagzeilen gemacht. Death Valley ist nur ein kleiner Hitzespeicher. Die Sahara ist ein Hitzespeicher von der Größe eines Kontinents, in seiner Luft kann man sich die Hände in Ebenen verbrennen, die den Raum zwischen zwei Ozeanen ausfüllen und das Vorstellungsvermögen übersteigen.

Ich hätte im Frühjahr nach Adrar gehen oder bis zum Herbst warten können, wählte aber den Juli wegen seiner Intensität. Der einzige Kompromiß war, nach Adrar zu fliegen. Ich saß

im Cockpit hinter den Piloten. Das Flugzeug war eine schwerfällige Turboprop-Fokker für 40 Passagiere, die in einer Höhe von 6000 Metern flog. Sie machte einen 3-Tage-Rundflug von Algier aus zu den Oasen. Es war Mittag, und die Sahara dehnte sich bis zum Horizont leuchtend und absolut still in kahlen Falten aus Sand. Das Land war bedeckt von einer Dunstschicht, die nicht durch Wind entstanden war, sondern durch die Hitze. Die *Transsaharienne* erschien wie eine blasser werdende Narbe. Unter uns lag eine Felsschlucht, die sich tief in den Abhang des zentralen Berglands gegraben hatte. Nun flogen wir über Ebenen ohne besondere Merkmale am nördlichen Saum des weiten und entsetzlichen Tanezrouft, wo es auf Hunderten von Quadratmeilen kein Leben mehr gibt.
Der Flugkapitän, der nicht aus der Wüste stammte, hatte eine blasse Haut und das Aussehen eines erfahrenen Piloten: gelangweilt, unzufrieden und unsportlich. Er lenkte das Flugzeug mit lässigen Bewegungen, als ob er den Job kaum mehr ertragen könnte. Für ihn war die Sahara eine Zumutung. Er sagte, daß er nachts in den Hotels der Oasen litt. »Da draußen gibt es ja nichts«, beschwerte er sich. »Man läßt ein Stück Papier fallen, und es braucht eine Ewigkeit, bis es auf dem Boden anlangt. Es ist die entsetzliche Hitze!«
Er versuchte, höflich zu sein. Er fragte mich, wo ich schon überall gewesen sei, wohin ich ginge und warum. Er schien besorgt, weil ich nur den Hinflug gebucht hatte und auf dem Landweg wieder herauswollte. Er nannte Adrar die Hölle.

Die Hitze auf dem Flughafen war brutal und raubte einem den Verstand. Irgendwie schaffte ich es, mir ein Taxi in die Stadt zu besorgen. Im Hotel im Zentrum nahm ich mir ein Zimmer. Der Platz war betoniert und kahl. Im Hotelzimmer war es unerträglich heiß. Ich ging in die Eingangshalle und setzte mich unter einen Ventilator und wartete – wie alle Bewohner von

Adrar – auf die Nacht. Es war so heiß, daß auch das nichts half. Nach der Dunkelheit begaben sich die Leute auf die Straße, mehr aus Notwendigkeit als aus Erleichterung.
Von einem Einheimischen, der sich bereit erklärt hatte, mich in Adrar herumzuführen, hatte ich die Telefonnummer: er war ein junger Kaufmann namens Moulay Miloud. Moulay ist ein Ehrentitel, der auf die Abstammung vom Propheten hindeutet. Seine Familie, wenn man sie so nennen darf, hatte außerordentlich viel Nachkommen hervorgebracht. Ich habe die Sahara spaßeshalber die »Vereinigten Staaten von Moulay« nennen hören.
Dieser Moulay nun, Miloud, war den Sommer über in Adrar geblieben, weil er – wie man mir erklärte – zu arm war, um in gemäßigtere Zonen ausweichen zu können. Er hatte jedoch wohlhabende Vettern in Tamanrasset, die ich kannte und von denen ich wußte, daß sie großzügig waren. Ich konnte mir vorstellen, daß Moulay Miloud von ihnen eine Klimaanlage bekommen hatte, so daß ich voller Hoffnung bei ihm anrief.
Der Mann, der abhob, sagte, daß sein Name Ali sei und daß ich die falsche Nummer gewählt hätte. Er wollte aber nicht, daß ich gleich auflegte, sondern sagte, daß er von Moulay Miloud gehört habe und mir helfen würde, ihn zu finden. Er wollte sich sofort mit mir im Hotel treffen. Mir war zu heiß, um abzulehnen. Er fragte, wie er mich erkennen könne. Ich sagte ihm, daß dies nicht schwer sei.
Ein paar Minuten später fuhr Ali in einem klapprigen Lada mit Allradantrieb vor. Er war ein lebhafter Mann mittleren Alters, der mich in den Wagen hineindrängte, mit mir durch die dunklen Straßen von Adrar ratterte und nach ein paar Anläufen Moulay Milouds Wohnung zwischen anderen einstöckigen Zweifamilienhäusern fand. Ein Nachbar sagte uns, daß Moulay Miloud zu einem entlegenen Ort in der Wüste gefahren sei, um einen seiner Brüder nach dessen Rückkehr aus Mekka zu besuchen. Er würde aber am Morgen wieder zurück

sein. Ali bestand darauf, daß ich eine Nachricht an der Tür hinterließ. Er war einer der wenigen Einheimischen, die nichts dem Zufall überließen.

Ali lud mich zu einem späten Kaffee zu sich nach Hause ein. Er wohnte im ältesten Teil der Stadt. Wir saßen auf Teppichen in einem hohen Raum unter einer nackten Glühlampe. Die Wände des Zimmers waren in zwei Farben gehalten, in Grün und Weiß. Alis kleiner Sohn brachte einen Ventilator herein, aber die Luft, die er in Bewegung setzte, war abgestanden und heiß, und der Schweiß strömte von unseren Gesichtern herab. Wir tranken den Kaffee, der stark und süß war, und saßen die meiste Zeit über schweigend da. Erst gegen Ende fiel mir auf, daß Ali ja gar nichts von mir wollte.

Im Morgengrauen war der Platz im Zentrum in dichten Dunst aus Staub und Hitze gehüllt. Moulay Miloud ließ mich wissen, daß er sich um die Mittagszeit mit mir im Hotel treffen würde. Er erwies sich als hagerer, wählerischer Junggeselle in ordentlich gebügeltem, weißem Gewand und Sandalen. Wir begaben uns zu seiner Wohnung, um uns zu unterhalten. Er hatte keine Klimaanlage, aber einen Ventilator und einen Luftbefeuchter, der die Temperatur in der Wohnung auf schätzungsweise 38 Grad Celsius herabsetzte. Wir saßen auf dem Boden in seinem Wohnzimmer, warteten auf das Ende der Nachmittagshitze und tranken dabei braunes Wasser aus einem Plastikkrug.

Das Wasser war braun, weil ihm Miloud Öl von *Juniperus oxycedrus* beigemischt hatte. Es roch nach Fichtenöl und schmeckte nach Heilerde. Der *Juniperus oxycedrus* ist ein immergrüner Busch, der im nördlichsten Atlasgebirges wächst. Die Nomaden in der Sahara schätzen sein Öl, weil sie damit ihre Wasserbehälter aus Ziegenhaut innen abdichten. Miloud hatte keinen Wasserbehälter aus Ziegenhaut, er stammte aber von Leuten ab, die durch die Wüste gezogen waren, und diesesÖl gehörte zu seinem Erbe. Er kaufte es in kleinen

Flaschen auf dem Markt und mischte es aus gesundheitlichen Gründen und des Geschmacks wegen seinem Wasser bei. Er freute sich, daß ich es mochte. Mit meinem Durst hätte ich aber alles getrunken, weil ich morgens einen Spaziergang gemacht hatte.

Während des Spaziergangs war die Luft absolut windstill und der Himmel beinahe weiß gewesen. Es hatte keinen Schatten gegeben. Die Straßen waren verlassen gewesen. Die Hitze war mir durch Mark und Bein gegangen, hatte auf meiner Haut, in meinen Augen und Lungen gebrannt. Ich hatte es nur eine Stunde lang ausgehalten und fühlte mich danach gefährdet, geschwächt und überwältigt. Als ich ins Hotel zurückgekehrt war und sehr still in der Eingangshalle Platz genommen hatte, machte ich mir heftige Vorwürfe, überhaupt nach Adrar gekommen zu sein.

Nun sagte Miloud: »Es regnet immer weniger, und jedes Jahr nimmt die Hitze zu. Die Nomaden können in diesem Klima nicht überleben.«

Ich glaubte es ihm gerne.

Das Wohnzimmer war makellos sauber und klein. Es war im Sahara-Stil ausgestattet, mit Matratzen, Sitzkissen und farbigen Teppichen. Schwarzweißvergrößerungen von Nomaden hingen an den Stuckwänden, und in einer Ecke lehnte eine Gitarre. Im Fernseher lief unablässig *The Cosby Show.* Miloud legte eine Kassette mit krächzender Musik aus der Sahara auf. In der Diele hing neben einem Porträt von Bob Marley eine Postkarte mit drei nackten Frauen, die auf eine groteske Art und Weise fett waren. Mir war nicht klar, warum sie Miloud dorthin gehängt hatte, ob aus einem Sinn fürs Komische oder blankem Haß oder einer Mischung aus beidem.

Vielleicht war es auch die Hitze, die ihm den Kopf verdreht hatte. Miloud sagte: »Im Sommer macht der Verstand dicht. Man bekommt dann sogar das Fernsehen, die Musik und die Bücher über. Es gibt nichts mehr, was einen reizt, und man hat sich wenig zu sagen. Man verbringt einfach zuviel Zeit im Haus.«

Am späten Nachmittag, als die Temperatur unter 53 Grad Celsius sank, fuhr ich mit Miloud in einem geliehenen Renault zu einer entlegenen Oase, die im Süden liegt, an der alten Karawanenstraße in die fernen Städte von Gao und Timbuktu. Die Straße führte aus Adrar heraus über eine gewellte Ebene aus Sand und Erde, an vernachlässigten Palmengärten vorbei. Der westliche Horizont war gesäumt von den Dünen von *Erg Chech*, einem unbewohnten Sandmeer, das sich über 600 Quadratmeilen ausdehnt und bis Mali und Mauretanien reicht.

Milouds Gedanken kreisten um die nähere Umgebung. Er sagte: »Im Winter ist hier alles grün.«

Was heißen soll: Im Winter verirrt sich vielleicht etwas Feuchtigkeit vom Mittelmeer hierher, und wenn ein bißchen davon vom Himmel fällt, sprießen ein paar kraftlose Gräser aus dem Boden. Die durchschnittliche Niederschlagsmenge pro Jahr beträgt aber weniger als 30 Zentimeter.

Es gibt jedoch Wasser unter der Erdoberfläche. Die zwei Dutzend Oasen von Adrar liegen am Auffangbecken des größten ausgetrockneten Wasserlaufs der Sahara, einem ehemaligen Flußbett namens Messaoud. Es ist eine langgezogene, niedrige Landsenke, wo sich das Wasser immer noch nahe der Oberfläche sammelt. Das Wasser befindet sich an Steigungen des Geländes, oberhalb der Stelle, wo man danach bohrt. Die Leute von Adrar bedienen sich seit Jahrhunderten einer Technik, die sie den alten Persern abguckten: Sie legen ihre Palmengärten und Dörfer weiter unten im Tal an und die Brunnen an höher gelegenen Stellen.

Was man dort als *foggaras* bezeichnet, sind ansteigende Tunnel, Aquädukte, die sich von selbst wieder füllen. Sie sind so konstruiert, daß sie nicht nur Wasser durch Überdruck zutage treten, sondern es ständig fließen lassen. Die *foggaras* sind oft meilenweit in das höhergelegene Terrain getrieben und durch gleichmäßige Ausgrabungshügel markiert, die wie riesenhafte Maulwurfshügel wirken. Obwohl sie Wunderwerke der menschlichen Erfindungskraft sind, verfallen die meisten. Einer der Gründe sind die Gefahren und Schwierigkeiten bei der Wartung: Die Tunnel werden mit der Zeit undurchlässig, brechen ein und müssen ständig abgestützt werden. Seit der Abschaffung der Sklaverei im 19. Jahrhundert unter den Franzosen hatte es aber keinen Nachschub von Freiwilligen mehr gegeben, die bereit wären, sich für die Reparaturen zu opfern.

Unser Ziel erschien in der Ferne als grüner Streifen gegen den staubigen Himmel. Der Streifen wurde zu einem Palmengarten und einer mittelalterlichen Siedlung mit ungefähr 1000 Einwohnern. Wir gingen in sengender Hitze durch die Straßen – ein Kaninchenbau aus in der Sonne gebackenem Lehm mit dunklen, überdachten Durchgängen –, die so breit waren, daß gerade noch ein beladenes Kamel durchkam. Die Bewohner waren Haratin, die Nachkommen der schwarzen Sklaven, die einst die *foggaras* instand gehalten hatten. Eine Bande von schmutzigen Kindern folgte uns in die Wüste hinaus, wo wir einen verfallenen Tunnel besichtigen wollten. Sie waren erstaunt über mein Interesse, als ob die kollektive Erinnerung an die Sklavenarbeit für einen Haratin noch zu frisch wäre, um ihn die technische Leistung schätzen zu lassen.

Die Haratin hatten nun ihre eigenen Sklaven, die die Arbeit verrichteten: elektrische Pumpen, die in einfachen, betonierten Verschlägen untergebracht waren und wenig Wartung brauchten. Gedankenlos wurde nun das Wasser mit Hilfe von Elektrizität heraufgepumpt, aus Brunnen, die senkrecht in die Erde gebohrt waren. Die modernen Zeiten hatten begonnen, und nur noch fremde Besucher trauerten den vergangenen nach.

Das Verteilungssystem war jedoch noch dasselbe. Wir folgten den Gräben, die das Wasser durch den Ort zurückleiteten. Stromaufwärts wurde es als Trinkwassser benutzt, stromabwärts zum Waschen und für das Abwassersystem. Es gab keine Wiederaufbereitungsanlage, und es war auch kein Bedarf dafür vorhanden. Das Wasser, das schließlich in den Palmengarten floß, war reich an Nährstoffen. Und es war kostbar. Die Wasserrechte in den Oasen sind erblich, werden durch Geld erworben und verkauft und sind wertvoller als der Grund selbst. In diesen Palmengärten war das Wasser sorgfältig aufgeteilt und wurde durch fingerbreite Zugänge in ein kompliziertes Verteilungssystem von Kanälen geleitet. Am Ende verteilte es sich über einzelne Parzellen, die durch Gräben voneinander getrennt und gegen Wind und Sand durch Lehmmauern geschützt waren. Hier wuchsen die Dattelpalmen.

Dattelpalmen sind den Verhältnissen der Sahara gut angepaßt. Sie gedeihen in Sonne und Hitze, sie vertragen zehnmal mehr Salz im Wasser als der Mensch und tragen trotzdem Früchte. Obwohl sie während der ersten Jahre ziemlich viel Wasser brauchen, schlagen sie während dieser Zeit tiefe Wurzeln, die bis zum Grundwasser reichen, dann können sie sich selbst versorgen. In gewissem Sinne werden sie zu ihren eigenen *foggaras*. Auch spenden sie den bewässerten Gemüsebeeten, wo hauptsächlich Mais und Tomaten angepflanzt werden, den nötigen Schatten.

Der Palmengarten war für algerische Begriffe klein – ungefähr eine halbe Quadratmeile wildwachsender Vegetation. Ich schlenderte mit Miloud auf den Feldwegen zwischen den einzelnen Parzellen. Der Schatten war dicht, die heiße Luft zum Schneiden. Verwelkte Palmwedel hingen von den Bäumen herab und waren über den Boden verstreut. Miloud wies darauf hin und sagte, daß sich die Oasenbauern früher wegen solch einer Schlamperei geschämt hätten. Gelbe Schmetterlinge schwirrten umher. Ameisen schleppten übermäßig große Jagdtrophäen auf dem Boden nach Hause. Ein Mann mit Turban hackte den Boden. In einem Graben gurgelte verschmutztes Wasser. Ich blieb stehen, um die anderen Laute in mich aufzunehmen: die ferne Musik von arabischen Hörnern, eine gurrende Taube, ein schreiender Esel, eine Grille, tirilierende Vögel, lachende Kinder, die dumpfen Schläge eines Holzfällers, ein helleres Hämmern, ein krähender Hahn, summende Fliegen und ein Gebetsgesang.

Lehmhäuser isolieren nicht unbegrenzt. Wenn die Temperatur einen bestimmten Grad übersteigt, beginnen Lehmmauern die Hitze zu verstärken. Staub in der Luft macht alles noch schlimmer, weil er die Hitze speichert, die vom Boden aufsteigt, und in den Sommernächten läßt er sie nicht mehr entweichen. Ich habe folgendes herausgefunden: Die Mauern kühlen in der Nacht nicht mehr ab. In der Morgendämmerung fassen sich die Innenwände heiß an und am Tag darauf noch heißer. Die Häuser werden zu Solarzellen. Beton ist noch schlimmer – er wird in der Sonne noch heißer als Lehm und kühlt auch in der Dunkelheit nicht mehr ab. In den großen Betongebäuden, die in der Sahara mit Hilfe der Sowjets gebaut wurden, kann man sich die Füße auf dem Stockwerk unter dem Dach verbrennen.

Während der Hitzeperiode im Sommer halten sich die Leute draußen auf. Am Morgen und späten Nachmittag sitzen sie im Schatten der Gebäude. In der Mittagszeit verschanzen sie sich – so gut sie können – unter einem Sonnensegel oder einem Baum. Die Fremden suchen Zuflucht in den Eingangshallen der Hotels mit ihren hohen Räumen und Ventilatoren. Aus dem gleichen Grund und weil sie die Fremden überwachen müssen, treiben sich hier auch Geheimpolizisten herum. Alle warten. In der Nacht, wenn sich die Hotelgäste in ihre Zimmer einschließen, essen die Sahara-Bewohner in ihren Gärten zu Abend und schlafen auch dort.

In Adrar war ich mit Miloud bei Nouari, einem belesenen

Bauingenieur, zum Abendessen eingeladen. Er hatte auch einen hochgewachsenen, zurückhaltenden Hydrologen eingeladen, der mir tags darauf ein künstlich bewässertes landwirtschaftliches Versuchsgut im Norden der Stadt zeigen sollte. Wir saßen zu viert auf Teppichen im Sand hinter dem Haus. Es war eine schwüle Nacht, mit Temperaturen, die immer noch über 37 Grad Celsius lagen. Ein schwarzer Staubschleier verdeckte die Sterne. Das Mahl wurde durch Kerosinlampen, die auf einem Faß standen, erhellt. Nouaris Ehefrau und seine Mutter kochten für uns, aber ließen sich nicht blicken. Ich fragte auch nicht nach ihnen. Nouari goß Wasser aus einem Krug, und wir wuschen unsere Hände darin.
Wir begannen das Mahl mit warmer Milch und Datteln. Nouari sagte: »Der Prophet empfiehlt Datteln.«
Miloud fügte hinzu: »Milch und Datteln sind eine vollwertige Mahlzeit. Sie enthalten alles, was ein Mensch braucht.«
Trotzdem gab es noch Kutteln, Couscous und Melone. Danach tranken wir Tee, den Nouari mit Hilfe eines Butankochers braute. Die Unterhaltung kehrte wieder zu den Datteln zurück.
Die Einheimischen holen sich die Datteln direkt vom Baum und essen sie; sie essen sie aber auch getrocknet; sie essen sie gebacken, gekocht und gebraten. Was Datteln anbetrifft, so sind sie Feinschmecker, und sie können Hunderte von Arten an ihrem Geschmack, ihrer Konsistenz und Farbe erkennen. Sie wissen alles über Datteln: daß 1000 Datteln in einem einzigen Büschel wachsen, daß eine getrocknete Dattel zur Hälfte aus Zucker besteht und daß Datteln reich an Mineralien und Vitaminen sind. Nouari zählte sie auf und achtete darauf, daß ich mir ja auch jedes einzelne merke: »Vitamin A, B, C, D und E.«
Er beschrieb, wie die Oasenbauern die jährliche Bestäubung vornehmen und zitierte dann eine Stelle aus dem Koran, die während dieses Vorgangs vorgelesen wird: »Im Namen Got-

tes, der gütig und barmherzig ist.« Und er schrieb es mir auf:

بسم الله الرحمن الرحيم

Der Hydrologe fügte hinzu: »Datteln sind gut gegen Krebs. Zu diesem Untersuchungsergebnis ist man an einer der großen Universitäten in den Vereinigten Staaten gekommen.«
Miloud bemerkte, daß der Baum als solcher eine Fundgrube sei. Mit Hilfe der anderen zählte er seine Verwendungsmöglichkeiten auf, es sind zu viele, als daß ich hier im einzelnen darauf eingehen könnte, sie können aber als all das zusammengefaßt werden, was aus Palmholz und -wedeln gefertigt werden kann.
Abschließend sagte der Hydrologe: »Der Prophet hat den Baum ebenfalls geliebt.« Es überrascht nicht, daß die Vernachlässigung der Palmengärten in der Sahara Sympathien für die islamische Revolution gewonnen hat.
Der Hydrologe hieß Sollah. Am nächsten Morgen nahm er mich zu dem bewässerten landwirtschaftlichen Betrieb mit, den er als vorbildlich bezeichnete und der sich über 800 Morgen Landes ohne Schatten ausdehnte. Es war ein Privatunternehmen im amerikanischen Stil, das über einen hellgrünen Traktor und einer Arbeiterkolonne von Haratin verfügte. Über den Stoppelfeldern, auf denen man Weizen angebaut hatte, befanden sich kreisförmige Bewässerungssysteme. Daneben gab es Gewächshäuser und zahlreiche Beete mit Tomaten, Paprika, Piment, Gurken, Wasser- und Honigmelonen. Es gab genug Schlamm.
Das war moderne Agrikultur – effizient, produktiv und vielleicht sogar verschwenderisch. Ich sagte Sollah, daß es mich an die Landwirtschaft in Kalifornien erinnere. Er freute sich und fragte, warum. Ich antwortete: »Wegen des billigen Wassers.«

Das freute ihn sogar noch mehr, weil es ja *sein* Wasser war. Er hatte die Arbeiterkolonne angeführt, die den ersten Brunnen gebohrt hatte.
Wir wollten das Resultat trinken. Zwei Pumpen drückten einen mächtigen Wasserschwall in ein Auffangbecken. Das Wasser war süß und kalt. Mit ihrer amerikanischen Bohranlage waren Sollah und seine Mannschaft in 150 Meter Tiefe darauf gestoßen. Das Wasser war in den ersten zwei Tagen mit Sand und Schlamm verschmutzt gewesen, aber danach ganz klar geworden. Das Projekt hatte einen Monat bis zu seinem Abschluß gebraucht, was allgemein üblich war. Wie der von Sollah geleitete, gab es einige Bohrtrupps in diesem Teil der Sahara. Alle zusammen gruben 45 Brunnen im Jahr. Jeder davon hatte funktioniert.
Im großen und ganzen ist die Sahara aber für Wasserbohrungen zu trocken. Wenn man auf Wasser stößt, gibt es entweder zu wenig davon oder es ist zu salzig oder das Hochpumpen ist zu teuer. Obwohl man damit ein paar Siedler versorgen könnte oder ein paar Vorbeiziehende, lohnt sich der Aufwand nicht. Hier aber im nördlichen Drittel der Wüste befinden sich große Wasserreserven unter der ausgedörrten Erdoberfläche.
Die flachsten unterirdischen Wasserreservoirs bewässerten jahrhundertelang die Oasen. Sie sind besonders anfällig gegen Trockenheit und übermäßige Ausbeutung. Wenn der Wasserspiegel fällt, kommt es zu Mißernten, und die Bewohner müssen ihre Oasen verlassen. Wenn aber Regen fällt, sei's auch in einem weit entfernten Gebiet, füllen sich die seichten Wasserspeicher wieder.
Von größerer Bedeutung für die nahe Zukunft sind die tiefer liegenden Wasservorräte, deren Entdeckung ein Nebenprodukt der Suche nach den Erdölvorkommen war. Das bloße Wissen um ihr Vorhandensein hatte eine nachhaltige Wirkung auf das Leben in der Sahara gehabt. Unter eingeschlossenen Wasseradern versteht man Becken mit Süßwasser, die sich in

einer durchlässigen Gesteinsschicht in einer Tiefe von 100 bis 2000 Metern befinden. Nach einer Schätzung speichern sie so viel Wasser, wie in zwei Jahren durch das Amazonasbecken fließt. Das ist eine ganze Menge. Und was noch besser ist, daß vieles davon unter Druck steht. Wenn es erst einmal angezapft ist, kommt es zur Oberfläche, und es entstehen artesische Brunnen. Es kommt auch vor, daß Geysire Hunderte von Metern in die Höhe schießen und Brunnen zugedeckt werden müssen, um Dörfer vor Überflutung zu schützen.

Der neue Wasserreichtum hat sich sehr stark auf das Bewußtsein der Wüstenbewohner ausgewirkt. Moamar Gaddafi setzte in Libyen eine landwirtschaftliche Revolution in Gang und ließ nach und nach Bewässerungsprojekte gigantischen Ausmaßes realisieren. Er sprach davon, die Sandwüste in fruchtbares Land umzuwandeln. Wenigstens dafür verschaffte er sich Anerkennung. Andere Bewohner der Sahara haben genauso kühne Träume: kilometerlange Tomatenbeete, Reisfelder, Fischfarmen, wogende Getreidefelder am Horizont – die Vereinigten Staaten von Moulay eben. Wenn es Wasser in der Wüste gibt, ist alles möglich. Sollah, von Natur ein eher ruhiger und vernünftiger Mann, war ganz erfüllt von seiner glorreichen Mission. Er sprach dann nicht mehr als Hydrologe, sondern als Sahara-Bewohner. Sogar der Taxifahrer, der uns zu der Farm gebracht hatte, hatte dazu seine eigene Meinung. Er glaubte, daß Bewässerung schließlich auch wieder Regen bringen würde. Man könnte es als eine Umkehrung der Theorie der Wüstenbildung bezeichnen: die Theorie des steten Tropfens.

Da ist aber ein Problem. Wenn man die Wärmeenergie an der Oberfläche einer Wüste an der Energie mißt, die nötig wäre, um die jährlichen Niederschläge verdunsten zu lassen, würde der Überschußfaktor zwischen zehn und unendlich betragen. Natürlich sind diese Verhältniszahlen für die Trockenheit teilweise so hoch, weil so wenig und an einigen Stellen überhaupt kein Regen fällt. Logischerweise möchte man daher auf Regen hoffen, der von Menschenhand stammt und den Bedarf an Wasser deckt. Aber sogar in den nassesten Teilen der Sahara ist die Luft so trocken, daß – abgesehen von der Hitze – die Verdunstungsraten die höchsten der Welt sind und doppelt so hoch wie in den Wüsten Kaliforniens und Australiens. Die relative durchschnittliche Luftfeuchtigkeit beträgt 30 Prozent, es wurde aber auch schon ein Wert gemessen, der bei 2,5 Prozent lag. In der Sahara ist nicht nur der Boden, sondern auch der Himmel durstig.

Jedenfalls füllen sich die tiefen Wasserreservoirs nur sehr langsam auf, wenn überhaupt. Sie enthalten zumeist fossiles Wasser, das vor langer Zeit abgelagert wurde, als die Sahara noch keine Wüste war. Das Wasser, das Sollah und ich tranken, war vielleicht 5000 Jahre alt. Im westlichen Ägypten ist Brunnenwasser möglicherweise fünf- oder sechsmal so alt. Mein Vergleich mit Kalifornien war nur zum Teil korrekt, weil die Bewässerungssysteme in der dortigen Wüste zum großen Teil aus den Flüssen und Wasserspeichern gespeist werden – also aus Oberflächenbeständen, die kurzfristig wieder erneuert werden können. Man kann daher Verluste hinnehmen: Während der Dürre ändert man die Gesetze, wartet und trinkt dann wieder. Mit dem Wasser im Schoß der Sahara verhält es sich anders: Wenn man es aus der Tiefe pumpt, ist es für immer verloren. Wie Erdöl kann man es nicht erneuern.

Ein anderes Problem ist, daß, trotz der großen Vorräte, nur ein kleiner Teil des Wassers ohne großen Aufwand entnommen werden kann. Es gibt viele Gründe dafür: etwa das Sinken des Grundwasserspiegels, der Verlust des artesischen Drucks, die Bohrkosten, die Kosten des Pumpens und der zunehmende Salzgehalt des Wassers. Leute mit Umweltbewußtsein ermahnen dazu, die Anlage von neuen Brunnen gut zu durchdenken und das Wasser sparsam zu verwenden. Sie sprechen von »tatsächlicher Ertragserhaltung« – was bedeutet, daß das

Entnommene in irgendeiner Form auch wieder zurückgegeben werden muß. Sie behaupten, daß ein Wasserreservoir wie ein Bankkonto sei – wenn man es plündert, dann nur, um es schließlich auch wieder aufzufüllen. Sie warnen vor unkontrollierter Ausbeutung und sprechen davon, daß das bittere Ende schon im Jahre 2025 kommen könnte.
Ihre Ratschläge aber bleiben unbeachtet. Die Sahara-Bewohner sind so unersättlich wie der Rest der Menschheit. Sie träumen von einer grünen Welt. Grün ist die Farbe des Islam. Im heutigen Algerien haben die Revolutionäre geschworen, die Wüste in einen Garten zu verwandeln, was sie natürlich nie schaffen werden.

# 14.
# Die Safari

Die »Safari« traf bei Tagesanbruch, als sich die Luft schon etwas erwärmt hatte, in In Salah ein. Es war ein großes Transportfahrzeug, ein Mercedes mit einem Laderaum von drei Tonnen, der durch das Hinzufügen einer kleinen Tür an der Vorderseite und Sitzreihen an den beiden Fensterseiten für die Passagiere umfunktioniert worden war. Die Fenster waren so schmutzig, daß man nicht mehr durchsehen konnte. Eine Leiter an der Rückseite führte zu einem Gepäckständer auf dem Dach. In der Führerkabine saßen Fahrer und Beifahrer in selbstgefälliger Isolation und rauchten. Sie waren so abgeklärt wie Piloten, die einem Unwetter entgegenfliegen. Der Zustand des Fahrzeugs – seine verbeulten Stoßstangen, die rissigen Windschutzscheiben und die mit Draht festgebundene Kühlerhaube – wiesen auf die Unannehmlichkeiten hin, die uns bevorstanden. Aus dem Motor tropfte Öl.

25 Fahrgäste stiegen ein, der Wagen war voll. Die Luft im Inneren war stickig. Wir saßen dichtgedrängt auf Metallbänken und musterten uns gegenseitig – die für Wüstendurchquerungen typische Ansammlung von verschlossenen, schmutzigen Männern. Die einzige Frau im Wagen war eine unverschleierte Frau aus Mali, die ein Baby an die Brust drückte, das wegen der anstrengenden Fahrt, die ihm bevorstand, kaum noch einen Laut von sich gab. Mutter und Kind wurden von zwei Männern in schmutzigen Gewändern und *chèches* begleitet. Ich erfuhr später, daß sie in der Nähe von Timbuktu zu Hause waren, jahrelang in Libyen gearbeitet hatten und sich nun in ihre Heimat durchschlugen. Die anderen Passagiere waren Arbeiter und Händler, Schwarzafrikaner, die durch die Sahara in

den Süden nach Niger, Burkina Faso und an die Elfenbeinküste heimkehrten. Nur die Armen reisten auf diese Weise. Der Kontrolleur zählte die Passagiere schnell ab und verschloß dann den Wagen von außen.
Es gab nun keine Straße mehr, nur die von Wagenspuren durchfurchte Wüste. Der erste Stoß riß uns von den Sitzen. Einige der Passagiere lachten. Der nächste Stoß schleuderte uns gegen die Decke. Der Spaß war zu Ende. Einem der jungen Männer wurde beim Herunterfallen die Ecke eines Sitzes in die Rippen gerammt, er schrie vor Zorn und Schmerz auf, sein Schreien aber war umsonst. Der Fahrer konnte ihn nicht hören, und es wäre ihm wahrscheinlich auch schnuppe gewesen. Er fuhr völlig rücksichtslos. Weil wir das Gelände, das vor uns lag, von unseren Plätzen aus nicht sehen konnten, wußten wir nie, wann der nächste Stoß kam. Wir kauerten uns zusammen und klammerten uns verbissen an die Lehnen unserer Sitze, um keinen Schaden zu erleiden. So ertrugen wir die langsam zerrinnende Zeit. Man stelle sich vor, zugleich geblendet und geschlagen zu werden und vor Hitze zu verschmachten.
Alle paar Stunden hielten wir an, um eine Pause zu machen. Dann schloß der Kontrolleur die Tür auf. Die Frau blieb mit ihrem Kind im Wageninneren sitzen. Die Männer tauchten ins grelle Sonnenlicht, verteilten sich in der Wüste, kehrten dem Wagen den Rücken und knieten sich sittsam nieder, um zu pinkeln. Sand und Felsen dehnten sich mit gnadenloser Klarheit bis zum Horizont aus. Die eigentliche Sahara aber bestand in einer bunt durcheinander gewürfelten Gruppe von Afrikanern im Inneren unseres Lastwagens, im Gestank ihrer ungewaschenen Körper, in den giftigen Abgasen des Dieselmotors. Den ganzen Tag über schwitzten wir und wurden herumgestoßen. Die offenen Seitenfenster, die sich weit über der Augenhöhe befanden, ließen Staubwolken herein. Als ich wieder einmal von meinen Sitz in die Höhe geschleudert wurde, sah ich eine Mercedes-Limousine, die sich mühsam ihren Weg

nach Süden erkämpfte. Das Gelände stieg an. Am Nachmittag urinierten wir bereits an einem Bergabhang.
Die Strapazen der Fahrt brachten die Passagiere für eine Zeitlang näher zusammen. Zuerst waren wir uns einig in unserem Haß auf den Fahrer, dann teilten wir unseren Proviant untereinander auf. Die Nacht verbrachten wir in einer Schlucht namens Arak, einem Nadelöhr, durch das der ganze *Transsaharienne*-Verkehr hindurch mußte. In Arak gab es ein Rasthaus – ein Café und ein paar der traditionellen Strohhütten namens *zeribas.* Das Rasthaus wurde von einem runzeligen, ausgemergelten Franzosen mit tiefbrauner Hautfarbe geführt. Er hatte ein neckisches Halstuch und sagte, daß er fünfunddreißig Jahre lang als Lehrer in Algerien gelebt und sich dann hier in Arak niedergelassen habe. Um die erste und zweite algerische Revolution würde er sich einen Scheißdreck scheren. Er hielt mich für einen Abenteurer und Idioten. »Sie nehmen sich besser eine *zeriba*«, meinte er, »es wird heute nacht eisig. Diese Afrikaner können überall schlafen. Ich auch, weil ich lange genug hier gelebt habe.« Er schaute mich mit zusammengekniffenen Augen kritisch an. »Aber Sie – Sie würden ja nicht mal die Nacht überleben!«
Ich konnte es mir gerade noch verkneifen, ihm das Gegenteil zu beweisen, mietete eine *zeriba* und zahlte ihm den Gegenwert von drei Dollar, sechsmal soviel wie normal. Er strich das Geld ein und ließ mich dann allein. Wir sprachen nicht mehr miteinander.
Ich lieh mir eine schmuddelige Decke von seinem Gehilfen, einem kleinen algerischen Ganoven, der ständig grinste. »Passen Sie auf Ihren Koffer auf«, sagte er. »Die Nigger klauen alles!« Der Kerl wollte mit mir französische Francs tauschen oder mir meinen Rasierapparat oder meine Armbanduhr abkaufen. Er wollte, daß ich ihm Batterien schenke – er war wirklich auf alles scharf. Ich sagte ihm, daß ich nichts für ihn hätte, so daß er schließlich das Interesse verlor und sich trollte.

Einer der Männer aus Mali riet mir davon ab, das Couscous zu essen. Er sagte, daß es vor Tagen gekocht worden sei. Das Café in Arak war in der ganzen Wüste dafür bekannt, daß es seine Gäste krank machte. Die Männer aus Mali luden mich zum Tee ein. Ich gab ihnen, was ich an Eßbarem noch übrig hatte, nämlich zwei Orangen, und verschwand dann in meiner *zeriba*. In meine Decke gehüllt, lauschte ich dem Wind, der in den Strohwänden raschelte.

Am nächsten Morgen sah ich die *Transsaharienne* von einem Hügel aus. Wir hatten kurz angehalten, um eine Pause zu machen. Es war acht Uhr, Stoßzeit auf der »Wüstenautobahn«. Eine leere Senke, die 20 Meilen vom einen zum anderen Ende maß, dehnte sich mit einem Gewirr von Spuren unter uns aus. In weiter Ferne kroch ein Ferntransporter im Schneckentempo in nördlicher Richtung und wirbelte dabei Staubwolken auf.

Am Nachmittag blieben wir plötzlich stehen. Der Motor heulte auf. Der Kontrolleur dachte nicht daran, uns zu befreien. Wir stellten uns auf die Sitze und blickten hinaus. Ein Sattelschlepper mit Anhänger, der vor uns ein *oued* durchquerte, steckte bis über die Reifen im Schlamm. In den Bergen war Regen gefallen, was im Herbst eine Seltenheit ist. Der *oued* sah trocken aus, war es aber nicht. Die Fernfahrer versuchten nun, ihn auszugraben.

Ich fand, daß wir anhalten sollten, um ihnen zu helfen, ihnen wenigstens eine Mitfahrgelegenheit anzubieten oder ihre Wasservorräte nachzusehen. Aber kein Wort wurde gewechselt. Als wir den Schaden inspiziert hatten, wählten wir einen anderen Übergang und schaukelten und schlitterten mit einem Affenzahn durch den Schlamm. Als wir wieder auf festem Boden waren, zögerten wir nur einen Moment, bevor wir in südlicher Richtung weiterfuhren. Den steckengebliebenen Fahrern, die ihre Schaufeln abgesetzt hatten, um zu schauen, schien es nichts auszumachen.

# Teil II
# Im Mittelpunkt steht ein Krieg

# 15.
# Tamanrasset

Dies ist eine Wüste der Superlative: trockener, unerbittlicher und wilder als die anderen, eine Leere aus steinigen Becken und kahlen vulkanischen Gipfeln, von Kuppen, Kegeln aus Schlackenstein und zerklüftetem schwarzem Fels. Das Land ist so faszinierend wie ein nächtlicher Sternenhimmel. Die Felsschluchten geben ihm Tiefe, die Nomaden Niveau. Gefesselt vom Drama der Verödung und der Ferne, kann man das Land stundenlang betrachten. Unweigerlich bekommt man dabei ein Gefühl für Afrika, für die Anfänge der Menschheit und gemeinsame Geschichte. Dann wendet man sich um und erblickt Tamanrasset.

Tamanrasset ist keine Oase, hat keine Palmengärten, wenig Bäume und wenig Wasser. Beinahe 1500 Meter über dem Meeresspiegel, im Hoggar-Gebirge, wird das Unvorstellbare möglich. 45 000 Menschen leben in den Bauten aus Lehmziegeln, die in einem ausgetrockneten Flußbett verstreut sind. Man kann in fünfzehn Minuten vom einen Ende der Stadt zum anderen gehen und in einer Stunde um den ganzen Ort herum. Von Fernreisen erschöpfte Lastwagen schwanken durch die Straßen. Die Frauen verschwinden, wenn sich Fremde nähern. Tuareg in Zweier- oder Dreiergruppen ziehen langsam auf ihren Kamelen vorbei, oder sie stolzieren auf den Gehwegen an einem vorüber. In den trostlosen Cafés schlagen Soldaten die Zeit tot.

Es gibt wenig Städte auf der Welt, die so fern von allem sind: In Tamanrasset gibt es keine Telefonverbindung, keine gute Straße und keinen anständigen Postdienst. Wenn man will, kann man aber das nationale Fernsehprogramm empfangen.

Das Grundwasser ist so knapp, daß neue Haushalte nicht an das kommunale System angeschlossen werden und in alten Haushalten das Wasser strengstens rationiert wird. Die Mittelschicht lebt von den Lieferungen privater Wassertankwagen, die das Wasser von fernen Brunnen herbeischaffen. Die Armen müssen mit dem Wasser knausern. Einmal gab es einen Plan, das Wasser über Hunderte von Meilen mit einer Pipeline von In Salah herzuholen, nun aber rechnet keiner mehr damit. Trotz allem wächst Tamanrasset rapide an.

Zum Teil sind Unruhen im Sahel, der dürren Savanne am südlichen Rand der Sahara, dafür verantwortlich. Unruhen ökologischer und politischer Natur: wiederholte Trockenperioden haben uralte Feindschaften neu aufflammen lassen. Eine Rebellion ist ausgebrochen, die weite Teile der zentralen Sahara erfaßt hat, bei der Berber- und Tuareg-Separatisten den neuen nationalen Mehrheiten der Schwarzafrikaner von Niger und Mali feindlich gegenüberstehen. Dies hat natürlich kaum etwas mit der islamischen Revolution im Norden zu tun.

Flüchtlinge aus allen Konfliktlagern dringen durch die Sahara zu den internationalen Grenzen vor und schlagen ihre Notlager im Umkreis von Meilen um Tamanrasset herum auf. Niemand weiß, wie viele da draußen sind. Sie leben in Hütten aus Schrott und ausrangierten Armeezelten, die sehr schnell die Farbe der Erde annehmen. Wie bei allen illegalen Einwanderern sehen sich die Männer nach einem Tagesjob um, und die Frauen arbeiten als Wäscherinnen. Die Kleinsten laufen nackt und hungrig herum. Zerlumpte Jungen schleichen sich in die Stadt ein und verkaufen auf der Straße Zigaretten oder klauen in den Läden. Es gibt für sie keine Schulen und keine Ärzte. Das ist von oben so gewollt. Tamanrassets Polizeiinspektor sagte einmal zu mir: »Die Dürreperiode ist vorüber, es wird Zeit, daß sie wieder gehen.« Die Flüchtlinge sind allerdings anderer Meinung.

Der andere Grund für Tamanrassets Wachstum ist kommerzieller Art; hier werden Waren durchgeschleust, die man billig eingekauft hat und teuer wieder verkauft. Tamanrasset befindet sich in der Mitte der Sahara, mit dem Norden ist es durch einen 1200 Meilen langen Abschnitt der *Transsaharienne* verbunden. Es ist der Knotenpunkt in einem Netz von Handelswegen, die auf keiner Karte eingezeichnet sind und tief nach Mali, Niger und Libyen hinein reichen. Weil die einheimischen Währungen kaum internationalen Wert haben und die »harten Währungen« rar sind, beruht der Handel zum größten Teil auf Tausch. Händler aus Tamanrasset exportieren algerische Lebensmittel und Vieh und tauschen sie für schwer aufzutreibende Gebrauchsgüter, wie zum Beispiel Auto-Ersatzteile, elektronische Geräte und Feuerwaffen ein. Statt von Karawanen werden die Waren mit Lastwagen transportiert. Es ist schwierig, Einfuhrzölle und gierige Staatsbeamte zu umgehen. Ernsthafte Gefahren lauern ihnen auf: rebellierende Tuareg, Banditen, Autopannen und Tod durch Verdursten. Gemessen an internationalen Maßstäben des Schmuggels ist ihr Profit gering. Auch wenn man es den schlichten Lehmfassaden ihrer Wohnungen nicht ansieht, bringen es die Händler fertig, ihre Familien in Tamanrasset mit einem gewissen Luxus zu versehen. Sie haben ihre Kontakte in so weit entfernten Orten wie Lagos, Accra und Dakar. Tamanrasset wird von Krieg und Hungersnot bedroht, aber es behauptet sich. Die Sahara-Bewohner nennen es das neue Timbuktu.

Ich war schon früher mit dem Flugzeug dort gewesen und hatte geglaubt, den Ort zu kennen. Erst jetzt aber, als ich gerädert und erschöpft nach wochenlanger Überlandfahrt vom Norden hier ankam, wurde mir das Ausmaß seiner geographischen Isolation bewußt. Die »Safari« fuhr bei Sonnenuntergang in der Stadt ein und kam nach einem abschließenden Rattern des Motors zum Stillstand. Ich nickte den Maliern noch einmal zu,

die sich auf den Weg zu den Flüchtlingslagern in der Umgebung machten. Mit dem Koffer auf der Schulter ging ich über den Kamelmarkt zur Stadtmitte.
Ein kleines Fort aus Lehmziegeln, das aus dem Ersten Weltkrieg stammt, ist Tamanrassets ältestes Gebäude. Die Mauern sind mit Zinnen versehen. Es sieht wie die Kulisse zu einem Film über die Fremdenlegion aus und wurde von Charles de Foucauld erbaut, einem französischen Aristokraten und Offizier, der in der Wüste zum Einsiedler wurde. 1905 zog er nach Tamanrasset, um unter den feindlichen Tuareg zu leben.
Foucauld war ein frühes Beispiel des modernen Besuchers, der vor der Zivilisation flieht. Er landete in der Wüste aus Gründen, die mehr mit seiner eigenen Situation und mit Europa als mit denen zu tun hatten, denen er angeblich helfen wollte. Tamanrasset war damals ein völlig unbedeutendes Feldlager in den Bergen, das aus ein paar Schilfhütten bestand, die um einen Brunnen herum errichtet waren. Foucauld wählte es aus, weil es so abgeschieden und armselig war. In seinem Tagebuch schreibt er: »Es erscheint unmöglich, daß hier jemals eine Garnison oder ein Telegraph eingerichtet werden könnte oder ein Europäer aufkreuzen würde. Auch wird hier lange keine Mission entstehen. Ich habe diesen Ort gewählt, um Jesus von Nazareth nachzueifern.«
Foucaulds Sehweise war sehr subjektiv. Für ihn war ausschlaggebend, daß seine Wüste weit entfernt war von Frankreich. Seine Tuareg waren für ihn nur gefährliche Wilde, unter denen er seine christlichen Ideale um so besser zur Geltung bringen konnte. Sosehr er auch danach trachtete, bescheiden unter den Eingeborenen zu leben, konnte er doch die allmächtige europäische Zivilisation nicht verleugnen, die hinter ihm stand. Es blieb nicht ohne Folgen, daß er die Macht, die er ausübte, nicht wahrhaben wollte, was schließlich zu seiner Ermordung und den Vergeltungsmaßnahmen der Franzosen führte. Und was noch wichtiger ist, daß er die Verwirrungen

vorwegnahm, unter denen die Wüste heutzutage zu leiden hat. Was macht es da noch aus, daß es Foucauld gut gemeint hat? Er war ein kleiner, asketischer Mann mit starkem Bartwuchs und rückhaltloser Bescheidenheit gewesen. Jahrzehntelang war er unter den härtesten Bedingungen und mit Sandalen an den Füßen durch die Sahara gezogen, obwohl er sich ein Reittier hätte leisten können. Er hatte sich Nahrung und Wein versagt und über Christus nachgedacht statt zu schlafen. Er wollte den Tuareg den Weg zum Katholizismus zeigen und einen neuen asketischen Mönchsorden gründen. Beide Versuche mißlangen. Obwohl er ein vierbändiges Lexikon des Tamashagh, der Tuareg-Sprache, zusammengestellt und Gedichte der Tuareg in zwei Bänden gesammelt hatte, bekehrte er keinen einzigen Mann und keine einzige Frau der Tuareg. Die Tuareg blieben den Brunnen von Tamanrasset fern, um von seinen Predigten verschont zu bleiben. Sein Appell an andere Katholiken, ihm in die Wüste zu folgen, blieb ohne Echo. Seine einzige sichtbare Errungenschaft war das Martyrium, nach dem er sich gesehnt hatte. Er schrieb: »Wenn ich eines Tages von den Heiden getötet würde, was für ein schöner Tod das wäre! Mein liebster Bruder, welche Ehre und Freude wäre es, wenn Gott doch nur mein flehentliches Bitten erhörte!«
Im Ersten Weltkrieg, der den französischen Patrioten in ihm weckte, wurde ihm sein Wunsch erfüllt. Über die Sahara schrieb er nun: »Fortschritt ist nur möglich durch eine *französische*, eine wirklich französische Regierung, an der die Eingeborenen nur teilnehmen dürfen, wenn sie über die französische Staatsangehörigkeit und Bildung hinaus auch wie Franzosen denken!«
Dies könnte man leicht falsch interpretieren. Foucauld war ein Kind seiner Zeit, nicht der unsrigen. Mit seinem Patriotismus gab er nicht seine frühere Spiritualität preis, nur als er mit der Vernichtung seiner Nation in Europa konfrontiert wurde, erweiterte er seine Vorstellung vom richtigen Weg.

Während des Kriegs blieb Foucauld in seiner Schilfhütte in Tamanrasset. Als sie spürten, wie schwach ihre Kolonialherren geworden waren, rebellierten gewisse Verbände der Tuareg. Foucauld fühlte sich persönlich verraten: Wie konnten diese Menschen, seine Brüder, die Liebe und das Verständnis vergessen, das er ihnen entgegengebracht hatte? Die französische Armee hatte etwa 30 Meilen von Tamanrasset entfernt, in den Ebenen am Fuß des Hoggar-Gebirges, Militär stationiert. Foucauld ging dazu über, ihnen Berichte von den Aktivitäten der Rebellen zu übermitteln. Er bot an, ihnen mit militärischem Rat zur Seite zu stehen. Als sich die Rebellion ausweitete, ließ er sich von Einheimischen ein kleines Fort in Tamanrasset bauen, in das er widerstrebend einzog. Nun teilte er die Wüste in gute und böse Tuareg ein und ermutigte die Soldaten dazu, auf Abwege geratene Eingeborene auszuweisen oder in einem Fall sogar hinzurichten. Er bemühte sich aber immer noch, wie ein guter Christ zu leben.

Am 1. Dezember 1916 befand er sich allein in seinem Fort, als jemand an die Tür klopfte. Foucauld fragte, wer dort sei. Eine gedämpfte Stimme erwiderte, daß Post von der Armee für ihn da sei. Foucauld öffnete die Tür und streckte die Hand aus. Er wurde gepackt und gefangengenommen. In katholischen Berichten ist man immer noch wütend über diesen Verrat. In einer ansonsten sehr besonnenen Biographie, die 1972 herausgegeben wurde, schreibt ein Autor: »Der Anführer dieser Schurken war El Madden, um den sich Père de Foucauld besonders liebevoll bemüht hatte. Dieser Neger hatte ein teuflisches, verderbtes Aussehen, sein Schädel und Gesicht sahen aus, als ob sie zusammengequetscht worden wären und er beinahe keine Nase mehr hätte.«

Foucauld wurde gefesselt und auf die Knie gezwungen, während die Rebellen das Fort plünderten. Sie schafften Nahrungsmittel, Waffen und Munition fort und verstreuten Foucaulds kostbare Manuskripte in alle Himmelsrichtungen.

Es gibt verschiedene Versionen von seinem Ende, die alle von Katholiken stammen. Einer behauptet, daß Foucauld beim Kreuzverhör den schreienden Tuareg in der Sprache der Bibel geantwortet habe: »Ich sage euch, wenn das Saatkorn nicht in die Erde fällt und stirbt, bleibt es allein; aber wenn es stirbt, bringt es mehr Früchte hervor. Derjenige, der das Leben liebt, verliert es, und derjenige, der das Leben in dieser Welt haßt, behält es bis in alle Ewigkeit.« In einer anderen Version wird behauptet, daß Foucauld in einer stummen Geste der Verzeihung vor sich hin gestarrt und sich darauf vorbereitet habe, für seine Mörder zu sterben wie Christus für ihn, Foucauld, gestorben war. Was zu ihm passen würde. Möglicherweise hat Foucauld aber auch geschwiegen, weil er wütend und aufgebracht war.

Genau in diesem Augenblick kamen zwei Sahara-Bewohner, die für die Franzosen arbeiteten, auf ihren Dromedaren vorbei. Die Rebellen lauerten ihnen auf und töteten sie.

Vielleicht hatte Foucauld versucht, sie zu warnen, jedenfalls gab sein halbwüchsiger Wächter in der allgemeinen Aufregung einen Kopfschuß auf ihn ab. Foucauld fiel vornüber in den Graben am Fuß der Mauern. Als er sich auf diese Weise aus Tamanrasset entfernte, war er auf dem besten Weg, ein Heiliger zu werden, eine Ehre, die ihm inzwischen auch schon beinahe offiziell zuteil geworden ist.

Nach dem Krieg wurde der Junge, der Foucauld erschossen hatte, gefangengenommen und mit fünf seiner Komplizen hingerichtet. Die Franzosen errichteten ein größeres Fort neben dem von Foucauld und ließen sich dort nieder. Die Tuareg wollten sich auch jetzt nicht bekehren lassen. Der Mönchsorden aber, den sich Foucauld erhofft hatte, wurde 1933 in der Sahara gegründet – eine kleine, selbstlose Gruppe, die sich als »Jesu Kleine Brüder« bezeichnete. Später gesellte sich der ebenso strenge Orden von »Jesu Kleinen Schwestern« dazu. Auf seine alten Tage erwischte es schließlich auch noch den bösen El Madden. Er kam 1944 in Libyen vor ein Kriegsgericht. Tamanrasset bekam einen Telegraphen und einen Flugplatz und wuchs sich zu einer richtigen Stadt aus. Als der Tourismus dort noch florierte, trugen katholische Wallfahrer zum Wohlstand ihren Teil bei. Ich kann mich noch gut an die Frustration der Bewohner erinnern, die sich einerseits über die Geschäfte mit den Katholiken freuten, andererseits aber Foucauld immer noch als Verräter und Spion ansahen.

Heute stehen die beiden Befestigungsanlagen an der Hauptstraße. Die Straße ist gewunden, schattig und gesäumt von ockerfarbenen Häusern aus Lehmziegeln. Ein klarer Himmel bildet den Hintergrund. Das schwarze Felsengebirge zeichnet sich am Horizont ab. Am Abend, wenn sich die Höhenluft abkühlt, kommen die Menschen auf der Straße zusammen, um umherzuschlendern oder sich in die Cafés zu setzen und zu plaudern. Händler schließen ihre Geschäfte über einem Glas heißen Tees ab. Afrikanerinnen in bunt bedruckten Gewändern balancieren anmutig ihre Tragkörbe auf dem Kopf. In kleinen Läden werden Textilien, Eisenwaren und Schmuck der Tuareg feilgeboten. Der Markt von Tamanrasset ist gut in Schuß. In dieser Wüstenstadt gibt es auch ein Kino und Arkaden vor dem Postamt.

Die Straße ist nicht von selbst entstanden. Während des Touristenbooms wurde ein deutscher Architekt hierher beordert, um dem Ort den letzten Schliff zu geben. Er blieb fünf Jahre. Nun kritisieren die Stadtbewohner seine Einmischung. Besonderen Anstoß erregen ein grell buntes Verwaltungsgebäude im nachempfundenen Sahara-Stil und ein öffentlicher Platz mit Zementsäulen, die keinen Schatten werfen. Den Mittelpunkt des Platzes – in dieser Stadt ohne Wasser – bildet ein Brunnen. Er wurde nie angeschlossen und hatte sich allmählich mit Abfall gefüllt.

Den einheimischen Architekten, den man dazu ausersehen hatte, die Stadt vor weiteren Bausünden zu bewahren, ist mit Achtunddreißig einer der angesehensten Männer von Tamanrasset. Er heißt Salah Addoun. Ein großer, athletischer Mann mit kurzgeschorenem schwarzem Haar, einer dunklen Haut wie die Berber und einem Charme, mit dem er sich viele Freunde macht. Er ist jedoch nicht sehr anpassungsfähig, man könnte ihn auch einen Traditionalisten nennen. Nach westlichen Maßstäben ist er ein muslimischer Fundamentalist. Ich kenne Addoun seit Jahren und habe aufgehorcht, als er im Lauf der Jahre immer überzeugter von seinem Glauben wurde.
Auf der jetzigen Reise traf ich ihn zufällig in Gesellschaft seiner Freunde in der Stadtmitte. Wir umarmten uns, und er bestand darauf, daß ich wie früher bei ihm in der Wohnung, die seinem Onkel gehörte, übernachtete. Er fragte mich nicht, warum ich nach Tamanrasset gekommen sei oder wie lange ich bleiben würde. Ich erwähnte, daß ich mit der »Safari« gekommen sei. Er machte nicht viel Aufhebens davon. Er schleppte mich zu einer Hochzeit mit, wo wir uns mit Bekannten von früher die ganze Nacht über unterhielten und dabei auf die Nachricht vom Vollzug der Ehe warteten.
Als ich am nächsten Morgen mit Addoun durch die Stadt ging, erwähnte ich, daß ich seine Hilfe brauchte. Ich war auf der *Transsaharienne* unterwegs nach Süden, nach Niger, wollte aber zuerst noch einen Abstecher nach Osten, in die entlegensten Winkel der Sahara entlang der libyschen Grenze machen, wo die Felsenklippen und Felsüberhänge eine der größten Sammlungen von Felsbildern aus der Jungsteinzeit bergen: eine halbe Million Gravuren und Felsmalereien, die 8000 Jahre in der Entwicklungsgeschichte der Sahara festhalten.
Addoun sah bestürzt drein. »Ich nehme dich lieber morgen zu den Felsbildern hier in der Nähe mit.«
Ich bestand auf dem Osten. »Ich dachte, daß du jemanden wüßtest, der dorthin fährt.«

»Hast du von den Unruhen unter den Tuareg gehört?«
Ich nickte. »Sie sind aber in der entgegengesetzten Richtung – in der Nähe von Gao und Timbuktu.«
»Wir hatten schon Überfälle in unmittelbarer Nähe von Tamanrasset.«
»Wer war davon betroffen?«
Er zuckte mit den Achseln. Bei einem Raubüberfall wurde jemand hinter dem Flughafen ermordet. Ein anderer auf dem Weg aus der Stadt.
Ich sagte, daß ich nicht vorhätte, allein zu reisen.
Addoun war schließlich bereit, sich nach einer Mitfahrgelegenheit für mich umzuhören.
Seit meinem letzten Besuch waren beinahe zwei Jahre vergangen. Addoun wartete immer noch auf die offizielle Genehmigung, die es ihm gestatten würde, das erste unabhängige Architekturbüro der Stadt zu eröffnen. Mittlerweile arbeitete er für die Baufirma seines Onkels. Er nahm mich zu seinem Büro mit, um mir die Pläne für ein Haus zu zeigen, das er in Tamanrasset für den algerischen Konsul im nigrischen Agadez gebaut hatte. Addouns Büro war immer noch der kleine Raum aus Zement, den er zuvor innegehabt hatte; ein lautes, staubiges Zimmer mit einer abgeschrägten Schulbank und einer nackten Glühlampe. Obwohl Addoun oft durch Fragen von der Arbeitsgruppe im Hof gestört wurde, arbeitete er dort, ohne sich zu beklagen. Seine Bauten waren Kunstwerke – streng und ausgewogen in den Proportionen, aus stuckiertem Lehm. Sie waren der Wüste völlig angepaßt, in der sie standen. Manchmal ging es mir durch den Sinn, daß er auch in Arizona oder New Mexiko Karriere machen würde – aber dann verwarf ich die Idee wieder. Wir gingen die Straße entlang zu einem Haus, das gerade gebaut wurde. Dort zeigte er mir einen Plan von den Stockwerken, deren Zweck hauptsächlich darin bestand, Männer und Frauen getrennt zu halten.
Addoun war kein Kostverächter. Als junger Mann hatte er

sich mit vielen Frauen eingelassen, romantischen Europäerinnen, die nach Tamanrasset flogen, um es mit den Einheimischen in der Wüste zu treiben. »Ach«, sagte er lachend zu mir, »wenn die Steine reden könnten!«

Inzwischen war er allerdings strenger geworden. Spät am Nachmittag kochten wir uns in der Wüste vor der Stadt Tee. Die Heirat vom Vortag beschäftigte ihn. Er sagte: »Diese Hochzeiten muß man ernst nehmen!«

»Du siehst besorgt aus, Salah!«

Er schaute geistesabwesend in die Ferne. »Natürlich macht man sich Gedanken darüber, ob die Braut bereits ihre Unschuld verloren hat. Was man auch immer im Familienkreis glaubt, man kann nie sicher sein bis zur Hochzeitsnacht.«

»Kommt es auch manchmal vor, daß sie keine Jungfrau mehr ist?«

»O ja, es kommt manchmal vor.«

»Und was geschieht dann?«

»Eine ernste Angelegenheit, die möglicherweise bedeutet, daß die Heirat ungültig ist. Hast du bemerkt, wie nervös der Bräutigam gestern nacht war?«

Ich sagte, daß ich es nicht bemerkt hätte. »Hat er wegen seiner Braut Bedenken gehabt?«

Addoun nickte. »Während der Feierlichkeiten haben ihm seine Freunde Mut gemacht. Natürlich hatte er auch noch andere Sorgen. Der Bräutigam muß auch die Braut sexuell befriedigen, muß sich als Mann beweisen, bevor die Nacht vorüber ist.«

»Kommt es auch vor, daß er nicht kann?«

»Bei manchen Hochzeiten müssen die Familien zwei oder sogar drei Tage lang warten.«

Addoun hatte alles noch vor sich. Seine zukünftige Ehefrau, eine entfernte Kusine, die bei ihren Eltern in In Salah lebte, hatte er sich schon ausgesucht und sich mit ihr auf das schwierige Unterfangen eingelassen, ein formelles Verlöbnis zu schließen. Als standesbewußter Mann aber wollte er vor der Hochzeit noch sein eigenes Büro eröffnen und sich ein Haus bauen. Er wartete nur noch auf seine Zulassung als Architekt.

»Meine Verlobte hat Verständnis dafür«, sagte Addoun, »ich habe Glück, sie ist sehr geduldig und schreibt mir regelmäßig.«

»Natürlich«, sagte ich vorsichtig.

Zu meiner Überraschung zog er seine Brieftasche heraus und holte einen Schnappschuß von ihr heraus: eine junge, sympathische Frau mit lockigem Haar und einem offenen Lächeln. Ich nickte ohne Kommentar.

Addoun steckte das Bild wieder weg und erwähnte, daß er es noch niemandem zuvor gezeigt hatte. Er nannte mich seinen Bruder und lud mich im voraus zu seiner Hochzeit ein. Ich nahm seine Einladung verlegen an, weil ich wußte, daß ich seine Braut nie kennenlernen oder ihren Namen erfahren würde. Er nannte mich seinen Bruder, obwohl er wußte, daß ich es nicht war. Wahrscheinlich erschien ihm meine Verlegenheit wie Kritik. Da er ein einfühlsamer Mensch war, wollte er unsere kulturellen Unterschiede zugeben, ohne dabei meine Gefühle zu verletzen. Er erzählte mir also von einem politischen Skandal, der Tamanrasset erschüttert hatte: In einem verspäteten Versuch, den Tourismus anzukurbeln, war von seiten der Regierung für die Stadteinfahrt die Statue eines Tuareg-Kriegers in Auftrag gegeben worden. Addoun und andere Mitglieder des Stadtplanungskomitees hatten dagegen Einspruch erhoben. Trotzdem hatte die Regierung das Fundament für die Statue gelegt. Um sich Unterstützung bei den Bürgern zu holen, gingen die Stadtplaner auf die Straße. Weil sie mit schwerwiegenden Unruhen rechnete, machte die Regierung schließlich einen Rückzieher.

Addoun wußte, daß ich ihn fragen würde, warum er sich darüber aufgeregt habe. Er erklärte mir, daß im Islam Bilderverbot herrsche – eine Tradition, die ihren Ursprung in Mo-

hammeds Kreuzzug gegen den Götzendienst im heidnischen Arabien hat.
»Aber es handelte sich dabei doch nur um die Statue eines Tuareg«, wandte ich ein. »Was hat das denn mit Götzendienst zu tun?«
Addoun erwiderte: »Weißt du, unsere Traditionen wurzeln tief.«

Mit Addoun und seinen Freunden verbrachte ich den Abend. Im Innenhof des Hauses, das Addouns Onkel gehörte, sahen sie sich unter freiem Himmel einen Film im Fernsehen an. Wir hatten es uns auf Kissen bequem gemacht und verzehrten Orangen. In einem französisch synchronisierten amerikanischen Film war ein mit einem Bikini bekleideter Filmstar am Strand zu sehen.
Ich fragte Addoun, ob er fand, daß sie eine Hure sei, weil sie sich so zeigte?
Er grinste mich an. »Wegen des Bikinis?«
»Der Islam verbietet das.«
»Unseren Frauen, nicht euren!«
»Worin liegt der Unterschied?«
»Daß es sich um völlig verschiedene Kulturen handelt.«
Vielleicht wollte er das Thema zu wechseln, weil er dann sagte: »Man kann amerikanische Filme an den Autos erkennen.«
Ich deutete auf den Bildschirm. »Das ist aber ein Volkswagen!«
»Es kommt darauf an, wie sie die Autos zeigen – sie preisen sie an. Ich möchte wetten, daß es zu einer Verfolgungsjagd kommt!«
Was auch wirklich der Fall war.
Er sagte: »In französischen Filmen wird die Eßkultur angepriesen. Es kommt dort immer eine Szene vor, in der die Hauptdarsteller zu Abend essen.«

Er überlegte eine Weile. »Und in arabischen Filmen zeigen sie Hochzeiten.«
Es war kein fröhlicher Abend. Addouns Nachbar war in der Wüste umgekommen: ein junger Mann namens Boucenna, der eine Mitfahrgelegenheit bekommen hatte, um über die *Transsaharienne* nach Süden, nach Niger, zu reisen. In der Nähe der Grenze blieb der Wagen liegen. Der Fahrer ließ sich von einem vorbeifahrenden Lastwagen nach Tamanrasset zurückbringen, um ein Ersatzteil zu holen. Er ließ Boucenna zurück, um auf seinen Wagen aufzupassen. Boucenna kannte sich in der Wüste aus. Da er Wasser dabei hatte, hätte er beruhigt sein können. Schon nach ein paar Stunden Einsamkeit aber hatte er sich zu Fuß auf den Weg gemacht. Er war zwölf Meilen weit gekommen, bevor er zusammengebrochen und verdurstet war.
»Er muß in Panik geraten sein«, sagte ich.
Addoun schüttelte den Kopf. »Boucenna war kein Feigling und er war nicht dumm. Aber für jeden Menschen gibt es zwei Zeitpunkte, die unausweichlich sind, der Zeitpunkt der Geburt und der des Todes. Boucenna machte sich auf den Weg, weil seine Zeit gekommen war.«
Ich stutzte. »Du meinst, daß eines jeden Ziel der Tod ist.«
»Ich will damit sagen, daß die Lebenszeit eines jeden Menschen vorherbestimmt ist.«
Wir ließen es offen, weil sich der Glaube logischen Argumenten entzieht. Die Welt ist nicht so klein, wie sie auf dem Fernsehschirm erscheint.
Addouns eigener Vater, der aus In Salah stammte, war in der Wüste umgekommen. Er war Schalterbeamter der Air France gewesen und hatte sich während des Unabhängigkeitskrieges gegen die Franzosen gewandt, die ihn ins Gefängnis steckten. Als er 1962 wieder frei war, hatte er sich mit fünf Freunden, die sich in der Wüste auskannten, von In Salah zu einer zwei Tage entfernten Oase aufgemacht. Die Route war nicht mar-

kiert. Sie verfehlten ihr Ziel, bemerkten, daß sie sich verirrt hatten und fuhren immer weiter, bis sie keinen Sprit mehr hatten. Addouns Vater schrieb Abschiedsbotschaften auf seine *chèche*. Er lebte noch einen Monat – und war der letzte, der seinem Durst erlag. Einen Tag später entdeckte man die Leichen. Addoun war damals erst sechs Jahre alt gewesen.

So war Addoun also ein Sohn der Wüste. Er wuchs in einer faszinierenden Landschaft auf und fing später selbst an, in ihr herumzureisen. Einmal machte er sich in der Abenddämmerung auf den Weg, um der Tageshitze zu entgehen. Nachdem er die ganze Nacht hindurch gefahren war, traf er auf Lichter und stellte fest, daß er wieder dort angelangt war, von wo er aufgebrochen war. Er schloß daraus, daß Gott ihn noch nicht dazu ausersehen hatte, zu sterben. Wenn das schwer zu begreifen ist, kann man den Begriff »Gott« auch durch »Sahara« ersetzen.

Vor nicht langer Zeit fuhr Addoun mit einem Wüstentaxi in südwestlicher Richtung durch die Sandwüste, von Golea zu einem Dorf namens El Homr. Einer der Passagiere fragte den Fahrer: »Wohin fährst du?«

»Nach El Homr.«

Der Passagier sagte: »Nein, nach El Homr muß man jenem Stern folgen!« Er deutete nach links. Der Fahrer war sich nicht sicher. Der Passagier ergriff das Lenkrad und folgte sicher dem Stern nach.

Das ist die Welterfahrung der Nomaden – und sie bedarf einer umfassenden Kenntnis des Landes und der Sterne. Ein alter Wüstenbewohner der Sahara erklärte es mir folgendermaßen: »Ja, bei Nacht führen uns die Sterne und bei Tag das Wissen von der Wüste – von dieser Erde, diesem Baum, dieser Ruine, diesen Spuren und diesem bestimmten Winkel der Schatten vor Sonnenuntergang. Es wird vom Vater auf den Sohn vererbt und im Freundeskreis spricht man darüber.« Wir diskutierten eine Piste über 1000 Meilen Länge, die durch die offene Wüste führte, wo einem der Kompaß nicht viel hilft und Fehler um so gravierender sind, weil man sie zuerst gar nicht bemerkt.

Selbst auf den Hauptrouten durch die Wüste ist die Orientierung eine heikle Angelegenheit. Die Spuren sind verwirrend, verwischt oder durch Schmutz und Sand undeutlich geworden. Die Verwirrung beginnt, wenn ein Fahrer steckenbleibt, ein anderer die weichen Stellen umfährt und dabei neue Spuren legt. Weitere folgen, versinken ebenfalls und suchen sich neue Wege. Der »Oregon Trail« verwischte sich einst auf dieselbe Weise. In der Sahara hinterläßt jeder Lastwagen, jedes Auto und jedes Motorrad seine eigene Spur. Einige kürzen ab, andere fahren Umwege. Die Leute verirren sich auf abenteuerliche Weise. Dies wiederholt sich im Laufe der Jahre, bis die Routen aus unklar umrissenen Radspuren bestehen, die kreuz und quer laufen. Routen können 20 Meilen breit sein. Auch Banditen, Schmuggler und Armeepatrouillen hinterlassen ihre Spuren. Sich kreuzende Routen führen zu unbekannten Zielen. Aus der Luft besehen, ergeben die Spuren vielleicht noch einen Sinn, auf der Erde sind sie hoffnungslos verwirrend. Die Menschen folgen ihnen, bis sie zugrunde gehen.

Besorgt wegen der vielen Fahrer, die sich in der Wüste verirren, ließ die algerische Regierung an den Hauptrouten im Abstand von zehn Kilometern oder sechs Meilen Stahlmasten einrammen. Das ist eine große Entfernung, was bedeutet, daß sich Fahrer nach wie vor dort verirren. Um die *Transsaharienne* südlich von Tamanrasset zu markieren, hat die Regierung ein sichereres Verfahren ausgearbeitet, weil dort die meisten Unfälle passieren. Dort war auch Addouns Nachbar Boucenna umgekommen. 260 Meilen weit senkt sich die Straße durch gräßliches Ödland bis zur nigrischen Grenze. Es gibt keine Brunnen und keine natürlichen Orientierungspunkte. Die Fahrer brauchen oft Tage, um durchzukommen. Während meines ersten Aufenthalts in Tamanrasset war die

Route gerade mit 451 weißen Betonpfeilern markiert worden, einer für jeden Kilometer von Tamanrasset bis zur nigrischen Grenze. Addouns Onkel hatte den Auftrag bekommen und ließ seinen Neffen das Projekt ausführen. Addoun verließ Tamanrasset zu Fuß. Ihm folgte eine dreiköpfige Mannschaft in einem Geländewagen mit Versorgungsmaterial und Geländekarten. Über zwei Wochen lang brauchte Addoun, um die ganze Strecke abzuschreiten. Er vermaß 30 Kilometer pro Tag und rammte die Pfähle in den vorgeschriebenen Abständen in den Boden. Er verhielt sich dabei so zwanglos wie andere bei einem Wochenendausflug und brauchte keine Landvermesser oder Markierungsfähnchen. Nachdem er die Pfeiler gesetzt hatte, kehrte er nach Tamanrasset zurück, scharte eine größere Mannschaft um sich und machte sich in Lastwagen mit stählernen Gußformen erneut auf den Weg. Es brauchte weitere drei Monate, um den Beton in die Formen zu gießen.
Ich erinnerte mich wieder an seinen Vater und fragte Addoun, ob der Gang eine Art Wallfahrt gewesen sei.
Er lächelte und erwiderte, daß er die körperliche Ertüchtigung gebraucht hätte.
Ich fragte ihn, ob die Markierungspunkte das Fahren erleichtern würden.
Er sagte, nein, denn er war ja kein Träumer. Schmuggler und Abenteurer würden sich immer noch verirren. Die Menschen würden immer noch unsinnige Abkürzungen machen, Autopannen haben und steckenbleiben. Und die Spuren würden sich wieder verwirren.

Das war das Ende von Tamanrassets Tourismus-Boom. Eine Zeitlang hatte es von Paris einmal wöchentlich einen Direktflug gegeben. Die meisten Besucher waren Franzosen. Addoun hegte insgeheim einen Groll gegen sie. Er sagte mir, daß die Kriegserinnerungen immer noch zu frisch seien. In Wirklichkeit hatte er aber aktuellere Gründe: Er las inoffizielle Ausgaben von *Le Monde*, sah sich im Fernsehen französische Programme an und erlebte, wie die Franzosen die Algerier verabscheuten. Er hörte sich Podiumsdiskussionen an, bei denen man seinem Glauben öffentlich mit Verachtung und Furcht begegnete. Er las Berichte, in denen die algerische Einwanderung als eine Verhöhnung der französischen Seele bezeichnet wurde.

Verbittert sagte er zu mir: »Die Franzosen haben unser Land einhundertzweiunddreißig Jahre lang besetzt. Seit der Unabhängigkeit sind erst zweiunddreißig Jahre vergangen, was uns noch hundert Jahre läßt, um ihr Land zu besetzen.«

Als Offizier in der Armee hatte er Freunde in Paris und Marseille besucht. Ich habe Reisebilder von ihm gesehen. In aufrechter Haltung mit Jackett und Krawatte erweckt er den Eindruck eines arabischen Intellektuellen. Er erzählte mir, wie er bei seinen Pariser Bekannten auf der Isle St Louis in einem vornehmen Stadthaus mit Stoffservietten und kriecherischen Bediensteten zu Besuch gewesen sei. Der Luxus war seinem spartanischen Geschmack zuwider. »Was tun sie bloß in diesen luxuriösen Badezimmern?« fragte er mich.

Er floh im Zug nach Süden und litt unter der Feindseligkeit der anderen Fahrgäste. An der Côte d'Azur wurde er aus einem Café hinausgeworfen. Die Erfahrung machte ihn bitter; nach seiner Rückkehr fiel es ihm noch viel schwerer als zuvor, französische Touristen in Tamanrasset zu ertragen.

Wenn er sie die Algerier kritisieren hörte, trat er an sie heran und fragte in gepflegtem Französisch, für wessen Land sie dies hielten. Wenn er hörte, wie sie mit den Ladenbesitzern feilschten, mischte er sich ein und fragte, ob sie das auch in Frankreich täten. Ich fand zwar, daß es unter seiner Würde sei, er hatte es sich aber angewöhnt.

Den Franzosen schlossen sich die Deutschen, Schweizer, Italiener und manchmal auch Japaner an. Sie kamen mit dem

Flugzeug. Vorsichtshalber gingen sie gruppenweise durch die Straßen. Die meisten hatten eine Pauschalreise gebucht und blieben ein paar Tage, kauften Andenken, ritten auf Kamelen durch die umliegende Wüste und wurden in Wohnwagen mit Allradantrieb zu der Einsiedelei gefahren, die sich Charles de Foucauld hoch droben im Hoggar errichtet hatte.
Die Einsiedelei umfaßt fünf Steinhütten und ein Wohnheim aus Stein, wo die Besucher auf dem Boden schlafen konnten. Sie liegt auf dem Assekrem-Plateau auf einer Höhe von knapp 3000 Metern über dem Meeresspiegel, inmitten unwirtlicher und vom Sturmwind gepeitschter Berggipfel, 60 Meilen von Tamanrasset entfernt. Eines Nachmittags fuhr ich mit Addoun in einem gemieteten Geländewagen dorthin. Wir stiegen auf den Berggipfel und ließen uns schweigend nieder, um den Sonnenuntergang zu betrachten. Der Wind kühlte plötzlich ab. Wir stiegen wieder hinab an der Kapelle vorbei, wo gebetet wurde, und begaben uns ins Wohnheim, wo gerade eine Gruppe von Touristen aus der Schweiz eingetroffen war. Sie unterhielten sich über Trekking. Im Jahr zuvor waren sie zusammen in Peru gewesen, wo sie gelernt hatten, sich zu hassen. An einer langen Tafel bei Laternenlicht aßen wir mit ihnen zu Abend.
»Peru war großartig!« sagte eine Frau mittleren Alters. »Wir haben tatsächlich unter den Indianern gelebt.«
»Arschloch!« sagte der alte Mann neben ihr.
Sie waren nicht fromm und boten uns von ihrem Whisky an. Addoun warf mir einen Blick zu, als ob er sagen wollte: »Siehst du nun, wie dekadent der Westen ist?«
An der Tafel saß auch ein graubärtiger Mann aus Kalifornien, mit einem sanften Lächeln und fiebrig glänzenden Augen. Er sagte, daß er ein pensionierter Rechtsanwalt sei und ein Haus in La Jolla habe. Als Bewunderer von Foucauld sei er in den Hoggar gekommen, um zu fasten und zu meditieren. Dreißig Tage lang habe er nichts gegessen und lebe in einem Ein-

Mann-Zelt an einer Quelle unterhalb der Einsiedelei. Er hatte mit niemandem gesprochen und nur in der Bibel gelesen. Seit einem Monat sei dies seine erste Mahlzeit und sein erster Kontakt mit anderen Menschen. Ich fragte ihn, ob er daraus einen Schluß gezogen habe. Er sagte, ja, er wolle den Rest seines Lebens damit verbringen, die Hungersnot in der Welt zu lindern. Meiner Meinung nach war er ein wahrer Asket. Addoun mißtraute ihm dennoch, weil er bezweifelte, daß er für ein Leben in der Wüste geboren sei.

Ein ganz anderer Menschenschlag waren die Europäer, die über die *Transsaharienne* nach Tamanrasset kamen. Für sie war die Stadt nur ein Zwischenstopp auf dem langen Weg in den Süden. Ich kann mich noch gut an die einsamen Exzentriker, die Wanderer, Motorradfahrer und die verlorenen Seelen erinnern, wie sie in allen entlegenen Winkeln der Welt zu finden sind. Einer war gar mit einem Schubkarren durch die Stadt gekommen. Später hieß es, daß er die Wüstendurchquerung beendet habe und weit nach Äquatorialafrika vorgedrungen sei, bevor er eines natürlichen Todes starb.
Die meisten *Transsaharienne*-Touristen aber – denen man täglich auf der Hauptstraße begegnete – waren motorisiert. Sie reisten gewöhnlich in Gruppen und in Fahrzeugen mit Allradantrieb nach Dakar oder Abidjan oder zu einem anderen berühmten Ort mit Badestrand. Die Fahrzeuge waren mit grell bunten Abziehbildern, Plaketten mit der Aufschrift EXPEDITION, Benzinkanistern, Schaufeln und Stahlketten für den Sand ausgestattet. Die Fahrer waren forsch und selbstbewußt, meist waren es Deutsche oder Franzosen, die sich als Entdecker aufspielten. Wenn sie muskulös waren, rollten sie die Ärmel hoch, um ihren Bizeps zu zeigen. Wenn sie korpulent waren, ließen sie sich Bärte stehen. Sie hatten sich Halstücher umgebunden und stolzierten im Hotel herum, stanken nach

Schweiß und Staub und redeten so laut, daß es jeder hören konnte. Addoun bezeichnete sie als Gecken. Sie schienen zu viele Werbespots für Zigaretten gesehen zu haben.
Aber diese Touristen sind nun verschwunden, die Kämpfe unter den Einheimischen haben sie vertrieben. Die Europäer, die immer noch durch Tamanrasset fahren, sind ganz anders. Sie durchqueren die Sahara von Berufs wegen und fahren luxuriöse Limousinen, vorzugsweise von Mercedes, die sie im Niger oder Nigeria oder noch entfernteren Zielen verkaufen. In den Städten Afrikas wird ein Mercedes-Benz als höchstes irdisches Gut angesehen, und die Kaufleute, Politiker und Militärs an der Spitze haben einen neuen Spitznamen – »Wabenzi«. Von vielen dieser Autos heißt es, daß sie gestohlen sind und gefälschte Papiere haben, um der algerischen Polizei Sand in die Augen zu streuen.
Ich sprach mit einem Franzosen, der die Reise schon fünfzehnmal gemacht hatte: einem dickbäuchigen, langsam kahl werdenden Kerl mit einem Schnurrbart, der an den Mundwinkeln herabhing. Er hatte starke Arme – überhaupt war er ein zäher Bursche, der direkt von den Docks von Marseille hierher gekommen war. Ich fragte ihn, ob er Angst hätte, sich zu verirren. Nein, nie, antwortete er. Im Augenblick war dies der einzige Job, mit dem er seinen Lebensunterhalt verdiente. Ich fragte ihn nicht, was er zuvor getan hatte. Er nahm mich mit zu dem BMW, den er nach Süden schaffte. Unter dem Staub und Dreck glänzte es schwarz und sehr neu. Im Wagen befand sich ein digitales Radio und eine Alarmanlage. Ich fragte den Mann, ob er jemals Schwierigkeiten gehabt hätte. Nein, nie.
Es gibt andere, für die die Fahrt im Auto, ob es nun gestohlen wurde oder nicht, zum einmaligen Abenteuer wird. Sie meinen, daß sie, wenn sie weiter nach Süden ziehen, von der islamischen Revolution nicht eingeholt werden, was wahrscheinlich richtig ist. Sie nehmen das Risiko mit den Tuareg in Kauf. Die meisten sind jung, stammen aus der Mittelschicht und sind

redlich bemüht um ein sorgloses Image: magere Deutsche und wirrköpfige Französinnen. In Afrika verweigern sie sich den Zwänge der westeuropäischen Gesellschaft, tragen weite Hosen und Sandalen und unterhalten sich mit der Selbstgefälligkeit von Leuten, die nichts zu befürchten haben. Sie haben weder das Geld noch den Wunsch, ihr Geld für Satelliten-Navigation auszugeben. Es sind die Unverbesserlichen, die sich immer noch verirren. Meist passiert es, nachdem sie Tamanrasset verlassen haben auf dem Weg zur nigrischen Grenze, oder in den Hunderten von Meilen Wildnis, die jenseits der Grenze liegen. Addoun hatte recht – seine Markierungen aus Beton hatten wenig genutzt.

Kürzlich sind vier Deutsche – drei Männer und eine Frau – in einem Mercedes von Tamanrasset aufgebrochen. Sie sind bis 60 Meilen vor Niger nach Süden gekommen und dann nach Osten abgebogen, wahrscheinlich, um der Grenzpolizei auszuweichen. Sie haben sich verirrt. Ihre Familien kamen nach Tamanrasset, um nach ihnen zu suchen, und schlugen einen Steckbrief mit den Fotografien der Vermißten an. Absurderweise war der Steckbrief in Deutsch geschrieben. In fetter Schrift konnte man lesen: »VERIRRT IN WESTAFRIKA!«

Nach Wochen wurde der Mercedes mit drei männlichen Leichen gefunden. Von der Frau nahm man an, daß sie Schakale gefressen haben oder im Treibsand begraben worden sei.

Ich sah das Plakat an der Mauer von La Source. La Source ist drei Meilen von der Stadt entfernt, eine Jugendherberge, die um eine Quelle mit sprudelndem Mineralwasser errichtet wurde. Ich ging mit Addoun und seinen Freunden dorthin. Der Steckbrief befand sich am Eingang, die Fotografien waren mit einem Messer zerfetzt worden. Als ich meinen Begleitern gegenüber mein Mißfallen ausdrückte, schienen sie ohne Mitgefühl zu sein.

»Sie sind ja ohnehin tot«, sagte einer, als ob dies die Messerstiche erklären würde.

»Sie haben es sich selbst zuzuschreiben«, sagte ein anderer. Addoun war mitteilsamer: »Die Familien haben uns getadelt, weil wir sie nicht lebend geborgen haben – aber wie wäre dies auch möglich gewesen? Sieh dir nur die Leere hier an. Es ist etwas, das die Europäer nicht verstehen können.«

Es gibt ein altes Straßenschild, das sich neben dem Weg befindet, der von Tamanrasset nach Süden führt. In primitivem Französisch und Englisch warnt es die Fahrer vor den Gefahren der Wüstendurchquerung und rät ihnen zu Vorsichtsmaßnahmen. Auch während des Touristenbooms in Tamanrasset hat das Schild wenig bewirkt. Fahrer, die ins Innere der Sahara vorstießen, waren entweder gut darauf vorbereitet oder schlugen die Sicherheitsmaßnahmen in den Wind.

Die belgische Familie, von der ich erzählen werde, fuhr wahrscheinlich an dem Schild vorbei, ohne es eines weiteren Blicks zu würdigen. Die Familie bestand aus Vater, Mutter und einem fünfjährigen Jungen. Sie fuhren in einer alten Peugeot-Limousine, die sie in Burkina Faso wieder verkaufen wollten. Zuerst kamen sie sehr schnell voran, von Algier durch die Oasen im Norden zu den Orten im Süden. Schließlich hörte der Asphalt auf. Sie waren darauf eingerichtet, Nächte in der Wüste zu verbringen, kamen aber langsamer voran als erwartet. Sie schöpften neuen Mut, als sie nach Tamanrasset gelangten. Nachdem sie sich dort ausgeschlafen und wieder aufgetankt hatten, fuhren sie weiter. Sie dachten, daß sie in drei Tagen bis zur nigrischen Grenze kommen würden. Sie versuchten, Addouns Markierungen zu folgen, aber viele waren schon verschwunden.

Auf halbem Weg zur Grenze, wo sich die Wüste in die weiten Ebenen des Südens senkt, bogen die Belgier falsch ab. Als sie ihren Irrtum erkannten, hatten sie immer noch genug Sprit und versuchten, ihren Weg zurückzuverfolgen. Was auf dem harten und felsigen Boden nicht leicht war. Sich zu verirren, gehörte aber mit zum Abenteuer, war ein denkwürdiger Zeitvertreib für leichtsinnige Europäer. Wir wissen das, weil es die Frau später aufgeschrieben hat. Menschen, die in der Wüste verdursten, hinterlassen oft Aufzeichnungen. Sie haben viel Zeit zum Nachdenken. Durch das Schreiben leugnen sie ihre entsetzliche Isolation.

Der Peugeot hatte eine Panne. Die Belgier rationierten das Wasser und ließen sich im Schatten einer Plane nieder, die sie aufspannten. Das Rationieren half nicht, ihr Leben zu verlängern, sie hätten genausogut alles auf einmal trinken können, weil der menschliche Körper gleichmäßig Wasser absondert, auch wenn er ausgetrocknet ist. Man kann sein Leben nur verlängern, indem man das Schwitzen reduziert: sich nicht bewegt, im Schatten bleibt und die Kleider anbehält.

Die Belgier hofften, daß ein Lastwagen vorbeikäme. Eine Woche lang warteten sie und suchten den Horizont nach einer Staubwolke ab oder nach dem Aufblitzen einer Windschutzscheibe. Sie hielten sich an einem Ort auf, wo auf den Karten immer noch Wege eingezeichnet sind. Die Frau spürte Panik in sich aufkommen. Voller Verzweiflung fing sie an zu schreiben, füllte pausenlos Seite um Seite. Das Wasser wurde immer weniger und verdunstete schließlich ganz. Die Familie verspürte quälenden Durst und trank das durch ein Tuch gefilterte Kühlwasser des Autos. Sie hatten einen für ihr Überleben kritischen Punkt erreicht.

Der menschliche Körper besteht größtenteils aus Wasser. Wir können aber wenig davon entbehren. In der heißesten Zone der Wüste verlieren wir es hauptsächlich durch Schwitzen: 7,5 Liter pro Tag, wenn wir im Schatten bleiben, oder doppelt soviel, wenn wir uns bewegen. Wir sind widerstandsfähig. Weil uns der Schweiß kühlt, halten wir es in extremer Hitze aus, solange wir diesen Wasserverlust wieder ersetzen. Wenn Wasser verfügbar ist, halten wir die Flüssigkeitsmenge unseres

Körpers bis auf ein Weniges konstant. Was passiert aber, wenn die Vorräte zu Ende gehen?
Durst macht sich zum ersten Mal bemerkbar, wenn der Körper 0,5 Prozent seines Gewichts durch Austrocknen verloren hat. Bei einem Mann von 90 Kilogramm Gewicht bedeutet das 0,5 Liter. Bei 2 Prozent Flüssigkeitsverlust (etwas weniger als zwei Liter), bedeutet das, daß der Magen nicht mehr groß genug ist, um den Körper ausreichend zu versorgen. Auch wenn man ihnen genug Wasser gibt, hören die Leute auf zu trinken, bevor sie den Verlust wieder ausgeglichen haben. Das nennt man freiwilliges Austrocknen, obwohl es sich kaum um eine bewußte Entscheidung handelt. Bis zu einem Flüssigkeitsverlust von 5 Prozent (ungefähr 4 Liter) sind die Symptome unter anderem Müdigkeit, Appetitlosigkeit, gerötete Haut, Gereiztheit, Bluthochdruck und leichtes Fieber. Darüber hinaus kommt es zu Schwindelgefühl, Kopfschmerzen, Atembeschwerden, trockenem Mund und Hals, Kreislaufbeschwerden, violetter Verfärbung der Haut und schleppender Stimme. Bei einem Flüssigkeitsverlust von 10 Prozent kann eine Person nicht mehr gehen. Bei 12 Prozent (über 10 Liter) ist der Punkt ohne Wiederkehr erreicht. Die Zunge schwillt an und man hat kein Gefühl mehr im Mund. Man kann nicht mehr schlucken, und jemand, der so ausgetrocknet ist, ist ohne medizinische Hilfe verloren.
In der Sahara kann dieser Zustand in einem halben Tag erreicht werden. Dann beginnt sich die Haut zusammenzuziehen, über den Knochen zu spannen und wird rissig, die Augen sinken in die Höhlen zurück, und Sehen und Hören lassen nach. Urinieren wird schmerzhaft, und der Urin ist dunkel. Das Delirium setzt ein.
Wenn der Körper im heißen Wüstenklima austrocknet, wird eine unverhältnismäßig große Menge Wassers aus dem Blutkreislauf entnommen. Das Blut wird dickflüssig und kann seine Funktionen nicht mehr erfüllen, deren eine ist, Hitze, die

im Körper entsteht, an die Oberfläche zu befördern. Diese Hitze ist es, die den Menschen schließlich tötet. Das Ende kommt mit einem explosiven Ansteigen der Körpertemperatur und mit Zuckungen. Der Tod ist die Erlösung.

Nachdem sie auch das Kühlwasser ausgetrunken hatten, fingen die Belgier an, Treibstoff zu trinken. Das würde jeder in ihrer Lage tun. Man könnte es als *Petrodipsie* bezeichnen. Die Sahara-Bewohner haben es als Mittel empfohlen, um sich nicht an der Säure in der Batterie zu vergreifen. Nach den Aufzeichnungen der Belgierin schien es zu helfen. Die drei tranken auch ihren Urin. Sie berichtete, daß es sie zuerst Überwindung kostete, dann aber nicht mehr so schlimm war.

Der kleine Junge war der Schwächste und litt entsetzlich. In ihrer Verzweiflung verbrannten sie den Wagen und hofften, daß jemand den Rauch sehen würde. Niemand sah das Rauchzeichen. Dann konnte der Junge namens Maurice nicht mehr schlucken. Seine Eltern töteten ihn, um seine Leiden zu beenden. Später schnitt sich der Mann eine Ader auf und ließ seine Frau von seinem Blut trinken. Auf seine Bitte hin brach sie ihm das Genick mit einem Stein. Da sie nun völlig allein war, wollte sie auch nicht mehr länger leben. Sie schrieb, daß sie die Sahara immer noch großartig fand und nicht bereute, hierher gekommen zu sein, es sogar wieder tun würde. Sie bedauerte nur eine einzige Sache – daß sie Sylvester Stallone in Rambo III nicht mehr sehen konnte. Das waren ihre letzten Worte. Sie hatte den Verstand verloren, in ihrer Verwirrung aber hatte sie sich wohl daran erinnert, wie leicht das Sterben im Film war.

Man fand die sterblichen Überreste der Familie, die nach Tamanrasset zurückgebracht wurden. Ich kam kurze Zeit darauf mit einem Flug aus Algier an. Der ortsansässige Richter zeigte mir das Tagebuch der Belgierin. Ihre Handschrift war – als es auf das Ende zuging – schwer zu lesen. Mein eigener Sohn – damals noch ein Kleinkind – ist inzwischen fünf geworden.

Ich habe ihn allerdings nicht in die Sahara mitgenommen. Das Schicksal des belgischen Jungen geht mir nicht aus dem Sinn.

Nach einer Woche fand Addoun einen Mann, der nach Osten fuhr, nach Djanet, einer alten Oase in der Nähe der gottverlassenen libyschen Grenze. Diesen Mann konnte ich begleiten, und er würde mich für eine zuvor vereinbarte Summe auch noch weiterfahren in das berüchtigte Tadart-Gebirge, ein Sandsteinmassiv von ungeheurem Ausmaß in einer Gegend, wo Felszeichnungen überdauern.
Ich war nicht vorsichtig genug und fragte Addoun nur, ob er den Mann kenne. Er sagte, nein, daß er aber von seiner Familie schon gehört habe. Die Fahrt war von einem Kaufmann organisiert worden, der mir schon einmal indirekt geholfen hatte. Moulay Lakhdar Abderhadim war der erfolgreichste Geschäftsmann von Tamanrasset. Ich hatte ihn nie persönlich kennengelernt, am Tag vor meiner Abreise aber lud er mich mit Addoun zum Mittagessen bei sich ein.
Abderhadim wohnte hinter dem Kamelmarkt. Für das ungeschulte Auge war es eine heruntergekommene Gegend. Hühner und Ziegen durchkämmten den Abfall in den ausgefahrenen Straßen. Die langen, eintönigen Mauern der Wohnkomplexe waren verfallen und mit Schmutz und Staub bedeckt. Nur die Fahrzeuge wiesen auf vermögende Besitzer hin: Range Rover und Land Cruiser, die hier doppelt oder dreimal soviel kosten wie in Europa.
Addoun klopfte an ein Metalltor. Nach einer Verzögerung, während der sich die Frauen außer Sichtweite begaben, wurden wir von einem alten Haratin in einer Djellaba und mit Turban ins Haus geleitet. Addoun begrüßte ihn herzlich und stellte ihn mir als alten Freund seiner Familie vor, obwohl er eindeutig ein Bediensteter war. Wir betraten einen üppigen Garten voller Obstbäume und blühender Sträucher. Das Haus

aus Stein und Lehmziegeln war einstöckig und ziemlich weitläufig. Addoun kannte den Weg und führte mich ins Wohnzimmer, wo Abderhadim auf einer Matratze ruhte und sich ein Fußballspiel im Fernsehen ansah. Abderhadim war dick und machte einen verweichlichten Eindruck – ein Mann mittleren Alters mit einem runden Gesicht und sich lichtendem Haar. Er hatte einen blauen Jogginganzug an, dessen Reißverschluß bis oben hin geschlossen war. Über die Beine hatte er eine Decke gebreitet. Er entschuldigte sich, weil er nicht an der Tür gekommen war, er hatte Gelenkrheumatismus in den Knien. Addoun und ich setzten uns auf die Kissen am Boden. Die Tür ging auf einen üppigen Hof hinaus, der in gleißendes Wüstenlicht getaucht war. Es trafen noch andere Männer ein. Der Diener kam mit einer Schüssel Couscous herein und setzte sich zu uns.

Abderhadim hatte eine umgängliche, aber ungeduldige Art an sich, sein resolutes Auftreten ließ auf seine Autorität schließen. Als ich ihm dafür dankte, daß er die Fahrt in den Osten für mich organisiert hatte, überging er es mit einer Handbewegung und lud mich nach meiner Rückkehr wieder zu sich ein. Er erwähnte beiläufig, daß er den Fahrer nicht kenne, der mich mitnehmen würde. Er selber habe hauptsächlich im Süden zu tun.

Wir sprachen über den Handel. Er bezeichnete sich als Kaufmann, der mit Lebensmitteln, Autoersatzteilen und anderen Dingen Handel trieb, wie es sich eben ergab. Ich bat ihn, mir das zu erklären. Bescheiden nannte er sich einen einfachen Ladenbesitzer, der aus der Not heraus zum Importeur geworden sei: »Niger ist zwar arm, aber es gibt dort alles.«

Ich fragte ihn, ob er den Handel über so große Entfernungen, ohne Straßen, ohne Telefon und mit nicht tauschbaren Währungen nicht schwierig fände.

Er lächelte mich nur an und sagte: »Wir sind alle Muslime.«

Ein älterer Mann mit einer weißen Djellaba und einem Turban

erzählte mir eine Geschichte, um dies zu veranschaulichen. Sein Onkel war Händler in Tamanrasset gewesen. Jahrelang hatte er Kamelkarawanen nach Niger und Mali geführt, mit denen Datteln und Salz nach Süden transportiert wurden und die mit Hühnern zurückkehrten. Sein Name war Salem Ben Hadj Ahmed. 1953, auf dem Weg nach Agadez im Niger, stießen er und seine Männer auf das Lager einer Familie von Tuareg-Nomaden. Der Vater und die älteren Söhne waren auf der Jagd und hatten die Mutter und die kleineren Kinder allein zurückgelassen. Die Frau hieß die Mitglieder der Karawane willkommen, gab ihnen Wasser und machte sich daran, ihnen zu Ehren ein Schaf zu schlachten. Ahmed hinderte sie aber daran, weil seine Männer eine Gazelle erlegt hatten. Sie brieten und aßen die Gazelle und teilten das Fleisch mit der Familie. Am nächsten Morgen zogen sie weiter. Es war Ahmeds letzter Karawanenzug – er wurde langsam zu alt dazu. Danach ließ er sich in Tamanrasset nieder und sandte Lastwagen aus, um die Arbeit der Karawanen zu verrichten. Er starb 1968. Die Nachricht von seinem Tod verbreitete sich in der Wüste. Eines Tages bekam sein Sohn einen Brief aus Niger. Es hieß darin, daß sein Vater dort noch 45 Schafe besaß, die er – als sein Erbe – abholen solle. Der Sohn hatte nichts von diesen Tieren gewußt. Er las seines Vaters Testament durch und fand sie dort nicht erwähnt. Er machte sich jedoch nach Niger auf und fand schließlich den alten Nomaden, dessen Frau seinem Vater vor so vielen Jahren das Schaf angeboten hatte. Das Schaf und seine Nachfahren gehörten Ahmed, sagte der Nomade.
Offenbar eine wahre Geschichte. Die brüderliche Liebe zwischen Muslimen ist allerdings eine Fiktion, die schwer aufrechtzuerhalten ist. Abderhadim war ein feiner Mann, und vielleicht hatte ihn diese Geschichte peinlich berührt. Jedenfalls kam er wieder auf die Gegenwart zu sprechen, indem er seine Handelspartner im Süden kritisierte. »Sehen Sie sich nur die Armut in Mali an. Die Menschen verhungern dort. Ich

kenne einen Kaufmann in Gao, einen Muslim wie wir. Ein wohlhabender Mann. An seiner Tür klopft ein Bettler an und bittet ihn um eine Gabe. Er nimmt eine Dattel – eine einzige Dattel! – in die Hand und macht das damit.« Er berührte mit der hohlen Hand die Stirn. »Dann gibt er dem Bettler die Dattel und meint, damit seine Pflicht getan zu haben. In Algerien werden sogar die Ziegen besser gefüttert!«

Nach dem Tee beschrieb Abderhadim seine Arbeit etwas genauer. Ein Teil des Handels ist legal. Datteln aus den nördlichen Oasen werden exportiert; Kamele, Ziegen und Hühner werden importiert. Da das Exportvolumen das Importvolumen übersteigt, sammeln die Kaufleute von Tamanrasset im Laufe des Jahres Kredit in den benachbarten Ländern an. Jedes Jahr im Frühling findet in Tamanrasset eine Messe statt, für die von Regierungsseite die Einfuhrbeschränkungen gelockert werden. Gebrauchsgüter, hauptsächlich aus Japan, gelangen über die Grenzen. Die Messe ist eine Ausnahme in der streng geregelten algerischen Wirtschaft – ein abgesegnetes Experiment des freien Handels. In Tamanrasset werden die Bilanzen wieder ausgeglichen und die Waren im Norden verkauft.

Der wirkliche Gewinn aber stammt aus den Schmuggelgeschäften. Abderhadim gab es zögernd zu und nur, weil noch andere mit im Zimmer waren. Nachdem er ausdrücklich darauf hingewiesen hatte, daß er selbst nie das Gesetz brach, erklärte er, wie es gemacht wird. Der Fahrer, der eine verzollte Ladung von Ziegen aus Mali nach Algerien einführt, hat bei der Rückfahrt möglicherweise eine verbotene Ladung von subventioniertem Weizen dabei. Der Lastwagen, der Datteln über die *Transsaharienne* nach Niger schafft, kehrt vielleicht über eine unbekanntere Route mit kostbaren Autoersatzteilen zurück.

»Elektronische Artikel gehen am besten«, sagte einer der Gäste. »Sie sind klein und leicht zu verbergen, und die Hitze schadet ihnen nicht.«

Und man kann sie mit tausendfachem Gewinn verkaufen. Die Regierungen haben mit erweiterten Grenzpatrouillen und saftigen Gefängnisstrafen zurückgeschlagen. In regelmäßigen Abständen erklären sie dem Schleichhandel den Krieg. Aber die Bewohner von Tamanrasset interessiert das nicht. Die Sahara ist ein großer Raum.

Ich erwähnte die radikalen Islamisten, die behaupten, für eine freie Wirtschaft einzutreten. Würden sie nicht vielleicht die Einfuhrbeschränkungen völlig aufheben? Und würde das nicht das Geschäft untergraben? Abderhadim beruhigte mich und argumentierte folgendermaßen:

Die freie Marktwirtschaft, wiewohl wünschenswert, liegt in den Sternen.

Radikale Islamisten sind Moralisten, was ebenfalls zu begrüßen ist. Sie haben viele Gründe, um die Einfuhr zu beschränken.

Schauen Sie nur nach Iran oder dem Sudan!

Selbst Mohammed war Händler.

Dank Allah und der Wüste bleiben die Geschäftsaussichten in Tamanrasset ausgezeichnet.

Wir standen auf, um zu gehen, und ich fragte Abderhadim abschließend, ob seine Arbeit nicht durch Überfälle der Tuareg erschwert worden wäre.

Er blickte gelangweilt zu mir auf und erwiderte: »O ja. Sie haben also davon gehört!«

# 16.
# Eine Geschichte von den Tuareg

Wie gewöhnlich zog der Schakal von einer Wasserstelle zur nächsten und hoffte, ein verirrtes Lamm oder Zicklein oder Aas zu finden, das ihm ein Raubtier übriggelassen hatte. Zu seiner Freude erspähte er ein wunderschönes, junges Schaf, das in einiger Entfernung von der Herde und dem Hirten auf einem grasbewachsenen Felsvorsprung weidete. Der Schakal war zwar am Verhungern, aber von Natur aus ein Feigling, so daß er das Schaf erst anfallen wollte, wenn er es zu sich gelockt hatte. Nachdem er eine Weile darüber nachgedacht hatte, glaubte er, das Problem gelöst zu haben. Er schlich sich zum Sockel des Felsplateaus und rief hinauf: »Guten Tag, große Schwester!«

Das Schaf beachtete ihn nicht und graste weiter.

»Guten Tag, große Schwester, hast du schon die guten Neuigkeiten gehört?«

»Welche guten Neuigkeiten?« fragte das Schaf zurück.

»Nun, seit gestern herrscht völliger Frieden unter allen Geschöpfen. Wenn du nur noch ein bißchen näher kommen wolltest, könnte ich dir noch allerhand Wunderbares erzählen. Komm näher, große Schwester. Ich bin so klein und mußte den ganzen Vormittag so viel laufen, daß ich nun nicht mehr zu dir hinauf klettern kann.«

Das Schaf sah zum Horizont hinüber, und schien offensichtlich völlig fasziniert von dem, was es dort erblickte.

»Was siehst du dort drüben?« fragte der Schakal. »Komm, mach schon, ich bin in Eile, ich muß die freudige Botschaft noch in alle anderen Dörfer bringen.«

»So warte nur einen Augenblick, kleiner Bruder, warte!«
»Was aber siehst du?«
»Ich sehe den Schäfer mit seinen vier Hunden auf mich zukommen. Warte, bis sie hier sind, und wir uns alle zusammen unterhalten können!«
Der Schakal wartete nicht, sondern machte sich schleunigst aus dem Staub.
Das Schaf rief ihm nach: »Kleiner Bruder, warum läufst du denn davon?«
»Weil ich mit Schäfern und ihren Hunden nicht auskomme!«
»Aber du hast mir doch erzählt, daß völliger Frieden zwischen allen Geschöpfen herrscht.«
»Ja, aber nicht zwischen Schakalen und Hunden. Leb wohl, leb wohl!«

# 17.
# Geschichtslektionen

Am nächsten Morgen stand der Mann namens Aissa in einem von Mauern umgebenen, staubigen Hof und brüllte Einwanderern aus Mali, die Ziegen auf die Ladeflächen zweier Kleinlastwagen luden, überflüssige Befehle zu. Staub tanzte auf den Sonnenstrahlen. Die Ziegen standen Seite an Seite und waren so eng zusammengepfercht, daß sie den Hals recken mußten, um überhaupt noch atmen zu können. Ich wollte, ich hätte Aissa von Anfang an mißtraut, die Wahrheit aber ist, daß mein gesunder Menschenverstand aussetzte. Er war ein drahtiger Mann mit einem markanten Gesicht, um die Dreißig, barfuß, in einem sich bauschenden Hemd und mit Hosen, die mit schwarzen und goldenen Ornamenten bestickt waren. Eine makellos weiße *chèche* hatte er sich flott über die Schulter drapiert, so daß sie wie das Halstuch eines Sportfliegers aussah. An einigen Fingern trug er Ringe. Ich wußte ganz genau, daß er zu der Sorte von Mann gehörte, die sich in jeder spiegelnden Oberfläche betrachtete. An diesem Morgen war ich sein Spiegel. Er beobachtete mich beim Zuschauen und kam, nachdem er genügend Zeit hatte verstreichen lassen, zu mir herüber, um sich selbst sprechen zu hören.

Er sagte, daß wir dann später, wenn er noch Lust dazu hatte, die Felszeichnungen im Tadart-Gebirge ansehen könnten. Zuerst aber würden wir drei Tage lang nach Osten fahren, nach Djanet, durch 500 Meilen rauhe Wüste, und einige der Ziegen würden eingehen. Es gäbe auch noch andere Mitreisende, Tuareg, die nur in Tamashagh miteinander redeten. Ich bräuchte mir aber keine Sorgen zu machen. Ich würde bei Aissa im Lastwagen an der Spitze mitfahren. Er sagte mir, daß er ein vorzüglicher Fahrer sei, von einem mächtigen Mann abstamme und aus einer Familie von Chaamba-Arabern komme, echten Nomaden aus der Umgebung von Ouargla, was ich sicher ganz toll finden würde. Wenn ich Fragen hätte, könnte er mir die Antwort darauf geben. Auch würde er mehrere Sprachen sprechen. Der Kronprinz von Belgien sei sein enger Freund, und er hätte in jeder größeren Stadt in Italien Freundinnen.

Wir fuhren ab. Im anderen Wagen saß Aissas Diener am Steuer, ein vermummter Tuareg der unterprivilegierten schwarzen Gesellschaftsschicht. Er hieß Abdullah und schien freundlich, wenn auch ein wenig beschränkt zu sein. Er fuhr zu dicht hinter uns her, mitten in der Staubwolke von Aissas Lastwagen. Dennoch wäre es mir schon nach einer Stunde Fahrt lieber gewesen, in seiner Gesellschaft zu sein als in Aissas.

Die Route führte uns nördlich am Hoggar-Massiv vorbei über eine Wüste mit schwarz oxidiertem Sand und Kies. Der Weg war nicht markiert – wo er zwischen Schluchten hindurch und über Pässe führte, konnte man ihm leicht folgen, aber man tat sich schwer, wenn es über Hochebenen ging. Wir kamen an einer Ortschaft mit Steinhütten vorbei. Aissa legte eine Kassette mit Sonaten von Beethoven auf und fand sich ganz toll dabei.

Der Wind war heiß. Wir fuhren über Sanddünen. Aissa machte mich darauf aufmerksam, daß er nur ganz selten den vierten Gang einlegte. Ich gab zu, daß er ein guter Fahrer sei. Auf einer kurzen Wegstrecke in der Salzebene schaffte er sogar ein Tempo von über 120 km/h. Wir hängten Abdullah ab.

Zum Mittagessen hielten wir an einer verkrüppelten Akazie, in deren Schatten wir uns auch ausruhten. Am Nachmittag kamen wir zu einer Wüste mit Mulden und Bergketten. Wir schreckten eine Herde von Gazellen auf. Beim Abwärtsfahren wurde die Luft heißer. Als wir im Schneckentempo über ein ausgetrocknetes Flußbett fuhren, platzte ein Reifen. Aissa ließ Abdullah aufholen und den Ersatzreifen montieren. Im Er-

satzreifen war keine Luft. Abdullah pumpte ihn mit einer Fahrradpumpe auf.
»Denk dir nichts dabei«, sagte Aissa. Er machte eine anzügliche Geste. »Wir Wüstenbewohner sind eben so. Wenn man eine Frau liebt, kann sie einem nie weh tun. Und die Wüste ist meine Geliebte.«
Ach so, dachte ich.
Auf der Ladefläche legte sich eine Ziege zum Sterben nieder. Aissa zog sie an den Ohren und zwang sie, wieder aufzustehen. Er schien das zu genießen und sagte: »Solange die Ziege aufrecht steht, wird sie am Leben bleiben!«
»Vielleicht braucht sie etwas zu trinken.«
»Ich sagte dir doch, daß du dir keine Sorgen machen mußt!«
»Klar. Entschuldige, es ist ja schließlich deine Ziege!«
Aissa machte ein beleidigtes Gesicht. Mir tat es leid, daß ich so gereizt war. Wir fuhren schweigend weiter. Die Ziege starb. Wir ließen ihren Kadaver im Schatten von Dornengestrüpp liegen.
Aissa sagte: »Siehst du, sie hat sich hingelegt.«
Ich gab auf: »Sicher, du hattest recht.«
Aissa nickte. Da ich ihn an sich selbst erinnert hatte, fragte er mich: »Hast du bemerkt, daß ich heute noch kein Wasser getrunken habe?«
»Ach ja«, sagte ich müde.
»Du – du trinkst immer dann, wenn du durstig bist. Ich habe mich dazu erzogen, es nicht zu tun, so daß ich nicht soviel Wasser brauche wie du. Wenn wir hier draußen überleben müßten, würde ich länger am Leben bleiben als du.«
»Das freut mich.«
Der Tag ging zu Ende, und die Nacht brach mit einem sternklaren Himmel an. Wir ließen uns auf einem sandigen Felsvorsprung zwischen Haufen von Vulkangeröll nieder. Die Tuareg entfernten sich, um ihr Gebet aufzusagen. Als sie wiederkehrten, hockten sie sich in der Nähe des Feuers nieder. Abdullah

kochte einen Eintopf. Während wir Tee tranken, zeigte mir Aissa die Fotos von seinen vielen Frauen. »Das sind aber noch nicht alle«, sagte er, »allein in Frankreich habe ich dreißig.«
»Davon kann man nur träumen!«
Er stockte. »Ich habe aber noch nie eine Frau geliebt!«
Um zu erklären, warum, hatte er ein Gedicht verfaßt, und er sagte es für mich auf. Im Gedicht rief er die Mondgöttin an, die zu verschämt ist, sich zu zeigen, und deren Gestirn daher wolkenverhangen über der Sahara aufgeht. Denn auf der Erde gibt es noch eine andere Frau, die schöner ist und die Aissa lieben kann.
Ich bat Aissa, sie zu beschreiben.
Er konnte es nicht, aber erwähnte grüne Augen.
Ich ging so weit in die Wüste hinaus, bis das Lagerfeuer nur noch als schwaches Flackern zu erkennen war. Der Wind strich sanft über die Berge hinweg. Ich lag zusammengerollt in einer Decke und lauschte dem wandernden Sand. Als der Wind nachließ, kamen die Sandkörner zur Ruhe. In der Wüste wurde es totenstill. Nach Mitternacht riß mich die Kälte aus dem Schlaf. Bis zur Morgendämmerung kauerte ich mich zusammen und sog die Einsamkeit ein.

Vor ungefähr 3500 Jahren drangen die Tuareg von Norden in die Zentralsahara vor. Grundlagen ihrer nomadischen Existenz waren das Kamel und die Ziege. Obwohl sie im Mittelalter offiziell zum Islam konvertierten, waren die Tuareg für die Selbständigkeit ihrer Frauen und die Verbissenheit bekannt, mit der sie an ihren alten Traditionen festhielten. Das Hoggar-Gebirge stand wie eine Festung inmitten ihres Herrschaftsgebiets, das Tausende von Quadratmeilen im Innersten der Wüste umfaßte. Das Land war unberührt und äußerst arm, aber es befand sich an Verbindungsstelle zwischen den reichen Kulturen Schwarzafrikas und dem Mittelmeer. Die Tuareg

überlebten, indem sie sich zunutze machten, daß die Haupthandelswege durch ihr Gebiet führten. Ihre Isolation war eine Maske.
Der Vorteil von Kamelen ist nicht nur, daß sie die Trockenheit ertragen, sondern auch, daß sie große Lasten befördern können. Die ersten Kamelkarawanen zogen durch die Sahara zu Christus' Zeiten. Im Mittelalter hatten sich die Karawanen vergrößert und durchquerten regelmäßig die Wüste. Das größte Geschäft konnte man mit Salz machen. Es wurde von den Sklaven in den Trockenseen abgebaut und über kurze Entfernungen auf dem Niger- und Senegal-Fluß zu den Häfen an der Küste gebracht. Für die Tuareg aber waren die Karawanen am wichtigsten, die große Entfernungen durch die Wüste zurücklegen mußten. Die größten dieser Karawanen konnten soviel Fracht befördern wie ein moderner Güterzug: Schätze an Getreide, Gold, Elfenbein und Sklaven für den Norden, an Metall, Holzperlen und anderen Gütern für den Süden.
Die Tuareg waren selbst keine Händler. Sie züchteten Kamele, agierten als Führer durch die Wüste, verlangten von den Reisenden Zölle oder verübten Raubüberfälle auf sie. Sie wußten die Gelegenheiten zu nutzen. Indem sie die Karawanen ihrer Reichtümer beraubten, befreiten sie sich von ihrem armseligen Nomadenleben. Sie schufen eine hierarchische Gesellschaft, in der hellhäutige Aristokraten über dunkelhäutige Sklaven und Diener herrschten und sie dazu zwangen, sich um die Brunnen herum anzusiedeln, um ihr Land zu bestellen. Die Aristokraten blieben Nomaden, die Karawanen überfielen. Sie brachten ihren Söhnen bei, herrschaftlich aufzutreten, ihre Gesichter zu verbergen und andere herablassend zu behandeln. Sie hielten sich für tapfere Krieger und hatten den Ruf von Killern.
Bei ihren Überfällen gingen sie hinterhältig vor. Die Karawanen bestanden aus zusammenhanglosen, unorganisierten Gruppen von selbständigen Kaufleuten mit Tausenden von bepackten Kamelen, die über Meilen ungeschützt hintereinan-

der her zogen. Kleine Gruppen von maskierten Tuareg tauchten unbemerkt aus der Wüste auf und ritten tagelang nebenher, um sich die schwächsten und schutzlosesten Mitglieder der Karawane auszusuchen. Die Banditen verlangten Tribut oder milde Gaben, blieben aber im großen und ganzen freundlich und erwiesen sich sogar als hilfsbereit. Die Teilnehmer der Karawane wußten zwar, was die Tuareg im Schilde führten, waren andererseits aber auch nicht willens, untereinander besser zusammenzuhalten. Wenn die Zeit reif war, schnitten die Tuareg ihre Opfer von der übrigen Karawane ab, um sie auszurauben und heimlich umzubringen. Sie rechneten damit, daß der Rest der Karawane einfach weiterziehen würde. Wenn sie nicht übers Ziel hinausschossen, konnten sich die Tuareg wochenlang an derselben Karawane schadlos halten.
Dann kamen die Franzosen. Um die Mitte des 19. Jahrhunderts kontrollierten sie alle großen Oasen im Norden und einen großen Teil der westafrikanischen Oasen im Süden. Aber die Zentralsahara blieb unberührt – ein weißer Fleck auf der Landkarte. Den Tuareg war das nur recht so, und vielleicht glaubten sie auch, daß die Franzosen Angst hatten. In Wahrheit waren die Franzosen aber zu beschäftigt mit aussichtsreicheren Teilen des Kontinents. In einer Welt, in der es noch keine Autos und Flugzeuge gab, war die Zentralsahara einfach unzugänglich. Aber die Weltmächte hassen weißen Flecken auf der Landkarte. Auch mißfiel es der französischen Regierung, daß die Briten den Unterlauf des Niger kontrollierten, so daß sie 1879 in Erwägung zog, ihre westafrikanischen Kolonien durch den Bau einer Eisenbahn quer durch die Wüste an die nordafrikanischen Besitzungen anzubinden. Der Mann, der die Strecke vermessen sollte, war ein alter Wüstenfuchs, ein Oberstleutnant namens Paul Flatters.
Flatters führte zwei Expeditionen ins zentralsaharische Gebirge an. Er hatte von den vereinzelten Morden an einsamen Abenteurern und Missionaren während der vorangegangenen

Jahre gehört und vermutete richtig, daß die Tuareg in der Eisenbahn eine Bedrohung für den Karawanenhandel sehen und sich dagegen auflehnen würden. Von Anfang an hatte er Angst.

Flatters erste Expedition verließ Ouargla im März 1880 mit 100 Männern, von denen die meisten Kameltreiber des Chaamba-Stammes waren. Einen Monat später rückten sie ins Gebirge vor und begegneten einer kleinen Gruppe von Tuareg-Kriegern. An den darauffolgenden Tagen beschatteten die Tuareg die Landvermesser, tauchten immer wieder überraschend auf den Bergkämmen des allmählich ansteigenden Geländes auf und verschwanden wieder. Sie gaben Flatters das schreckliche Gefühl, daß er dort draußen – dem Blick verborgen – von Feinden umringt war. Die Tuareg waren sehr erfahren in der Beurteilung ihrer Feinde. In einer für sie typischen Weise schmuggelten sie sich in Flatters Lager ein und hörten das Murren seiner Truppe, die aus Einheimischen bestand. Sie erfuhren, daß Flatters ein schwacher und unsicherer Führer war. Als sie ihre Zeit für gekommen hielten, stellten sie sich mit ihren Schildern und Säbeln in geschlossener Reihe vor ihm auf und ließen ihn nicht weiterziehen. Flatters trat schleunigst den weiten Rückzug nach Paris an.

Im nächsten Jahr verließ er Ouargla wieder mit einer Truppe von etwa 100 Mann, die aber schwer bewaffnet waren. Doch diesmal boten die Tuareg an, als ihre Führer tätig zu werden. Sie führten Flatters tief in die Wüste nördlich und östlich des Hoggar-Gebirges hinein. Das Land wurde immer trockener und unwegsamer. Es lagen schon Tage zwischen ihnen und den letzten Brunnen und Wasserstellen. Kamele verendeten. Die Tuareg fingen an, Geschenke zu verlangen. An einigen Stellen mehrten sich die frischen Spuren von Kamelen auf dem Boden, als ob sich eine große Schar feindlicher Reiter, die aber nicht zu sehen war, in unmittelbarer Nähe sammelte. Dieses Mal ließ sich Flatters nicht einschüchtern. Er erzwang

sich seinen Weg nach Süden, von einem Brunnen zum nächsten. Am 16. Februar 1881, mehr als zwei Monate, nachdem er Ouargla verlassen hatte, begriff er, daß er in der Klemme saß. Die Expeditionstruppe war schon einige Tage seit der letzten Wasserstelle marschiert, und Männer und Kamele litten unter entsetzlichem Durst. Wo ein Brunnen sein sollte, war nur ausgetrocknete Wüste. Am Mittag gaben dann die Führer zu, daß sie sich verirrt hätten, nun aber wieder wüßten, wo der Brunnen wäre, und daß es noch einige Stunden bis dorthin sei.
Flatters wies seine Mannschaft wütend an, ein Lager aufzuschlagen, und machte sich selbst mit einer Vorhut von fünf Franzosen und zwölf Chaamba-Soldaten und Kameltreibern zu der angeblichen Wasserstelle auf. Die anderen Kamele sollten nachkommen, sobald man das Gepäck abgeladen hatte.
Natürlich war es eine Falle. Als Flatters und seine Begleiter zum Brunnen am Ende eines engen Tales gelangten, kamen 200 Kamelreiter mit Säbelgeklirr auf sie zu geritten. Flatters und seine gesamte Vorhut wurden umgebracht. Berauscht von ihrem Sieg ritten die Tuareg zurück, töteten die Kameltreiber, die auf dem Weg vom Lager zur Wasserstelle verteilt waren, und entwendeten beinahe alle Kamele, die zur Expedition gehörten.
Als die Männer im Lager von dem Hinterhalt erfuhren, türmten sie das ganze Gepäck zu einer Verteidigungsschanze auf gegen einen Angriff, der nie stattfand. In dieser Nacht ließen die 95 Überlebenden die Vorräte, die sie nicht tragen konnten, zurück und machten sich zu Fuß auf den Rückweg.
Die Tuareg folgten ihnen und schossen die Nachzügler einzeln ab. Die übrigen fanden Wasser, aber hatten nichts mehr zu essen. Am vierten Tag aßen sie ihre Hunde. Später schlachteten sie ihre Kamele und aßen auch sie. Die Tuareg trieben ein grausames Spiel mit den verhungernden Männern. Sie boten ihnen eine Mahlzeit aus vergifteten Datteln an, an der einige starben. Sie verkauften ihnen eine Schafherde und mas-

sakrierten die Soldaten, die ausgesandt worden waren, um sie abzuholen. Sie verhöhnten die Notleidenden und schossen sie an. Sie schlugen ihr Lager in ihrer Nähe auf und verzehrten ein üppiges Mahl. Sie waren ohne Erbarmen.

Nach einem Monat Rückzug waren es gerade noch 34 Chaamba-Soldaten und ein französischer Feldwebel, die mit knapper Not überlebt hatten. Vor Verzweiflung fingen sie an, Menschenfleisch zu essen. Zuerst aßen sie das Fleisch der Verstorbenen, bald aber fingen sie an, sich gegenseitig umzubringen. Die französische Presse behauptete später, daß der französische Feldwebel widerstanden habe, als ob nur Afrikaner zum Kannibalismus fähig wären. Der Feldwebel wurde Ende März erschossen und verspeist. Am 4. April 1881 kamen die zwölf Überlebenden in Ouargla an und stellten fest, daß ihnen die Nachricht von ihrer Niederlage schon vorausgeeilt war, weil sich Neuigkeiten in der Wüste bekanntlich in Windeseile verbreiten.

Das Massaker von Flatters Truppe bescherte den Tuareg noch weitere siebzehn Jahre der Isolation. 1898 rückte wieder eine große militärische Expedition von Ouargla aus, marschierte provokativ durch das Hoheitsgebiet der Tuareg im Hoggar-Gebirge und schlug sich dann bis Agadez, am südlichen Rand der Wüste, durch. Von dort aus unterwarfen sie die Bewohner des Tschad-Sees und marschierten dann nach Süden weiter. Ende 1901 fuhren sie auf dem Kongo flußabwärts und kehrten nach Frankreich zurück. In der ganzen Geschichte der Wüste war so etwas noch nie passiert. In der Zwischenzeit fiel In Salah im Norden im Jahre 1900 in die Hände der Franzosen. Das Schicksal der Tuareg war besiegelt.

Eine neue Art der kolonialen Kriegführung wurde ihnen zum Verhängnis: Die Franzosen befehligten nun im Reiten von Kamelen geübte Chaamba-Soldaten, die aber vom Militärdienst in der Garnison befreit waren. Die Kolonialherren hatten sie sogar dazu ermutigt, in der offenen Wüste ein Nomadenleben zu führen. Eine Kolonne mit solchen Soldaten verließ In Salah am 23. März 1902 und ritt zum Brunnen in Tamanrasset. Ihre offizielle Mission war, eine Bande von Kameldieben ausfindig zu machen und zu bestrafen, in Wirklichkeit wollten sie sich aber für Flatters rächen und die Tuareg zum Kampf herausfordern, was ihnen auch wirklich gelang. 15 Meilen nördlich von Tamanrasset, entlang eines ausgetrockneten Flußbetts namens Tit, versammelten sich Hunderte von Tuareg-Kriegern. Es gibt zwei Versionen der darauf folgenden Kampfhandlung. Die ältere Version entwirft das Bild eines verzweifelten und heroischen Gefechts, bei dem es die zahlenmäßig unterlegenen französischen Truppen schafften, sich gegen Hunderte von fanatischen Tuareg zu verteidigen und sie dann zu schlagen. Die neuere Version fragt sich, warum die Franzosen nur drei Soldaten verloren, während die kampferprobten Tuareg Hunderte von Gefallenen zu beklagen hatten. Die neuere Version spricht nicht von einer Schlacht, sondern von einem Massaker. Dies ist natürlich die Version, die von den Tuareg propagiert wird. Es wäre nicht verwunderlich, wenn die modernen Franzosen, die ohnehin dazu neigen, die Tuareg zu romantisieren, dieser Version als erste beipflichteten.

Die Schlacht am Tit rottete eine ganze Generation der Tuareg-Aristokratie aus. Danach übernahm die französische Armee mit nachhaltiger Wirkung die Kontrolle über die Sahara. Nur drei Jahre später, 1905, konnte sich Charles de Foucauld ohne Risiko in Tamanrasset niederlassen. Seine Ermordung im Jahre 1916 war eine Fehlkalkulation, die nicht zählte.

Das gleiche galt für die Hochebene im Niger namens Air, wo zwischen 1915 und 1918 eine größere Rebellion der Tuareg ausbrach. Sie wurde von einem Mann namens Kaocen angeführt, der heute immer noch von Tuareg-Separatisten verehrt wird. Kaocen wurde von den osmanischen Türken in Libyen mit Waffen ausgerüstet. Er marschierte nach Agadez, das er einnahm und beinahe ein Jahr lang besetzt hielt. Verwirrt durch seinen Erfolg, glaubten die Franzosen, daß Kaocen in Wirklichkeit gar kein Tuareg wäre, sondern ein Spion namens Adolf Kraus – das deutsche Pendant zu Lawrence of Arabia. Aber Kaocen war ein echter Tuareg – der erste, der von einem modernen und unabhängigen Tuareg-Staat träumte. Er empfahl seinen Anhängern, keinem Fremden zu trauen, ob er nun Franzose oder Türke sei. Das war leicht zu bewerkstelligen. Als er aber den Tuareg sagte, daß sie sich gegenseitig trauen sollten, kämpfte er gegen die traditionelle Uneinigkeit der Wüstenbewohner an. Angehörige seines eigenen Stammes namens Kel Gress wurden von den Franzosen angeheuert, um ihn zu erledigen. Kaocen war gezwungen, sich nach Osten zurückzuziehen, wo er von seinen alten Verbündeten, den Türken, hingerichtet wurde. Sie wußten, daß er sie verraten hatte. Nach dem Ersten Weltkrieg richteten die Franzosen ihr Augenmerk wieder auf die Kolonien und unterdrückten mit brutalen Methoden, was vom Aufstand im Air und ähnlichen Erhebungen der Tuareg in Mali, in der Nähe von Gao und Timbuktu, noch übriggeblieben war. Es heißt, daß damals 30 000 Tuareg aus dem Inneren der Sahara geflohen seien. Ein ähnlicher Exodus fand in jüngster Vergangenheit statt, was böse Erinnerungen erweckte. Eigentlich würde mich das nicht berühren, aber in Afrika schwebt die Geschichte wie ein Damoklesschwert über dem Land.

Aissa kannte die Geschichte in- und auswendig. Zwei Nächte von Tamanrasset entfernt, sagte er: »Hinter jedem Krieg steckt eine Frau.«
»Auch hinter dem Vietnamkrieg?«
»Ja, Madame Kennedy.«
»Und dem Golfkrieg?«
»Gut, daß du danach fragst.« Er fing mit Mohammeds Geburt an und kam natürlich nie zu der Frau, die den Golfkrieg aus-

gelöst hatte. Nach einem langatmigen Vortrag sagte er dann: »Es gibt noch viel mehr dazu zu sagen, aber ich kann dir heute nicht alles berichten. Ich will dir in jeder der kommenden Nächte mehr darüber erzählen. Wenn wir dann vom Tadart zurück sind, hast du genug Material, um ein Buch darüber zu schreiben.« Also hatte ich doch etwas, worauf ich mich freuen konnte.

Es war wieder ein anstrengender Tag gewesen, und zwei weitere Ziegen waren eingegangen. Am Nachmittag waren wir zum Tassili-Massiv mit seinen senkrechten Abrißkanten gekommen, das sich am östlichen Horizont erhob. Statt aber nach Djanet abzubiegen, das nur noch 100 Meilen entfernt war, waren wir in eine armselige Siedlung mit Hütten aus Schlackensteinen gefahren. Kinder kamen herbeigerannt und führten die überlebenden Ziegen zum Wasser. Aissa sagte mir, daß dies Abdullahs, seines schwarzen Fahrers, Heimatort wäre. Abdullahs Frau und Kinder waren weg, sein fensterloses Ein-Zimmer-Haus war leer. Wir gingen hinein und streckten uns unter Fliegengesumm auf dem Boden aus Lehm aus.

Abdullah hantierte unablässig am Lichtschalter herum und kicherte dabei: »Er funktioniert nicht«, sagte er auf arabisch. Ich bemerkte, daß die Lampenfassung leer war und bezweifelte, ob die Leitung überhaupt angeschlossen war und ob es hier einen Generator gab.

Mit *chèches* maskierte Männer aus dem Dorf kamen herein. Sie mußten sich bücken, um durch die Tür zu kommen, streiften ihre Sandalen ab und setzten sich zu uns. Abdullah erkannte sie an den Falten ihrer *chèches.* Ich ging nach ihren Füßen: merkte mir den einen mit den gespreizten Zehen oder den mit den dezimierten Nägeln oder den mit der gefleckten Haut. Die Kinder kamen mit einem Krug voll Wasser und einer Schüssel Karottengemüse zurück, das wir verzehrten. Abdullah legte sich an der Wand nieder und fing an zu schnarchen. Ich fragte Aissa nach dem Namen dieses Orts und er antwortete hämisch, daß er keinen hätte. Die Luft war verbraucht. Ich trat in die Nachmittagssonne hinaus und ging durch den Ort. Die Kinder folgten mir schweigend und blieben stehen, wenn ich stehenblieb. Ich konnte ihnen kein Lächeln entlocken. Der Ort war ohne Bäume, erschien unerbittlich karg und trostlos. Es gab dort einen offenen Brunnen mit einem Eimer und einem Schwengel, der mit der Hand zu bedienen war. Und ein Gemüsebeet, wo die Karotten wuchsen. Unsere Ziegen hatten sich auf den Abfallhaufen in einem verfallenen Hof niedergelassen. Ich wäre gerne nach Djanet weitergefahren, aber fügte mich in mein Schicksal, als die Sonne unterging und die Dunkelheit allmählich einsetzte.

Wir marschierten in die Wüste hinaus, um in den Dünen das Abendessen zu kochen. Mit dem Holz, das wir vorher aufgelesen hatten, machten wir ein Feuer. Abdullah machte ungesäuertes Brot, das hier *tagela* heißt, indem er Wasser aus einer Flasche aus Ziegenleder in Mehl knetete, den Teig zu einem runden Laib formte, ihn beim Feuer im Sand vergrub und mit heißer Glut bedeckte, um ihn zu backen. Ungefähr nach einer Stunde grub er das Brot wieder aus und begann mit einem Messer in einem langwierigen Prozeß den Sand von der Kruste abzukratzen. *Tagela* zu backen und den Sand abzukratzen nimmt in der Sahara viele Nächte in Anspruch und steht stellvertretend für die Langeweile in der Wüste. Man läßt eine Sauce vor sich hin köcheln, während man auf die *tagela* wartet. Wenn der Sand zum größten Teil entfernt ist, reißt man die *tagela* auseinander und wirft die noch heißen Stücke in den Topf mit der Sauce. Mit dem Wasser aus der Lederflasche wäscht man sich die Hände und ißt mit ihnen aus der gemeinsamen Schüssel. Wenn es Fleisch gibt, wirft dir jemand ein paar fettige Brocken auf deine Ration. Langsam kaut man sich durch das knorpelige Fleisch.

Am Ende unserer Mahlzeit tauchte ein alter Nomade mit einer unförmigen *chèche* aus der Dunkelheit auf, um uns Gesellschaft zu leisten. Ziemlich einfältig stellte ihn Aissa als »Meister der Wüste« vor. Der Mann war groß und hellhäutig und hatte die aufrechte Haltung eines vornehmen Tuareg. Er trug einen Dolch. Als ich seine Hand schüttelte, merkte ich, daß sie rissig und hornig war. Er konnte ein bißchen Französisch, aber bediente sich der vertrauten Tuareg-Sprache, um die Störung in einer kosmischen Konstellation zu deuten.

Am nächsten Morgen luden wir die Ziegen wieder auf die Lastwagen und fuhren über ein Sandmeer namens Admer. Die Dünen waren 90 Meter hoch. Ich stellte wieder fest, wie rücksichtslos und gekonnt Aissa fuhr. Er jagte die Abhänge mit Vollgas hinauf und verließ sich auf den Schwung, den er dadurch bekam, um den Lastwagen über den Dünenkamm, und auf die Schwerkraft, um ihn über die rutschigen Abhänge zu bringen. Er blieb nie stecken. Abdullah fuhr viel vorsichtiger und verließ sich auf den Allradantrieb, um im Schrittempo über die Dünen zu fahren, verharrte auf dem Gipfel und sank manchmal ein.

Schließlich kamen wir nach Djanet, einer Stadt, die in 1100 Meter Höhe über einem ausgetrockneten Flußbett terrassenförmig angelegt ist. Aissa hatte geschäftlich dort zu tun, was ein paar Tage in Anspruch nehmen würde. Danach würden er und Abdullah mich zum Preis von einem Fremdenführer ins Tadart-Gebirge im Süden mitnehmen. Ich nahm mir ein Zimmer im Djanet-Hotel und begann zu warten. Da ich eine Fahrt mit Aissa überstanden hatte, würde ich wahrscheinlich auch noch eine zweite überstehen.

Ich hätte etwas anderes vereinbaren sollen. Das Tassili-Plateau, das sich unmittelbar im Osten von Djanet bis zu einer Höhe von 2100 Meter erhebt, hat einen größeren Schatz von Felsmalereien als das Tadart-Gebirge, und das Risiko ist geringer. Es gibt dort 400 000 Felsmalereien und -gravuren aus der Jungsteinzeit in einem Nationalpark von der Größe des Yellowstone-Parks. Das Tadart-Gebirge ist weiter weg von

Djanet und hat weniger zu bieten. Gerade das reizte mich am Tadart-Gebirge – daß es das Nonplusultra einer Wüste ist. Außerdem war Djanet ein angenehmer Ort, um zu warten. Aus hellem Stein erbaut, stieg die Stadt über steilen Mauern und einem Palmengarten über dem Tal empor. Auf einem Hügel standen die Ruinen einer Festung, aus der die Tuareg einst eine kleine französische Garnison vertrieben hatten. Auf einem anderen Hügel stand ein weiß verputztes Herrschaftshaus mit einer Satellitenschüssel – ein ehemaliges Feriendomizil des Präsidenten, das aber immer noch instand gehalten wurde. 10 Meilen vor der Stadt gab es einen Flughafen. Die Menschenmenge auf der schattigen Hauptstraße setzte sich aus Tuareg, Arabern und Einwanderern aus dem Süden zusammen. Unter den Bäumen auf dem Markt standen Fernlaster herum, die in der Sahara verkehrten.

Vor der kleinen Garnison entspannten sich die Soldaten zwischen den Patrouillen durch die Wüste. Ihre Aufgabe bestand hauptsächlich darin, die ferne libysche und nigrische Grenze zu überwachen. Sie fuhren mit verbeulten Landrovern, die schon jahrelang schrottreif waren. Hubschrauber, die noch aus der Sowjetunion stammten, flogen in lockerer Formation über uns hinweg. Im schattigen Café hörte ich von einem Scharmützel in der vergangenen Woche. Schmuggler, Tuareg-Separatisten, islamische Revolutionäre – ich wußte genug darüber, um nicht fragen zu müssen. Die Erzählungen jagten mir keine Angst mehr ein. Ich hatte schon so viele gehört. Vermutlich wollte sich Djanet wie andere Grenzstädte damit nur brüsten.

Als wir Djanet verließen, fuhr Abdullah, und Aissa saß neben ihm auf dem Beifahrersitz des Transporters. Ich hockte auf dem Klappsitz hinter ihnen. Die heiße Wüstenluft blies durch das rückwärtige Schiebefenster nach vorne. Auf der Ladefläche transportierten wir unter Segeltuchplanen unser Versorgungsmaterial – Decken, Nahrungsmittel, eine Schaufel, einen Ersatzreifen, Benzinkanister und Kanister mit Wasser.

Südlich von Djanet folgten wir der abgefahrenen Piste nach Libyen durch eine Wüste mit einer Akazie hier und da. Wir wurden von einer Militärpatrouille in einem Landrover angehalten, die aus der entgegengesetzten Richtung kam. Es war wie eine Begegnung von Freunden auf einer Straße in der Kleinstadt: keiner machte sich die Mühe auszusteigen. Wir gaben unsere Ausweise dem Fahrer, der sie dem Feldwebel weiterreichte. Dieser war erstaunt, einen amerikanischen Paß darunter zu finden. Er sagte etwas über Dallas und meinte damit die Fernsehserie. Ich lächelte. Abdullah verhielt sich unterwürfig. Der Feldwebel fragte Aissa nach unserem Reiseziel und warum wir dorthin führen. Aissa erwiderte, daß ich ein bedeutender Wissenschaftler sei, der sich für die Felsbilder im Tadart-Gebirge interessiere.

Später fragte ich ihn, warum er gelogen habe. Er antwortete: »Weil das Militär meint, daß alle Reporter Spione sind.« Aissa hatte aber gelogen, weil es ihm Spaß machte.

Wir verbrachten die heißesten Mittagsstunden an einer Quelle in einer Schlucht. Dort hatten Tuareg-Nomaden ihre Zelte aufgeschlagen. Dunkle, niedrige Zelte, die aus Tierhäuten und Rupfen bestanden. Die Nomaden hatten Kamele und Ziegen dabei und einen alten Geländewagen mit dem verblaßten Firmenzeichen einer Touristenagentur an der Tür. In den Bäumen hingen Kleider zum Trocknen. Als wir ankamen, verdrückten sich die Frauen und zogen die kleinsten Kinder hinter sich her. Die Männer waren groß und hager und trugen natürlich *chèches*. Mit ausholenden Armbewegungen kamen sie auf uns zu und betrachteten uns herablassend wie echte Aristokraten. Einer von ihnen hatte eine Motorradbrille auf und eine digitale Armbanduhr an. Sie luden uns ein, mit ihnen im Schatten einer Plane zu sitzen, die sie zwischen zwei Akazien gespannt hatten. Wir teilten unser Obst und Brot. Sie fachten ein Feuer an, um Tee zu kochen. Sie sprachen wenig und unterhielten sich nur auf Tamashagh. Erschrocken stellte ich fest, daß einer von ihnen der alte »Meister der Wüste« aus der Ortschaft ohne Namen war. Er tat so, als ob er mich nicht kennen würde. Die jüngeren Männer fügten sich seinen Wünschen. Kinder kamen aus ihren Zelten zu uns herüber, um die Fremden zu beobachten. Die Ziegen meckerten. Als die schlimmste Mittagshitze vorüber war, verließen wir das Lager in südöstlicher Richtung. Eingesperrt in ein Fahrzeug fuhren wir über holperigen Wüstenboden.

Das Erstaunlichste an der Sahara ist, wie schnell sie ihr Gesicht verändern kann. Um nur die Landschaften aufzuzählen, die wir an diesem Nachmittag passierten: rosafarbene und gelbe Dünen, bläuliche Zinnen, schwarzes Vulkangeröll, Kiesebenen, graue Felsbrocken, die halb im Sand stecken, eine erodierte Schlucht, zwei ausgetrocknete Flußläufe, Felskegel, ein Cañon und viel Ödland. Die Piste, der wir folgten, gabelte sich, wurde schwächer und verschwand dann ganz.

In der Nacht kampierten wir auf einer Hochebene. Ich fragte, wem das Land gehöre. Abdullah sah mich verdutzt an. Aissa sagte: »Es gehört niemand. Es gehört der Regierung. Es gehört Gott.« Wir dachten eine Weile darüber nach. Dann fügte er hinzu: »Oft gibt es keine Regierung, Gott aber ist überall.«

Selbst da war er nicht ehrlich. Es gibt verschiedene Gründe, warum man nicht an Gott glaubt, bei Aissa aber war es reiner Selbstzweck. Im Alter von 30 Jahren war er immer noch das Hätschelkind seines Vaters und viel zu verzogen, um sich irgend einer höheren Autorität zu unterwerfen. Als Sahara-Bewohner konnte er dies natürlich nicht zugeben, so daß seine Religiosität nur äußerlich war. Unwillkürlich entlarvte er sich selbst.

Ich machte mir einen Riesenspaß daraus, meinen Begleitern Fragen zu stellen. Nach Art eines Dieners hatte Abdullah die

Angewohnheit, alles zu bejahen, bei Aissa war es genau das Gegenteil.
Sind diese Sandwüsten durch Wasser entstanden? Nein, durch die Winde.
Sind sie durch Winde entstanden? Nein, durch Wasser.
Er konnte einfach nicht anders. Wenn ich wollte, daß wir anhielten, schlug ich vor weiterzufahren. Wenn ich wollte, daß wir weiterfuhren, schlug ich vor anzuhalten. Und weil Aissa nicht auf den Kopf gefallen war, nahm er mir das Spiel mit der Zeit übel.
Er war ein entsetzlicher Aufschneider, der einfach nicht in der Lage war, Schwächen oder Versagen einzugestehen. Selbst wenn er einen Fehler zuzugeben schien, war es nur, um dann um so ungenierter wieder aufzuschneiden. Als wir zwei Tagesreisen von Djanet entfernt waren, sagte er unvermittelt: »Ich bin ein entsetzlich grausamer Mensch!«
Ich hörte die unterschwellige Drohung, wußte aber nicht, ob Aissa sich dessen bewußt war. In der Nacht zuvor hatte er eine Pistole mit einem 45er Kaliber aus dem Gewand gezogen, sie auf einer Decke neben dem Feuer gereinigt und nachgesehen, ob sie geladen war. Abdullah hatte gekichert. Der Spaß ging auf Kosten des Feldwebels, der uns festgenommen hätte, wenn er's spitzgekriegt hätte. Ich fragte Aissa, weshalb er die Waffe habe. Er lächelte und sagte: »Um mich vor Banditen zu schützen!«
Als Aissa sagte, daß er grausam wäre, meinte er »stark« damit. Er erzählte mir eine Geschichte aus seiner Jugend in Ouargla: »Ich habe diesen Bruder, der damals erst sechs war. Eines Tages kratzte ihn eine Katze. Ein kleiner Kratzer, mein kleiner Bruder aber weinte. Ich nahm die Katze und brach ihr das Genick. So. Dann nahm ich meinen Bruder in den Arm und sagte: ›Siehst du nun, kleiner Bruder, du brauchst nicht zu weinen!‹«
Wir kamen zum Eingang des Tadart – einer glühend heißen

Felsschlucht, die sich durch ein von der Hitze versengtes Plateau grub und wand. Es war Mittag. Wir ließen den Wagen unten in der Schlucht stehen und kletterten glühend heiße Felsen zum prähistorischen Gemälde einer Frau mit vier Köpfen empor, und weiter zu Kopulations- und Jagdszenen. Im Schatten eines Felsvorsprungs tranken wir warme Ziegenmilch, die sehr fett war, und kauten eine Mischung aus zerstampften Datteln und bitteren Wüstenkräutern. Die Schlucht war gelb und braun, brutal hell und so höllisch heiß, daß die Winde nach oben bliesen und Sanddünen die Felswände emporkletterten, um zu entweichen.

Die Felsbilder erinnerten Aissa an sein Lieblingsthema: Frauen. Er sagte: »Neunzehnhundertzweiundneunzig fanden Wissenschaftler in den Vereinigten Staaten heraus, daß körperliche Bewegung für Frauen schlecht sei. Das hätte ich ihnen auch sagen können!«

Ich lachte. Das mochte er gar nicht. Er erkundigte sich nach den amerikanischen Frauen, die ich kannte.

»Sie machen immer noch Gymnastik«, erwiderte ich.

Aissa haßte sie deswegen und sagte: »Eines Tages wirst du mich ihnen vorstellen. Ich werde sie ruinieren. Ich werde sie soweit bringen, daß sie nach meinen Liebesbezeugungen lechzen.«

Was ich allerdings bezweifelte.

Die Sahara war nicht immer eine Wüste gewesen. In ihrer geologischen Geschichte hatte es regenreiche Perioden gegeben, die das Ödland in Waldgebiete und Savanne verwandelten. In einer dieser Perioden tauchte *Homo erectus* hier auf, vielleicht vor 500 000 Jahren, als er dem Wild nördlich des Niger-Flusses oder westlich des Nils folgte oder beides. Vor 100 000 Jahren lebten im Innersten der Sahara Menschen in kleinen Gruppen zusammen. Sie hatten genügend Tiere zum Jagen und ließen Knochen und Werkzeuge aus Stein im weiten Umkreis zurück. Wie schon zuvor, kehrte die Wüste auch später wieder. Über den Zeitraum weiß man nichts Genaues. Vielleicht befand sich vor 50 000 Jahren ein Fischerdorf in der Nähe des heutigen Djanet, an dem See, der den Sand des Erg d'Admer hinterließ.

Der Nebel beginnt sich erst um 8000 v. Chr. zu lichten, auf dem Höhepunkt der letzten regenreichen Klimaphase. Der Tschad-See, der heute größtenteils Sumpfgebiet ist, war damals ein riesiger Binnensee, der bis zum Niger reichte und in die Bucht von Benin mündete. Eichen, Walnußbäume und Ulmen wuchsen in der Zentralsahara im Hoggar-Gebirge. Und im Tassili n'Ajjer wuchsen Kiefern. Im Süden senkte sich das Land zum üppiges Weideland der afrikanischen Savanne hinab. Das Tadart-Gebirge war voll wildlebender Tiere. Durch seine Felsschluchten flossen Flüsse.

Eine Kultur erlebte ihre Blütezeit. Künstler fingen an, auf Felsen zu malen und Zeichnungen in die Felsen zu ritzen. Die größte ihrer Figuren erreicht eine Höhe von 4,50 Metern. Die Künstler stellten sich ihre Götter mit runden Köpfen vor und bildeten eine Sahara ab, in der sich afrikanische Säugetiere tummelten – Giraffen, Elefanten, Nashörner, Flußpferde, Zebras, Büffel, Warzenschweine und Antilopen. In den Seen schwammen Welse, Barsche und Schildkröten. In den Flüssen trieben Krokodile. Die Menschen jagten zu Fuß und mit Speer und Pfeil und Bogen. Sie machten ihr Geschirr aus Ton, lebten in Dörfern und begruben ihre Toten. Sie mähten das Gras und mahlten die Körner, betrieben aber keinen Ackerbau.

Um 5000 v. Chr. traf ein neues Volk unbekannter Herkunft ein: hochgewachsene Rinderhirten, die wahrscheinlich aus dem äthiopischen Hochland stammten. Sie leiteten die edelste Kunstperiode in der Sahara ein, die Kultur der Bororo, die durch ihre anmutigen Darstellungen des ländlichen Lebens gekennzeichnet ist. Wahrscheinlich waren die Einwanderer die

Vorfahren der heutigen Fulani-Nomaden, der Rinderhirten der Sahelzone: die Ähnlichkeiten gehen über den Körperbau hinaus bis zu Besonderheiten der Haartracht, der Kleidung und des Baus der Dörfer. Diese Rinderhirten blieben lange Zeit in der Zentralsahara, nämlich von 4000 bis 2500 v. Chr., einer Zeitspanne, die ungefähr mit dem alten Königreich Ägypten zusammenfällt und das Goldene Zeitalter des Hirtenlebens in der Sahara genannt wird.

Die Rinderzucht erwies sich als so erfolgreich, daß sie vom Gebirge weiter nach Süden ausgeweitet wurde. Darüber zu spekulieren, daß die Hirten durch Verweidung der Wüstenbildung Vorschub geleistet hätten, ist ungerecht. Ältere und weiter reichende klimatische Kräfte waren am Werk. Um 2000 v. Chr. veränderte sich einfach das Klima. Zuerst machte sich allmähliche Trockenheit im Tiefland der Sahara bemerkbar, drang dann ins Gebirge vor und wurde mit der Zeit immer intensiver. Damals wie heute gibt es Jahre, in denen der Regen wiederkehrt und die Vegetation üppiger wird. Die Wüste war allerdings auf dem Vormarsch.

Man könnte meinen, daß die Menschen solch eine langsam fortschreitende Verarmung nicht wahrgenommen hätten. Sie lebten aber umgeben von der Kunst ihrer Ahnen, die ein einstmals üppiges Land verherrlichte. Über Hunderte vom Meilen sind die Zeichnungen verstreut, die in den Fels geritzt sind; Malereien, die im unauslöschlichen Braunorange von Laterit und Eisenoxid überlebt haben. Die früheren Darstellungen mußten die Menschen späterer Zeiten zur Auseinandersetzung mit dem Verlorenen gezwungen haben. Haben sie dann miteinander gekämpft, Hexenverfolgungen veranstaltet oder neue Formen des Gebets entdeckt? Jedenfalls nutzte es ihnen nichts. Die Seen und Flüsse schrumpften zusammen. Das Großwild zog nach Süden. Auf einem Felsen in der Nähe von

Djanet hat jemand eine weinende Kuh gezeichnet, die auch heute noch aussieht wie eine Ankündigung vom Weltende. Um 1500 v. Chr., als das Austrocknen dramatische Formen annahm, drangen hellhäutige Berber-Krieger von Norden in die Sahara ein. Sie hatten Streitwagen, die von galoppierenden Pferden gezogen wurden. Bald beherrschten sie die Zentralsahara. Schließlich stiegen sie von Streitwagen auf gesattelte Pferde um. Sie zeichneten ihre eigenen Bilder, in denen sie physische Stärke und Aggression verherrlichten – der Schlüssel zum Erfolg in einer immer mehr um sich greifenden Wüstenlandschaft. Diese Krieger waren die Vorfahren der Tuareg.

Nicht alle, die ursprünglich Rinderhirten waren, flohen aus der Wüste. Die Hirten, die blieben, wurden Leibeigene der Tuareg. Sie waren die ursprünglichen Haratin. Mehr als 3000 Jahre lang machten sie keine Versuche, sich aus der Leibeigenschaft zu befreien. Mit den gefangenen Schwarzafrikanern befanden sie sich auf der untersten Stufe in der strengen Hierarchie der Tuareg, die auf der Hautfarbe basierte. In der Mitte des 19. Jahrhunderts waren 90 Prozent der Sahara-Bewohner schwarze Leibeigene, denen die Gleichberechtigung mit den Tuareg für immer verwehrt war. Dies war die traditionelle Gesellschaftsform, die heute zu leichtfertig idealisiert wird. Die Idee von der Gleichheit kam von außen – vom Islam und später aus Europa –, aber sie konnte hier nicht Fuß fassen. Die Aristokratie der Tuareg bedurfte nicht einmal tyrannischer Mittel zum Herrschen, weil ihre Untertanen sich weigerten, zu rebellieren.

Ich sah es auf der Fahrt zum Tadart. Abdullah war im Grunde seines Herzens ein Sklave. Er brachte Aissa die Sympathie des Gefangenen für seinen Gefängniswärter entgegen und schien Gefallen daran zu finden, Befehle von einem Despoten wie ihm entgegenzunehmen. Er war zwar ein Tuareg, aber einer, der verwirrt war. Einige Tagesreisen von Djanet entfernt, befahl ihm Aissa – trotz meiner Einwände –, seine *chèche* für mich abzunehmen. Abdullah gehorchte ihm grinsend. Sein Gesicht überraschte mich. Er hatte breite Backenknochen, die von langem, ungekämmtem Haar eingerahmt waren, aufgeblasene Nüstern, einen spärlichen Schnurrbart und vorstehende Zähne – es waren nicht die Gesichtszüge eines Berber oder Fulani, sondern merkwürdigerweise die eines australischen Ureinwohners. Der Vorfall irritierte mich. Aissa sah voller Genugtuung zu. Er wollte mir zeigen, daß ihm Abdullah gehorchte.

Das Kamel kam zunächst als gezähmtes Lasttier zu den Tuareg. Die kurze Geschichte seiner langen Wanderung in vorgeschichtlicher Zeit beginnt in Amerika, und zwar im Eozän mit *Protylopus*, der nur so groß war wie ein Hase. Dessen Nachfahren überquerten die Beringstraße und entwickelten sich zu einem prähistorischen Kamel, das im kalten Klima zu Hause war und wahrscheinlich zwei Höcker hatte. Dieses verbreitete sich anschließend über Asien und Nordafrika. Das prähistorische Kamel war ein scheues und wehrloses Tier, das im Busch lebte und fürs Überleben aus seiner Fähigkeit Nutzen zog,

Wasser zu speichern und so die Wasserstellen seiner Feinde meiden zu können. Offensichtlich war aber diese Strategie nicht gut genug. In einer Sahara, die von Löwen, Wildhunden und schon sehr früh von menschlichen Jägern durchstreift wurde, waren die Kamele vor dem Entstehen der ersten Felsmalereien ausgerottet. Möglicherweise wurden sie auch im ganzen Mittleren Osten ausgerottet. Ein Zweig hat sich wahrscheinlich in den Norden, in die kühle Abgeschiedenheit des Iran und Zentralasiens zurückgezogen und sich zu dem langhaarigen Kamel mit zwei Höckern entwickelt, das heute noch dort lebt. Die wichtigere Art scheint sich in die entlegenen Winkel der Arabischen Halbinsel zurückgezogen zu haben, wo eine immer unerbittlicher werdende Wüste die Tiere vor ihren natürlichen Feinden beschützte. Mit der Zeit entwickelten sie sich zu kurzhaarigen, sandfarbenen Kamelen mit einem Höcker, den sogenannten Dromedaren, die extreme Hitze und in geringerem Umfang auch Dürre ertragen können.

Kamele speichern kein Wasser in ihren Höckern. Sie trinken hemmungslos, bis zu 126 Liter in zehn Minuten und verteilen es dann gleichmäßig über den ganzen Körper. Sie sind sehr sparsam in ihrem Wasserverbrauch, scheiden zähflüssigen Urin aus und trockenen Kot. Sie atmen durch die Nase und halten ihr Maul geschlossen. Sie schwitzen, aber erst, wenn es nicht mehr anders geht, zuvor können sie ihre Körpertemperatur bis etwas über 5 Grad Celsius ansteigen lassen. Wenn sie auszutrocknen beginnen, verändert das ihr Blutplasma zunächst nicht. Sie können einen Wasserverlust von bis zu einem Drittel ihres Körpergewichts überleben, dann gleichen sie den Verlust durch Trinken aus und fühlen sich wieder wohl. Wenn sie in Ruhe gelassen werden und keine Lasten tragen müssen, können sie zwei Wochen lang ohne Wasser auskommen.

Das wilde Kamel auf der Arabischen Halbinsel war relativ zahm, weil es die Wüste vor der Verfolgung durch seine Feinde schützte. Um 2000 v. Chr. begannen es arabische Nomaden wegen seiner Milch und seines Fleisches zu zähmen. Später kam ihnen der Gedanke, darauf zu reiten und es vor allem als Lasttier zu benutzen. Die Zähmung des Kamels brachte dramatische Veränderungen mit sich. Die Macht verlagerte sich von den Städten in die Wüste und verhalf den Nomaden zu Reichtum und Einfluß. Weil man sich mit Hilfe des Kamels besser in der Wüste bewegen konnte, verhalf es auch dem Islam zum Aufstieg.

Das arabische Kamel war so erfolgreich, daß es mit der Zeit Pferde und Ochsenkarren in großen Teilen des Mittleren Ostens und Nordafrikas verdrängte. In weiten Teilen der Erde ersetzte es das Rad. In seiner Pioniersarbeit über dieses Thema *The Camel and the Wheel* zählt Richard W. Bulliet, Historiker an der Columbia University, die Gründe dafür auf. Er schreibt, daß ein Kamel beinahe so viel wie ein Wagen befördern kann, aber weniger oft zusammenbricht. Ein Karren wird von zwei Ochsen gezogen und braucht einen Menschen, der sie antreibt. Schlimmer noch, ein Wagen fährt auf Rädern und braucht Wege, die angelegt und instand gehalten werden müssen. Bepackte Kamele gehen hintereinander auf Wegen oder auf offenem Gelände einher. Sie steigen auf Berge, überqueren Sanddünen, schaffen 30 Meilen am Tag, fressen spärlich, speichern viel Wasser, fürchten sich nicht vor der Dunkelheit, gehorchen, wenn man ihnen Peitschenhiebe versetzt, und leben lange. Sie können nicht die Geschwindigkeit und die Dynamik eines Streitrosses ersetzen, andererseits können Streitrösser aber auch nicht die Strapazen der Wüste ertragen. Und Kamele können auch galoppieren.

Bulliet ist zwar ein Befürworter des Kamels, aber er versucht auch immer, fair zu sein. Er erklärt, warum das Kamel nie über seinen natürlichen Bereich hinaus Verwendung gefunden hat, und stellt fest, daß sich sogar in Arabien seine Vorteile nur sehr langsam herausstellten. Das größte Problem war der Höcker, der aus Fettgewebe besteht und keine Lasten verträgt.

Über 1000 Jahre lang wurden die Sättel hinter dem Höcker angebracht, weil die ersten Kamele vor dem Höcker nicht genügend Platz hatten. Der hintere Teil aber war schwach und wacklig. Die Lösung, die man im Norden Arabiens mehrere Jahrhunderte v. Chr. fand, war eine neue Art des Sattels, der mit einem Holzrahmen in Form einer Raute am Höcker des Kamels anlag. Der stabil angebrachte Sattel ermöglichte dem Reiter einen erstklassigen, bequemen Ritt und einen sicheren Platz, von dem aus er seinen Säbel schwingen und seinen Speer werfen konnte. Und was noch wichtiger war, indem das Gewicht verlagert wurde, ermöglichte der neue Sattel dem Kamel, größere Lasten zu tragen. Es war dieser Sattel, der schließlich den Sieg über das Rad davontrug.
Das Rad war bereits wieder im Niedergang begriffen. An den Rändern des römischen Imperiums ließ man die Wege verfallen. Und da im Krieg die Streitwagen durch Reiter ersetzt worden waren, hatte das Rad an Attraktivität verloren. Dennoch verschwand das Rad in Wirklichkeit nur dort, wo es Kamele gab. Mit wenigen Ausnahmen wurden der Mittlere Osten und Nordafrika Zivilisationen ohne Wagen. Und zwar wurde das Rad so vollständig vertrieben, daß in einigen Oasen in der Sahara sogar die Erinnerung daran verlorenging.
Als die Kunde von der praktischen Nutzbarkeit des Kamels in der Zeit um Christi Geburt die Hochebenen der Sahara erreichte, machten sie sich die Tuareg zuerst für ihre Kriegführung zunutze. Im extremen Wüstenklima konnten sie auf Kamelen noch brutaler gegen ihre Feinde vorgehen als auf Pferden. Tier und Reiter paßten so gut zusammen, daß die Tuareg zu den besten Kamelreitern der Welt wurden. Um besser darauf reiten und kämpfen zu können, züchteten sie das ideale Kamel, das *mehari*, ein mageres Tier mit einem so langen Rücken, daß die Reitsättel *vor* dem Höcker angebracht werden konnten. Der Krieger saß nun zwar tiefer, so daß ein Gegner auf einem Pferd gerade noch von unten an ihn heranrei-

chen konnte, das Kamel aber ließ sich auf diese Weise besser führen.
Die Tuareg reiten immer noch gerne auf Kamelen. Dabei schmiegen sie sich mit den bloßen Füßen an ihren Hals und lenken sie mit sanftem Druck. Sie sagen ihnen Koseworte und brüsten sich damit, daß sie schnelle und weiße Schönheiten besitzen. Die Tuareg romantisieren das Kamel. Allerdings müssen sogar sie das Kamel für überholt halten. Auch darüber geben die Felsen Auskunft: unter den alten Zeichnungen gibt es neuere, von Lastwagen und Autos. Heute schmieden sich die Tuareg ihre Säbel aus den Federungen der Toyotas. Sie idealisieren die Vergangenheit und kämpfen in Fahrzeugen mit Allradantrieb – der Streitwagen ist zurückgekehrt und hat bittere Rache genommen.

Im Tadart kämpften wir uns durch eine Wüste, die auf keiner Karte verzeichnet ist, mit kegelförmigen Erhebungen und Treibsand. Wir stiegen zu Felszeichnungen hinauf, flüchteten uns vor der Mittagssonne in Höhlen und schliefen unter dem sternklaren Himmel. Aissa legte die Route zielsicher fest. Als wir auf Radspuren stießen, stieg er aus, um sie zu überprüfen. Er sagte, daß sie alt wären, die Spuren einer Militärpatrouille. Sie versetzten ihn in gute Laune. Er meinte, daß er mich in die eigentliche Sahara führen werde, wo nicht einmal die Nomaden hinkämen. Ich nahm das Angebot an. Dieser Winkel der Sahara lag von Dünen versperrt in verborgenen Tälern, die für Abdullahs Fahrweise zu weich und zu steil waren. Mit den bloßen Händen gruben wir einen Durchgang für den Wagen. Am Ende einer Schlucht hielten wir unter schwarzen Felswänden an, um unser Lager aufzuschlagen. Aissa und Abdullah setzten mich dort aus.
Es geschah folgendermaßen: Wir luden Decken und etwas zu essen aus, einen Kanister mit Wasser und einen mit Benzin.

Aissa sagte, daß sie nach Holz suchen wollten, und so fuhren sie weg. Die Nacht brach an. Nach einer Stunde blickte ich von einem Felsvorsprung aus in die Dunkelheit der Felsschlucht hinab, sah aber keine Scheinwerfer. Nach drei Stunden war mir klar, daß etwas schiefgegangen war.
Ich dachte, daß der Wagen vielleicht eine Panne gehabt hätte. Wie weit würden sie wohl fahren, um Holz zu sammeln? Sie hatten ihr eigenes Essen und Wasser dabei und würden wahrscheinlich bis zum Tagesanbruch mit der Reparatur warten. Ich wickelte mich in eine Decke und grübelte bis spät in die Nacht hinein.
Die Stille der Sahara hüllte mich ein. Der Himmel zog langsam vorüber. Ich döste vor mich hin, bis mir ein Windstoß Sand ins Gesicht wehte und mich wieder in die Wüste zurückversetzte. Ich fühlte mich gestärkt und hellwach. Vorsichtig ließ ich die vorangegangenen Tage Revue passieren: die bruchstückhaften Gespräche, die wechselnden Launen, die Angebereien und versteckten Drohungen. Der Lastwagen war zu neu, um kaputtzugehen. Ich erinnerte mich an eine von Aissas Geschichten, eine Lektion, die er seinem kleinen Bruder erteilt hatte.
»Wer bin ich?« hatte ihn Aissa gefragt.
»Aissa«, hatte sein Bruder geantwortet.
»Nein. *Wer bin ich?*«
»Ich weiß nicht.«
»Das stimmt, kleiner Bruder. Du kannst es nicht wissen.«
Aber ich wußte so viel über ihn, daß er mir beinahe leid tat. Aissa war ein Pechvogel, nicht dumm, aber verwirrt und habgierig. Ein Killer. Ich glaube, daß er mich gerne zum Freund gehabt hätte.
Ich wußte nun, warum er sich darauf eingelassen hatte, mich hierherzufahren, und warum er weggefahren war. Welch besseren Vorwand gab es, die Sahara zu durchqueren, als Kunst und Geschichte zu erforschen? Aissa hatte mich verwirrt, weil

er sich hatte bezahlen lassen, und ich hatte seinen Zwecken vorzüglich gedient. Bei dem, was er nun vorhatte, wäre ich nur lästig gewesen. Ich glaubte, daß er wieder zurückkehren würde, weil ich ihm wieder von Nutzen sein könnte. Das war allerdings eine gefährliche Sache, und mit jeder Stunde nahmen meine Chancen ab. Bei Tagesanbruch überkam mich eine maßlose Wut.

Die Sonne trieb mich den Abhang der Felsschlucht hinauf, in den Schatten eines überhängenden Felsens. Ich verbrachte den Morgen damit, von meinem Ausguck aus den unteren Teil der Felsschlucht und darüber hinaus die endlose Wüste aus Sand und Stein zu überblicken. Nichts regte sich. Unter anderen Voraussetzungen wäre mir die Wüste vielleicht interessant vorgekommen, dies war aber jetzt nicht der Fall. Nach all den Warnungen vor dieser Wüste, nach allem, was ich darüber geschrieben hatte, hatte ich mich in eine Falle locken lassen. Und was noch schlimmer war, ich selbst hatte alles darangesetzt, um hierherzukommen. Die Sahara ist kein Reiseziel, das man bedenkenlos in Angriff nehmen kann, und wird es auch niemals sein. Ein Schriftsteller schreibt darüber, wie ein Leser darüber liest – um seine Neugierde nach einem unbekannten Teil der Welt zu befriedigen. Man stelle sich vor, daß man sein Leben aus keinem besseren Grund aufs Spiel setzt! Es würde ein klägliches Ende für mich bedeuten, wenn mich die Sahara umbrächte. Als sich der Tag neigte, mußte ich mich allerdings darauf gefaßt machen. Ich war überrascht, weil ich nicht damit gerechnet hatte. Salah Addoun hatte mir wiederholt geraten: »Wenn du steckenbleibst, mußt du ruhig bleiben, weil auch die Wüste ruhig ist.

Touristen geraten in Panik und fahren ziellos umher. Sie haben Angst vor der Angst.

Wenn du dich verirrst, solltest du dich hinsetzen und warten. Eine Stunde, zwei Stunden, den ganzen Tag. Im Sitzen wirst du dich wieder zurechtfinden.«

Er hatte recht. Indem ich alle anderen Gedanken verdrängte, stellte ich fest, daß ich die Route rekonstruieren konnte, die wir von Djanet gefahren waren. Ich dachte, daß ich sie wenigstens in der Theorie durch das Labyrinth des Tadart zurückverfolgen könnte. So daß ich, so gesehen, vielleicht doch nicht ganz verloren war.
Wie immer war das Problem das Austrocknen. Ich hatte über 100 Liter Wasser, was aber hieß, daß ich nicht einmal die Hälfte mitnehmen konnte. 57 Liter wiegen schon über 50 Kilogramm. Ich hatte Edward Adolph, den Verfasser des Klassikers *Physiology of Man in the Desert*, gelesen und wußte, daß jede kleine Menge Wassers, die ich tragen könnte, mich reichlich für den zusätzlichen Schweiß entschädigen würde, den sie kostete. Dennoch ist der Mensch kein Kamel. Wenn ich tagsüber ging und so viel trug, wie ein starker Mann konnte, würde ich 30 Meilen schaffen, bevor ich zusammenbrach. Wenn ich bei Nacht ging, würde ich dreimal soviel schaffen, mich dafür aber sehr wahrscheinlich verirren. Djanet war mehr als 200 Meilen entfernt und die Quellen der Tuareg annähernd soviel. Mit welchen Mitteln ich auch kämpfte, die Wüste würde mich besiegen. Ich konnte schon beinahe darüber lächeln. Ich mußte wieder an Addoun denken. »Für jeden Menschen gibt es zwei Zeitpunkte, die unentrinnbar sind: der Zeitpunkt seiner Geburt und der seines Todes.« Wenn Aissa bis morgen nicht zurückgekehrt war, konnte ich mir den Zeitpunkt meines Todes ausrechnen.
Die Alternative zum Gehen war natürlich, mich nicht vom Fleck zu rühren und auf Rettung zu hoffen. Im Schatten dieses Felsüberhangs, mit Nachmittagstemperaturen bis zu 43 Grad Celsius, könnte ich das Wasser über mehrere Wochen verteilen, und wenn es zu Ende wäre, würde ich vielleicht noch zwei Tage überleben. Ich kannte aber das Entsetzliche einer solchen Passivität, das hilflose Warten auf den Tod durch Verdursten. Die Sahara-Bewohner haben ihren Gott als Trost, möglicher-

weise fehlte aber sogar ihnen der Mut, dieses Leiden zu ertragen.
Ein Freund von Addoun war während einer meiner früheren Besuche in Tamanrasset gestorben: ein junger Händler, der selbständig arbeitete, und sich noch kein zuverlässiges Fahrzeug leisten konnte. Ich erinnere mich an einen mageren, schüchternen Mann mit einem jungenhaften Gesicht. In einer alten Peugeot-Limousine durchquerte er die Wüste bis nach Niger und Mali. Er hatte öfters Pannen mit dem Wagen – und war daran gewöhnt, ihn zu reparieren. Aber auf seiner letzten Fahrt – 100 Meilen von Tamanrasset entfernt – fraß sich der Motor fest. Seine Freunde in Tamanrasset fragten sich später, wie lange er wohl überlebt hatte. Sie glaubten, daß er am Ende Benzin getrunken habe. Was ganz normal war. Seine Leiche wurde von Fernfahrern entdeckt. Ungewöhnlich an ihr war, daß sie verbrannt war.
Am darauffolgenden Abend hatte ich bei einem Zusammentreffen mit Addoun und seinen Freunden angedeutet, daß ihr Freund wohl den Selbstmord dem Endstadium des Verdurstens vorgezogen habe. Die Sahara-Bewohner widersprachen mir: Ihr Freund sei ein gläubiger Mann gewesen und hätte sich nie das Leben genommen. Selbstmord ist nicht unmoralisch, weil das Leben heilig ist, sondern weil man damit dem Schicksal und Gott vorgreift. Statt dessen bestanden sie darauf, daß sich ihr Freund, der wohl schon vor Durst wahnsinnig gewesen sei, aus Versehen eine Zigarette angezündet habe, ohne an das Benzin zu denken, das er zuvor getrunken habe. Das Feuer hatte ihn von innen heraus verbrannt. Das war sein Schicksal gewesen.
Ich muß einen skeptischen Eindruck gemacht haben, denn Addoun sagte: »Er war allein in der Wüste und hatte kein Wasser mehr. Am Ende hat er sein Schicksal verstanden. Warum hätte er sich umbringen sollen? Er hatte nichts mehr zu befürchten.«

Trotzdem beschloß ich im Tadart den Sprit zu verbrennen, bevor das Wasser zu Ende war. Ich hatte Streichhölzer in der Tasche. Der Treibstoff war Diesel, was wahrscheinlich den Durst ohnehin weniger gelöscht hätte als Benzin. Ich wollte das Diesel langsam verbrennen, indem ich morgens damit begann, den Sand tränkte und ein kleines Feuer anzündete. Der Rauch würde am Himmel zu sehen sein. Ich konnte mir aber nicht vorstellen, daß man mich finden würde. Wenn Aissa unsere Reiseroute in Djanet irgendwo angegeben hatte, war es bestimmt eine falsche gewesen. Auch war es unwahrscheinlich, daß jemand zufällig vorbeikam. Nicht von ungefähr war ich in der unzugänglichsten Ecke der Sahara ausgesetzt worden.
Am Nachmittag trank ich reichlich. Das Wasser war heiß. Ich wirbelte es in einer Tasse herum und dachte, wie schön es sei. Am Abend war ich mir über meine Vorgehensweise im klaren: Ich würde in dieser Felsschlucht warten, den Treibstoff vollends verbrennen, das Wasser trinken, das ich nicht mitnehmen konnte, und genug essen, um bei Kräften zu bleiben. Auch würde ich mir einen Rucksack zusammenbauen und mit Wasserlasten experimentieren. Ich würde ferner lange Abschiedsbriefe an meine Frau und meine Kinder schreiben. Und wenn nur noch das Wasser übrig war, das ich tragen konnte, würde ich mich in nordwestlicher Richtung auf den Weg machen, nicht um nach Djanet zu gelangen, vielmehr hoffte ich, auf Nomaden oder eine Militärpatrouille stoßen. Ich hatte kaum eine Chance, ich würde aber nachts marschieren, und zwar so lange, bis ich tot umfiel. Ich bin ein ungeduldiger Mensch. Die Gewißheit, diese Schlucht zu verlassen, machte mir Mut. Addoun hatte einmal zu mir gesagt: »So wie du an das Leben glaubst, mußt du auch an den Tod glauben.« Dieses eine Mal stimmte ich mit den Sahara-Bewohnern überein. Die Stimmung hielt allerdings nicht an; später in der Nacht mußte ich an die Tränen meiner Kinder denken.

Dann kamen Aissa und Abdullah zurück. Ich hörte das Brummen eines Motors und sah Scheinwerfer auf mich zukommen. Zu wütend, um mich erleichtert zu fühlen, wich ich in die Dunkelheit der Schlucht zurück und wartete. Sie stellten den Wagen am Lager ab, zündeten ein Feuer an und legten sich schlafen. Im Morgengrauen ging ich zu ihnen hinüber. Sie lagen neben der Glut, hatten Decken über die Beine gebreitet. Eine Zeltplane, die durch Reisig niedergehalten wurde, bedeckte die Ladefläche des Lastwagens. Die Situation war nach wie vor gefährlich. Trotzdem machte ich meinem Ärger Luft.
»Ihr habt also Brennholz gefunden«, sagte ich.
»Wir haben uns verirrt«, erwiderte Aissa.
Ich schüttelte den Kopf. »Wo wart ihr?«
»Ach, weißt du, irgendwo da draußen!« Er grinste und zeigte hinaus in die Wüste.
Abdullah kicherte.
Wütend befahl ich Aissa, aufzustehen. So etwas wie Haß verfinsterte seine Miene. Wir entfernten uns von Abdullah. Ich beherrschte mich und sagte: »Ich habe deine Lügen satt, Aissa!«
»Du hast recht. Ein Mann läßt seine Freunde nicht im Stich!« Er entschuldigte sich scheinheilig.
»Ich will von dir wissen, wie weit wir auf libysches Gebiet vorgestoßen sind!«
Statt einer Antwort lächelte er nur.
Ich habe inzwischen die Landkarten durchgesehen und weiß es immer noch nicht.
Meine Unwissenheit erinnerte Aissa daran, daß ich ihm ausgeliefert war. Er sagte: »Bist du dir sicher, daß du kein Spion bist? Vielleicht sollte ich Abdullah vor dir warnen?«
Ich wies Aissas Drohungen zurück.
Abdullah füllte den Tank des Wagens und lud das Gepäck auf. Wir quälten uns mühsam zwischen den Sanddünen durch und schlugen am Nachmittag eine neue Route nach Nordwesten

ein in Richtung Djanet. Wir fuhren tagelang. Wir hielten bei ein paar Felszeichnungen an. Wenn er mein Reisevorhaben völlig ignoriert hätte, wäre zwischen uns zu viel zur Sprache gekommen. Und Aissa brauchte mich immer noch. Wenn wir einer Militärpatrouille begegneten, würde ich ihm wieder als Vorwand dienen. Wir verloren kein Wort darüber, ließen uns aber gegenseitig nicht aus den Augen. Die Stimmung wurde immer gereizter.
In den Nächten am Lagerfeuer rühmte sich Aissa, Schwarzafrikaner nach Libyen geschmuggelt zu haben, und erwähnte ein Geschäft neueren Datums mit Schnellfeuergewehren. Er sprach über die Rebellion der Tuareg und die islamische Revolution. Er meinte, daß meine Regierung an solchen Informationen interessiert wäre. Ich antwortete, daß es meiner Regierung ziemlich schnuppe sei und daß er meine Staatsangehörigkeit endlich in Ruhe lassen solle.
Abdullah kicherte dümmlich, es hatte sich aber eine Veränderung an ihm vollzogen, so daß er mir nun weniger unterwürfig vorkam. Aissa kam immer wieder auf Spione zu sprechen. Er sagte: »Man kann zwischen Vipern liegen, und sie beißen einen erst, wenn man sich im Schlaf bewegt.« Allmählich haßte ich ihn.
Eines Tages schlugen wir einen Pfad ein, der über eine Kiesebene zu einem einsamen Brunnen führte. Es war ein in Stein und Zement gefaßter Ziehbrunnen ohne Deckel. An einem Seil hing ein Eimer. Das Wasser befand sich in einer Tiefe von 15 Metern, und man sah, wie sich der Himmel dort ganz schwach widerspiegelte. Die Oberfläche war durch nichts getrübt. Abdullah ließ den Eimer hinab, füllte ihn und zog Wasser herauf, das klar und kühl war. Wir tranken, füllten die Kanister und Wasserbeutel aus Ziegenleder und kippten eimerweise Wasser über uns aus. Dann tranken wir wieder und fuhren weiter.
Am letzten Nachmittag trafen wir in einem Tal, in dem es kein

Wasser gab, das nur mit Dornsträuchern gesprenkelt war, auf Ziegen, die dort weideten, und dann wieder auf die Tuareg-Nomaden. Sie hatten ihr Lager an einer anderen Stelle aufgeschlagen und erwarteten uns. Die Frauen verschwanden wieder. Ich erkannte den alten »Meister der Wüste« und einige der Kinder. Abdullah hatte sein schönstes Gewand angezogen und war in bester Stimmung. Aissa versuchte mich mit seinem Geschwätz über die Sahara abzulenken, obwohl ihm bald der Gesprächsstoff ausging. So nahe am Tatort konnte er nicht verbergen, was sich hier abspielte. Abdullah holte hinter dem Klappsitz im hinteren Teil der Führerkabine Kisten mit Munition hervor. Dann ging er nach hinten, warf das Brennholz herunter, schlug die Plane zurück und reichte die Ladung herab – ein Dutzend Kalaschnikows.

Ich weiß nicht, warum es nur so wenige Gewehre waren, angeblich kämpfen doch die Tuareg-Rebellen für einen freien Tuareg-Staat in der Zentralsahara. Eine Idee, die so hirnrissig ist, daß ein Dutzend Gewehre auch wirklich der Maßstab dafür sein könnten. Möglicherweise war es die Generalprobe für einen größeren Auftrag. Wie dem auch sei, ich sah, daß der Erwerb der Gewehre für die Tuareg wichtig war. Und Aissa beobachtete mich dabei.

Ich hatte meinen Dienst getan. Wir fuhren nach Djanet, das nur 20 Meilen weiter nördlich lag. Wir sprachen kein Wort. Die Atmosphäre im Wagen war unerträglich, und Abdullahs euphorische Stimmung war verflogen. Aissa schien seinen Gedanken nachzuhängen. Ich beugte mich auf meinem Notsitz nach vorn und beobachtete seine Hände, paßte auf, daß er nicht zur Pistole griff. Ich überlegte mir, wie ich ihm das Genick brechen könnte. Meine Chancen waren gering. Aber wir kamen zu der gepflasterten Straße zwischen Djanet und seinem Flugplatz und fuhren ruhig in die Stadt.

Ich nahm mir ein Zimmer im Hotel und beschaffte mir am nächsten Morgen eine Mitfahrgelegenheit bei einem Ziegentransport nach Tamanrasset. Ich sah, daß auch eine der Ziegen dabei war, die Aissa nach Djanet gebracht hatte. Die Händler lächelten, als ich es erwähnte, und wir einigten uns darauf, daß dies wohl in der Natur der Sache läge. Wir hatten eine angenehme zweitägige Fahrt über das Hoggar-Gebirge, wobei wir uns Kassetten mit dem Koran anhörten. Wir hielten oft an, um die Ziegen zu tränken. Alle überlebten.

In Tamanrasset wohnte ich wieder bei Salah Addoun, aber verlor kein Wort über Aissa. Wir speisten auch wieder bei Kaufmann Moulay Lakhdar Abderhadim zu Abend. Er fragte mich nach der Reise, die er organisiert hatte. Wie ich das Tadart-Gebirge gefunden hätte?

»Großartig!« erwiderte ich.

Abderhadim strahlte und bot mir an, eine ähnliche Mitfahrgelegenheit für meine Reise entlang der *Transsaharienne* nach Niger zu organisieren.

Ich lehnte dankend ab und sagte, daß ich schon Vorkehrungen getroffen hätte, um mit gängigeren Verkehrsmitteln zu reisen – zwei riesigen Fernlastern, die Datteln nach Agadez exportierten.

Addoun nannte die Fahrer.

Abderhadim war damit zufrieden und sagte voraus, daß die Fahrt sicher wäre, wegen all der Reisenden, die in einem solchen Konvoi mitfahren würden. Bedauerlicherweise fänden die Fahrten in den Süden nicht mehr so häufig statt. Weil er sich nicht mehr daran erinnerte, mit mir schon darüber gesprochen zu haben, fragte er mich, ob ich schon von den Unruhen gehört hätte, die unter den Tuareg ausgebrochen seien.

# 18.
# Yazids Wüste

Der oberste Richter von Tamanrasset war ein junger Mann mit einer leisen Stimme. Da er es mit der Moral sehr genau nahm, war er im weiteren Umkreis gefürchtet. Sein Name: Moulay Yazid. Er war glattrasiert und trug lange Hosen und gebügelte Hemden. Die Bürger taten ihm schön, sie scharwenzelten um ihn herum. Ein weniger verantwortungsbewußter Sahara-Bewohner hätte seine Macht mißbraucht und daraus Nutzen gezogen. Nicht so Yazid, der aller Versuchung widerstand. Er war belesen und viel gereist und hatte gelernt, sich als Bürger einer Welt zu verstehen, die größer war als seine unmittelbare Umgebung. Er war stark, nicht wegen, sondern trotz seiner Macht.

Wahrscheinlich war er der kultivierteste Mann in ganz Tamanrasset. Er konnte Arabisch, Französisch, Englisch, Spanisch und ein bißchen Tamashagh. Er stand jeden Tag sehr früh auf und arbeitete angestrengt den ganzen Tag. Über Mittag ging er nicht nach Hause, hielt keinen Mittagsschlaf und gönnte sich kaum eine Ruhepause. Wir wurden Freunde und brachten Nächte damit zu, über die Welt im großen zu sprechen. Er hatte erkannt, daß einer Wüste, die durch primitive Machtvorstellungen von Verschwörern in Unordnung gebracht wird, Grenzen gesetzt sind. Wenn er sagte: »Es hat nie einen schlechten amerikanischen Präsidenten gegeben«, meinte er damit, daß selbst die schlechtesten Präsidenten durch die Verfassung in Schach gehalten wurden. Wehmütig erwähnte er, daß man dies von den Nationen in der Sahara nicht behaupten könne.

Ich habe Yazids Frau nie kennengelernt, aber seine beiden

kleinen Kinder, einen Jungen und ein Mädchen, die mich an meine eigenen Kinder erinnerten. Sie turnten fröhlich auf seinem Schoß herum, und er vergötterte sie. Er sah sich in ihnen widergespiegelt. »Auf keinen Fall will ich, daß sie einmal Richter werden. Ein Richter findet keinen Frieden. Sie sehen, wie schwer es für mich ist!«
Die Spannung war in seinem Inneren. Wir gingen in die Wüste, um für uns Tee zu kochen, aber selbst dort fand er keinen Frieden. Er konnte einfach nicht abschalten und sagte: »Wenn Sie eines Tages ein Verbrechen begehen sollten, dann denken Sie an das, was ich Ihnen jetzt sage: Gehen Sie nicht in die Wüste hinaus! Versuchen Sie nicht, sich in der Sahara zu verstecken!«
Er wäre als Universitätsprofessor glücklicher gewesen denn als Richter. Er war in In Salah aufgewachsen, ein gescheiter Junge, der an die Universität von Algier studiert hatte und als Jurastudent die Richterlaufbahn in einem Rechtssystem einschlug, das später keinen Sinneswandel zuließ. Er ersuchte um einen Posten in der Sahara und wurde nach Tamanrasset geschickt. Man verlangte von ihm, in die Regierungspartei einzutreten. Jahrelang mußte er zu den wöchentlichen Versammlungen der Partei, wo er aus erster Hand erfuhr, wie korrupt die Regierung war, die er verteidigen mußte. Zu der Zeit, als ich ihn kennenlernte, hatte er lange aufgehört, an den Versammlungen teilzunehmen. So groß war seine Geringschätzung, daß er die Machthaber kaum eines Wortes würdigte. Er war zu seinem Richteramt zurückgekehrt, zu dem er sich durch eine rein abstrakte Verantwortung gegenüber der Gesellschaft verpflichtet fühlte. Er machte kein Hehl aus seiner Verachtung für die Militärdiktatur und das Gesetz des Islam, die *sharia,* die von den Revolutionären verkündet wurde. Er lehnte die politischen Fälle ab – von denen ohnehin nur wenige vor Gericht gelangten. Er arbeitete allein oder mit einem Gremium von jüngeren Richtern zusammen und akzeptierte seine Verantwortung,

weil er sich nun mehr denn je zu seinem abstrakten Glauben an das Gesetz bekannte.
Bürger wurden angeklagt. Yazid grübelte über ihren Akten, hörte sich ihre Argumente an, ließ ein paar davon frei und fand die anderen schuldig. Ihre Straftaten reichten vom Diebstahl bis zum Mord und waren nur in den seltensten Fällen interessant. Er verurteilte einige der Kriminellen zum Tode, einige zu langen und die meisten zu kürzeren Gefängnisstrafen. Nach den Begriffen eines unerbittlichen Landes bestrafte er sie gerecht. Er wußte, wie es im Gefängnis von Tamanrasset zuging, wo die Gefangenen durch dunkle Öffnungen in der Wand hinaussahen und man ihre Exkremente noch auf der Straße riechen konnte. Er sagte, daß er die Menschen nicht zu solch einem Aufenthalt verurteilen wollte, aber daß er keine andere Wahl hätte. Natürlich belastete es sein Gewissen.
Er sagte: »Die Wüste scheint groß zu sein, aber sie ist es nicht. Sie ist ein kleines und engstirniges Dorf. Am Ende verurteilt man auch noch seine Nachbarn. Seine Freunde.«
Ich fragte ihn, warum er nicht wegginge.
Er antwortete mit einer Gegenfrage: »Wohin hätte ich auch gehen sollen? Was hätte ich tun sollen?« Schließlich hatte er ja eine Familie zu versorgen.
Eines Tages nahm er mich auf eine Dienstfahrt mit. Wir wurden vom Polizeichef in einem Geländewagen der Regierung gefahren, der mit Blaulicht, Sprechfunk und einer Sirene ausgestattet war. Der Polizeichef hatte einen buschigen Schnurrbart, trug eine Uniform und hatte eine Schirmmütze auf.
Ich nannte ihn Bronson, weil er, als wir uns kennenlernten, mit erhobenem Daumen gesagt hatte: »Ich hätte als Amerikaner zur Welt kommen sollen. Charles Bronson ist die Nummer eins!«
Yazid schaute unbeteiligt aus dem Fenster auf die vorbeiziehenden Felskegel und Bergketten. Wir fuhren von Tamanrasset nach Süden und kamen zu einer Siedlung von schwarz-

afrikanischen Flüchtlingen. Yazid hatte die Gemeindeverwaltung angewiesen, dort einen Brunnen anzulegen. Er wollte sehen, ob der Auftrag ausgeführt worden war und ob es dort wirklich Wasser gab.
Bronson war wie immer dagegen. Er haßte diese Schwarzen aus dem Süden: »Sie haben AIDS in die Sahara gebracht. Ein schwerwiegendes Problem. Wir haben bereits ein Dutzend Fälle in Tamanrasset. Wissen Sie, wie sie sich anfänglich angesteckt haben? AIDS ist eine Krankheit von Affen. Es ist der Beweis, daß sich Malier gegen die Natur versündigen.«
Ärgerlich wies ihn Yazid an, weiterzufahren.
Bronson ließ sich nicht beirren. Mit dem geübtem Aufheulen seiner Sirene fuhr er an eine Gruppe von Flüchtlingen heran, die auf einer Böschung saßen. Sie standen nervös auf. Bronson ging zu ihnen hinüber und verlangte ihre Ausweispapiere. Durch die offenen Fenster hörte ich, wie er sie einschüchterte. Er sprach Französisch und sagte etwas von *»le juge«* und dann etwas von *»l'Américain«*.
Die Flüchtlinge schienen verängstigt.
Yazid war zugleich wütend und verlegen.
Die Flüchtlinge hatten Papiere mit einem gültigen algerischen Visa. Bronson ging enttäuscht zum Wagen zurück. Er hätte die Flüchtlinge am liebsten verhaftet oder abgeschoben, umgebracht oder zu Sklavendiensten abgerichtet. Nicht aber vor Richter Yazid, dem zuzutrauen war, daß er ihm Unannehmlichkeiten bereitete.
Wir fuhren zu einem Gehöft in einem ausgetrockneten Flußbett, wo ein alter Mann namens Moulay Tayeb Gemüse anbaute. Da Tayeb 84 Jahre alt war, machte er sich nicht mehr die Mühe, auf den Markt in der Stadt zu gehen. Er lebte ziemlich autark, weitab von den Torheiten der Gesellschaft. Yazid sagte, daß er ihn liebe, wie ein Schüler seinen Lehrer liebt, und daß er ihn einmal wöchentlich besuche, um sich zu vergewissern, was Wüste sei. Er wollte mir beibringen, daß es schon

genügte, in Tayebs Gesellschaft zu sein. Bronson ließ er beim Wagen zurück.

Tayeb lebte auf einem Anwesen mit Häusern aus Lehmziegeln, die er auf einer Erhebung im *oued* errichtet hatte. Seine Tuareg-Frau war unverschleiert und hübsch und 40 Jahre jünger als er. Sie hieß Yazid herzlich willkommen und gab uns kühles Wasser zu trinken, bevor sie uns den Weg zu dem Feld zeigte, auf dem Tayeb arbeitete.

Die Felder lagen nebeneinander an einer Seite des *oued*: Beete mit Melonen, Kartoffeln, Zwiebeln und Auberginen. Reihen von Orangenbäumen und Dattelpalmen schützten die Beete vor dem Wind. Als wir ankamen, säuberte Tayeb gerade einen Bewässerungskanal mit einer Hacke. Er war ein großer, hagerer Mann in einer Djellaba mit einem Turban auf dem Kopf. Er hatte einen weißen Bart, hohe Backenknochen und durchdringende Augen. Yazid küßte ihn auf die Wangen. Ich schüttelte ihm die Hand. Weil er beinahe taub war, mußten wir schreien, um uns verständlich zu machen. Tayebs Stimme war kräftig und klar. Er hatte in Libyen für Mussolini gekämpft und sprach Französisch und fließend Italienisch.

Er blieb im Feld stehen, sah mir fest ins Auge und sagte: »Ich kam neunzehnhundertsiebenundsechzig her, als hier noch nichts war. Nach neun Ehefrauen, sieben Söhnen, zehn Töchtern, nach dreizehn Jahren im Krieg und sechzehn Jahren, in denen ich im Niger untergetaucht war, kam ich mit nichts nach Hause zurück. Für den Mann aber, der sich im Krieg schon als tot betrachtet, ist alles, was danach kommt, ein Geschenk. Gott hat dieses Zuhause für mich bestimmt. Ich habe den ersten Brunnen am siebten Oktober gegraben. Ich habe das erste Haus gebaut, die ersten Felder umgegraben und ich habe eine Targi zur Frau genommen, eine gute Frau. Ihr seid ihr schon begegnet, also wißt ihr es bereits. Sie hat mir einen Sohn geschenkt, der heute sechsundzwanzig ist. Ich werde ihn euch vorstellen. Mein Sohn ist ein großer Gazellenjäger. Er wird euch auf die Jagd mitnehmen. Er züchtet Hühner, nicht wegen der Eier, sondern wegen des Fleisches. Er besitzt vierhundert Hühner. In der vergangenen Nacht sind fünf Küken geschlüpft. Yazid hat mir von Ihnen erzählt. Sie haben auch einen Sohn. Haben Sie ein Bild von ihm dabei? Kommen Sie, wir machen Tee.«

Er schulterte die Hacke und setzte sich in Bewegung.

Ich lächelte Yazid zu.

Yazid sagte: »Er hat einen so wachen Verstand, daß er sich noch daran erinnern kann, wie ihn seine Mutter gestillt hat. Für mich ist er der Größte.«

Wir verbrachten den ganzen Nachmittag mit ihm. Er war männlich, vital und vom Alter ungebeugt. Sein Sohn, der Gazellenjäger, gesellte sich zu uns. Er sprach sehr leise. Wir speisten zusammen und machten Tee. Ich dachte: Diese Menschen sind ein Teil der Sahara, den wir alle entdecken wollen. Ein Ort wie in einem Traum. Ich verstand, warum Yazid zu ihnen geflohen war.

Aber Yazid sah es nicht als Flucht an. Auf der Rückfahrt nach Tamanrasset sagte er an diesem Abend: »In seinem ganzen Leben hat Tayeb die Wüste nur einmal für zwei Wochen verlassen, als er während des Krieges in Italien kämpfte. Er wird nicht mehr lange leben. Aber ich werde immer an ihn denken.«

Warum er nicht weggegangen sei, hatte ich Yazid gefragt. Die Frage hatte ihm seitdem immer wieder zu schaffen gemacht. Tayeb war eine der Antworten. Yazid war nicht der Typ, der mit seiner Abstammungslinie aus der Wüste prahlte, er wollte mir aber sagen, daß die Verwandtschaft mit einem Mann wie Tayeb für ihn zählte. Die Wüste frustrierte ihn, machte ihn aber auch reich. Er wollte mich warnen. Wir waren uns ebenbürtig: Männer desselben Alters in verschiedenen Lebenslagen. Er brauchte mein Mitgefühl nicht.

# 19.
# Ein Tor in der Wüste

Salah Addoun hatte meine Reise nach Süden arrangiert. Ich sollte mit zwei Fernfahrern reisen, die Säcke mit Datteln 600 Meilen über die *Transsaharienne* nach Agadez im Niger transportierten. Aber nun mußte ich warten. Die Lastwagen waren zwei verbeulte Berliets mit vielen Jahren der Wüste auf dem Buckel. Wie verlassene Wracks standen sie leer in der Nähe des Kamelmarkts von Tamanrasset herum. Tagelang mußte ich mir Gerüchte anhören, daß sie bald abfahren würden. Dann hieß es eines Tages, daß sie fertig gepackt und startklar wären.

Salah Addoun erschien, um mich zum Abfahrtsort zu begleiten. Er stellte mich dem Transportführer vor, einem bärtigen Mann namens Ali, der beständig grinste. Ali trug völlig verschmutzte Hosen, ein zerrissenes Hemd und hatte keine Schuhe an den Füßen. Addoun hatte mir erzählt, daß Ali ein ganz vorzüglicher Fahrer sei, da er praktisch in der Wüste lebte. Er war Händler sowohl als Fahrer; die Wagen und die Ladung gehörten ihm. Auf den Fernlastern türmten sich Rupfensäcke mit Exportdatteln minderer Qualität. Offenbar erwartete Ali von mir, daß ich mich wie ein richtiger Reporter verhielte. Seine Erwartungshaltung ließ darauf schließen, daß er von mir interviewt werden wollte. Um ihn nicht zu enttäuschen, fragte ich ihn, was er von Agadez zurückbringen würde.

Ali sah Addoun an. Dann mich. Und gab die einsilbige Antwort: »Hühner.«

Ich hatte einen Schreibblock dabei und schrieb es auf. Dann fragte ich ihn nach seinem vollen Namen. Er nahm den Block

und schrieb bedächtig seinen Namen in Blockbuchstaben nieder.
Später erfuhr ich, daß er bedeutendere Fragen von mir erwartet hatte. Die Zukunft der Russischen Republik war sein Lieblingsthema. Er war also enttäuscht von meinem Interview und verwies mich an den Fahrer des anderen Wagens, einen hageren Tuareg, dessen Namen ich nicht richtig verstand, und der kein Englisch und kaum Arabisch konnte. Was aber ohnehin nichts ausmachte, da ich mit den anderen Passagieren zusammengepfercht auf der Ladefläche reisen wollte.
Yazid kam vorbei, um sich zu verabschieden und Ali einzuschärfen, mich ja gut zu behandeln. Das große Interesse machte mich verlegen. Addoun tauchte in der Menschenmenge auf dem Markt unter. Ich stand mit Yazid unschlüssig herum und ließ die Peinlichkeiten einer Abreise über mich ergehen.
Addoun kam mit einer *chèche*, die mich vor Sonne und Staub schützen sollte, zurück, einer Decke für die kalten Nächte und einem Sack mit Orangen, den ich mit den anderen Passagieren teilen sollte. Auf meinem Wagen waren zehn: umherziehende Tuareg und Schwarzafrikaner – Arbeiter, Händler und Flüchtlinge, Menschen, die nach Hause fahren. Von ihrem Platz auf der Ladung sahen sie zu mir herunter. Ich warf meinen Koffer hinauf und kletterte dann hinterher. Die anderen Passagiere machten mir Platz. Das geschah wortlos.
Die Abfahrt war nicht ohne Dramatik. Die Motoren ratterten. Die Fahrer standen abseits und rauchten Zigaretten. Ihre Gehilfen zogen die Seile zurecht, mit denen die Ladung befestigt war, und tauchten dann in der Menge unter, um noch einen Schwatz zu halten. Dann kletterten die Fahrer auf den Führersitz. Ihre Gehilfen ignorierten sie. Die Fahrer legten den ersten Gang ein. Die Gehilfen taten immer noch so, als ob sie nichts bemerkten. Die Wagen fuhren langsam an. Die Gehilfen mimten Gleichgültigkeit, drehten sich im letzten Augenblick um und sprangen behende auf.

Der Nachmittag war schon halb vorüber, und ich war froh, endlich unterwegs zu sein. Am Ende von Tamanrasset stießen wir auf die *Transsaharienne* und fuhren zügig aus der Stadt heraus. Schon nach zehn Minuten mußten wir wieder anhalten. Eine militärische Straßensperre. Die Soldaten befahlen uns abzusteigen und unsere Ausweispapiere und unser Gepäck mitzunehmen. Die Fahrer stellten ihre Motoren ab.
Für eine Straßensperre war sie gar nicht so übel. Ali sagte dem verantwortlichen Offizier, daß ich ein Tourist sei. Der Beamte stempelte meinen Paß und wünschte mir viel Glück. Er sagte, daß hier nicht viel Amerikaner durchkämen, und fragte mich, ob ich Foucaulds Einsiedelei in Assekrem besucht hätte. Er war froh, mir mitteilen zu können, daß die Grenze in dieser Woche offiziell geöffnet sei. Er gratulierte mir sogar zu meinem Französisch. Zu den anderen Passagieren war er nicht so charmant. Wir wurden aber nur zwei Stunden lang aufgehalten, was nach den Maßstäben der Sahara nicht viel ist.
Hinter der Sperre wurde der Straßenbelag brüchig. Ich entdeckte den ersten von Addouns Betonpfeilern, der überfahren und umgekippt war. Wir fuhren durch eine Wüste, deren Berge allmählich niedriger wurden. Das Rütteln während der Fahrt wurde durch die Wagenladung abgefedert; die Passagiere schwankten zwischen den Säcken hin und her, sie schauten nach vorn, die Köpfe in indigofarbenes Baumwolltuch gewickelt. Bei Sonnenuntergang hatten wir unseren Fahrtrhythmus gefunden. Das Gelände war tückisch. Die Lastwagen rollten durch den Sand und schwankten, hielten an, setzten zurück und wurden durchgerüttelt. Die Gänge knirschten. Auf ebenem Boden, auf dem man gewöhnlich schnell fahren konnte, heulten die Motoren auf, die Reifen wirbelten Sand auf, und wir schafften gerade etwas über 30 km/h.
Dunkelheit umschloß uns. Die beiden Lastwagen kämpften um die Führung. Das eine Mal fuhr unser Wagen nach vorn und wir schauten hinter uns, wie der Staub in Alis gelbem

Scheinwerferlicht tanzte; dann fiel unser Wagen wieder zurück, wir schmeckten den Staub von Alis Fahrzeug und folgten seinem roten Rücklicht. Ich weiß nicht, wie sich die Fahrer orientierten. Hohe, dünne Wolken verdunkelten die Sterne und ließen den Horizont völlig schwarz erscheinen. Wir überquerten ein Gewirr von Spuren, die in unserem schwachen Scheinwerferlicht in alle Richtungen zu gehen schienen. Als wir spät in der Nacht unser Lager aufschlugen, zählte ich 23 Mitreisende. Wir tranken Wasser aus trommelförmigen Behältern, die jeweils 180 Liter enthielten und an der Karosserie befestigt waren. Dann entzündeten wir zwei armselige Feuer zum Kochen. Wir backten ungesäuertes Brot im Sand und aßen aus gemeinsamen Schüsseln. Die Luft kühlte ab. Ich entfernte mich von den anderen und wickelte mich in eine Decke ein.

Stunden später riß mich das leise Motorengeräusch eines Lastwagens aus dem Schlaf. Einsame Lichter bewegten sich in der Ferne. Der Wagen erklomm eine Anhöhe, die vielleicht fünf Meilen entfernt war, und verschwand im Süden, kämpfte sich zur Grenze durch und verlieh der Nacht besonderes Gewicht. Wir fuhren vor Anbruch des Tages ab und brachten den Tag damit zu, durch zerklüftetes Hügelland zu fahren, wo sich der Sand in tiefen Mulden sammelte. Die schwer beladenen Fernlaster blieben oft stecken. Und man konnte ahnen, was uns bevorstand: eine Gangschaltung, die nicht mehr exakt funktionierte, das verzweifelte Herunterschalten, der ruckartige Verlust der Schwungkraft, schließlich Stillstand und Kapitulation. Die Fahrer ließen die Räder ihrer Wagen nicht durchdrehen. Sie stiegen aus dem Wagen, um den Sand zu inspizieren. Ruhig rauchten sie ihre Zigaretten zu Ende.

Die Lastwagen sanken nicht in den Boden, sondern schoben den Sand zu Wällen zusammen, die ihre Räder blockierten. Die Passagiere stiegen herunter und gruben die Räder mit den Händen und Schaufeln aus. Wir wurden ganz vertraut mit den

Rädern, die sehr wuchtig und verschrammt waren. Wir atmeten die Dämpfe von überhitzten Maschinen ein und fanden uns mit Schmutz, Maschinenöl und auslaufendem Diesel ab. Wenn Mohammed in der Zeit gelebt hätte, in der es Lastwagen gab, hätte er diese über alle Maßen gepriesen. Wenn nämlich Gott überall ist, muß auch ein Lastwagen Ausdruck seiner Allgegenwart sein. Wir knieten neben unseren verbeulten Berliets und fügten uns ohne Murren.

Nach dem Ausgraben legten wir schwere Sandleitern vor die Räder. Die Sandleitern bestanden aus drei Meter langen Teilstücken einer Landematte für Militärflugzeuge – perforierte Metallstreifen, die so konstruiert waren, daß sie ineinandergriffen und eine Rollbahn aus Metall bildeten. Jeder Lastwagen hatte zwei dabei. Sie waren wie tragbares Straßenpflaster aus Metall, auf dem ein Lastwagen auch auf dem weichsten Sand drei Meter weit rollen konnten. Dann blieb er wieder stecken, wir gruben ihn wieder aus und legten unsere Sandleitern wieder an. An manchen Orten hatte ich das Gefühl, daß wir uns unseren Weg durch die Sahara in Abschnitten von drei Metern graben mußten.

Wenn wir wieder auf festen Grund kamen und die Lastwagen weiterfuhren, rannten die Passagiere nebenher, um die Sandleitern aufzuhängen und wieder auf den Wagen zu klettern. Es gab verschiedene Haltevorrichtungen und Methoden, um nach oben zu kommen. Ich zog es vor, von hinten hinaufzuklettern, so daß ich, wenn ich ausglitt, nicht von den Rädern zermalmt würde. Die meisten anderen Passagiere aber waren weniger vorsichtig und sprangen begeistert von überall her auf die rollenden Lastwagen auf, kletterten atemlos nach oben und scherzten und lachten. Sie konnten sich über die kleinsten Erfolge freuen.

Andere Reisende aber waren besiegt worden. Wir kamen an den im Sand vergrabenen Autowracks vorbei, die sie der Sahara überlassen hatten und die später ausgeschlachtet worden waren. Sie waren ihrer Motoren, Räder und all der anderen verwendbaren Ersatzteile beraubt worden. Diese Überbleibsel ragten aus der Erde wie Menetekel. Die ältesten Modelle stammen aus den dreißiger Jahren, aus der ersten Phase der regelmäßigen Wüstenfahrten. Die neuesten stammen aus den achtziger Jahren, aus der Zeit des letzten Tourismusbooms vor der islamischen Revolution und dem Bürgerkrieg. Die meisten Besitzer müssen überlebt haben, sind wohl mit Begleitern weitergefahren oder haben sich auf gut Glück Leuten angeschlossen, die zufällig vorbeikamen. Die Wracks rosteten zwar nicht, wurden aber bald durch Sonne und Wind geschwärzt und sind in die Geologie der Sahara eingegangen. Einige fingen den Tau ein und ließen in ihrem Schatten Gestrüpp Wurzeln schlagen. Auf einem schwierigen Abschnitt, der ungefähr eine Meile lang war, zählte ich 15 ausgeschlachtete Autowracks – mehrere Volvos, Volkswagen und Peugeots, einen Renault, einen Fiat und einen Morris Mini.

Von Addouns Wegzeichen sah ich keines mehr. Als ich dies Ali gegenüber erwähnte, sagte er nur: »Es ist besser, sich auf die eigene Orientierung zu verlassen.« Im wesentlichen zweifelte ich ja auch nicht daran, daß wir auf der *Transsaharienne* nach Süden fuhren. Denn so weit ich in jede Richtung sehen konnte, war die Wüste voller Reifenspuren.

Gegen Abend tauchte eine Schar Kinder von Tuareg-Nomaden aus dem Nichts auf. Sie rannten auf uns zu und schwenkten dabei leere Plastikflaschen. Wir hielten an und gaben ihnen Wasser. Sie bettelten uns um Zucker an, wir hatten aber keinen. Wir gaben ihnen Mehl und einen Sack voll Datteln. Es waren die Ärmsten der Armen, die noch schlimmer dran waren als die Flüchtlinge in den Lagern vor Tamanrasset oder die Nomaden, die Aissas Gewehre bekommen hatten. Sie waren spindeldürr und unterernährt. Ihre Haut war mit einer Dreckkruste überzogen. Sie hatten zerfetzte Kleider an, und ihr Haar hing in krausen Locken herab. Ich entdeckte ihr Lager

am Fuß eines Felsens – zwei Zelte, zwei Ziegen und eine Frau, die Wache hielt. Die Männer hatten sich vielleicht versteckt, waren auf der Jagd oder tot. Durch Vergeltungsmaßnahmen des Militärs im Niger und in Mali waren Tausende umgekommen. Ihre Familien hatten sich über die Wildnis verstreut.
Wir stiegen wieder auf die Wagen. Die Kinder schauten uns teilnahmslos zu, wobei sie ihre Augen mit der Hand vor der Sonne abschirmten. Als wir weiterfuhren, schleppten sie ihre schweren Wasserflaschen fort. Es war klar, daß sie vom drastisch zurückgegangenen Verkehr auf der *Transsaharienne* nicht leben konnten. Mir ging es durch den Kopf, daß dies die Augenblicke sind, in denen Eltern zu den Waffen greifen und Raub mit Rebellion verwechseln.
In dieser Nacht trank ich mit Ali Tee. Wir waren allein, und ich fragte ihn, warum wir wegen der Tuareg angehalten hatten, und ob er keinen Angriff befürchtet hätte?
Er erwiderte: »Und wenn sie angreifen wollten, meinen Sie, daß ihnen unsere Lastwagen entkommen könnten? Sie brauchen nicht einmal zu schießen. Sie brauchen nur im Sand auf uns zu warten. Das ist *ihre* Wüste.«
»Warum rauben sie uns dann nicht aus?«
Er zuckte mit den Achseln. »Sie rauben andere aus. Dies ist auch *meine* Wüste. Zwanzig Jahre lang habe ich hier draußen unter freiem Himmel gelebt. Ich habe weder ein Haus, noch eine Frau, noch Kinder. Ich besitze nur diese beiden alten Lastwagen. Ich mache jeden Monat eine Rundreise und teile mein Wasser und mein Essen mit den Armen. Manchmal gebe ich ihnen einen Sack Datteln oder ein oder zwei Hühner.« Er stocherte in den Kohlen herum. »Ich mische mich nicht in anderer Leute Angelegenheiten. Ihr Russen seid so schlau!«
Ich lächelte. »Ich bin aber Amerikaner.«
Nun lächelte er. »Ach, was ändert das schon!«
Natürlich hatte auch er eine Meinung zur Europäischen und Nordafrikanischen Union und dem Falklandkrieg, benutzte

aber lieber die Vereinigten Staaten und Rußland als Beispiel, weil sie für ihn immer noch den weltweiten nuklearen Konflikt verkörperten. Man stelle sich alle Kontinente als Sahara vor! Ich fragte ihn, wann wir nach In Guezzam kämen, der Grenzstation zum Niger.

Die Frage erheiterte ihn. »Vielleicht morgen«, sagte er.

Vielleicht auch nie, dachte ich am folgenden Nachmittag. Das Terrain war weiter geworden, und die Fahrer blieben Meilen auseinander, verfolgten ihre eigenen Wege, blieben stecken oder nicht und weigerten sich, aufeinander zu warten. Offenbar spielten sie mit dem Risiko und wandten eine Methode an, die bei gleich guten Fahrern das zügigste Vorankommen in der Wüste garantiert. Die alten Karawanen hatten die gleiche Methode angewandt – sie wären nicht so zügig vorangekommen, wenn sie auf den Zusammenhalt des Zuges geachtet und jedesmal angehalten hätten, wenn eines der Tiere seine Last abwarf. Ich versuchte nun, nicht an die Kehrseite dieser Methode zu denken, die für die Nachzügler oft den Tod bedeutete.

Mutterseelenallein in der Wüste ausgesetzt zu sein, hatte mich dafür sensibel gemacht. Von meinem Ausguck auf den Datteln wachte ich über Alis Fahrzeug. Es ratterte in der Nähe, entfernte sich dann, kam wieder näher und wurde dann zu einem schwachen Flimmern im Westen. Schließlich verlor ich es völlig aus den Augen. Den anderen Fahrgästen schien dies nichts auszumachen. Jedenfalls fuhren wir weiter. Nach einer Stunde stellte ich fest, daß wir uns in einen Teil der Wüste verirrt hatten, in dem es keine Spuren mehr gab. Ich dachte, daß dies ungewöhnlich wäre. Unserem Fahrer erging es offenbar genauso. Er hielt abrupt an und stieg – ohne ein Wort der Erklärung – auf einen nahegelegenen Hügel und hielt Ausschau. Ich folgte ihm. Es war nichts zu sehen. Ich kehrte zum Wagen zurück, setzte mich wieder hin und wartete. Die Wüste war völlig still. Ich hatte noch viel Zeit, um mir das Schlimmste ins Gedächtnis zurückzurufen. Irgendwo hier draußen hatten sich die

Belgier verirrt. Bleib sitzen, warte, und du wirst deine Orientierung wiederfinden, sagte ich mir.
Nach ein paar Stunden kam Ali vorgefahren. Er war bis über die Räder im Sand steckengeblieben. Wir hatten uns also überhaupt nicht verirrt, blieben danach aber trotzdem dicht beieinander. Das rauheste Terrain lag hinter uns. Die Wüste wurde zu einer mit Geröll bedeckten Hochebene. Spät in der Nacht kamen wir in der Finsternis zu einer Grenzsiedlung namens In Guezzam. Wir schlugen unser Lager in der tiefsten Wüste auf – nämlich in der Ortsmitte.

Dies ist ein praktischer Ratschlag: Wenn man In Guezzam finden will, muß man ans Ende der Welt gehen und von dort aus immer weiter fahren. Landkarten und Reiseführer muß man ignorieren. Am besten kommt man nachts an, das schwächt den desolaten Eindruck ab, und schläft bis kurz vor Tagesanbruch, weil der Grenzübertritt Geduld erfordert.
Der Morgen zog über einer Ebene herauf, auf der überhaupt nichts wuchs. Ein Hahn krähte. In Guezzam ist ein trostloser Ort aus Beton und Lehm: mit einer Polizeiwache, einem Café, das dichtgemacht hat, einer öffentlichen Tankstelle, einer ungeteerten Landebahn, ein paar Häusern und mindestens einem Hahn. Ich war davon ausgegangen, daß es noch ein paar tausend Einwohner hätte.
Früher hatten dort mehr gelebt. Während der großen Dürreperioden in der Sahara in der achtziger Jahren hatte die Stadt 25 000 Tuareg-Flüchtlinge aus dem Gebiet um den Niger aufgenommen. Die Tuareg hatten ihre Herden verloren und ließen sich in Zelten und Strohhütten nieder, verlangten wenig und klammerten sich an das Wenige, das ihnen geblieben war. Das Seltsame daran ist, daß es den Bewohnern von In Guezzam offensichtlich nicht gelungen ist, den Flüchtlingen die spärlich fließenden internationalen Hilfsgelder abzuknöpfen.

Als Algerien die Flüchtlinge schließlich auswies, war In Guezzam so arm, daß es den Verlust an Kaufkraft kaum bemerkte. Die internationale Grenzlinie verlief entlang des südlichen Horizonts. Wir verließen In Guezzam und fuhren nach Süden zum Grenzübergang, wo die algerische Zollstation einsam in der Wüste stand, wie eine Tür ohne Wand. Es war nur ein weiß getünchtes Betongebäude, das von Staub und einstigem Regen orange besudelt war, eine Flagge, ein handgeschriebenes Warnschild auf arabisch und französisch und ein Patrouillenfahrzeug hatte. Die Grenze lag 1000 Meilen nach jeder Richtung hin offen, doch erwartete man von Reisenden, die das Land verließen, hier anzuhalten und demütig um eine Erlaubnis zum Grenzübertritt zu bitten. Was ungern gewährt wurde. Addoun hatte mich davor gewarnt, daß der Kommandeur ebenso grausam wie korrupt war.

Wir hatten Glück. Der Kommandeur stand an diesem Morgen spät auf, und die diensthabenden Zollinspektoren waren nur mürrisch. Die mindere Qualität unserer Datteln versetzte sie in keine bessere Laune. Ali war beleidigt, weil sie einer von ihnen als »Affenfraß« bezeichnet und den geschenkten Sack mit Datteln zurückgewiesen hatte. Ali kannte diese Typen und haßte sie. Sie sagten ihm, daß er Glück habe und die Grenze wieder geöffnet sei. Er mußte ihnen zuhören. Sie taten so, als ob sie meine Notizen durchlesen würden. Wir verbrachten den ganzen Morgen damit, Formulare auszufüllen und ihre Fragen zu beantworten. Um die Mittagszeit entließen sie uns, und wir fuhren in das von Spuren durchfurchte Niemandsland zwischen den beiden Ländern. Irgendwo dort draußen überquerten wir die auf den Landkarten eingezeichnete Grenze nach Niger. Und wirklich änderte sich das Leben dort drüben. Die Zollstation im Niger nannte sich Asamakka, als ob sie ein Dorf wäre. Sie lag eine Stunde von der algerischen Station entfernt, in südlicher Richtung, in derselben höllischen, gottverlassenen Ebene. Eine Reihe von 180-Liter-Kanistern stand im

Dreck, wie eine Straßensperre ohne Straße. Dahinter befand sich eine Ansammlung von Hütten aus Wellblech und Lehm, ein einzelner Baum und eine Baracke. Die Soldaten waren dunkelhäutige Männer aus dem Süden, Fremde in der Wüste. Sie kamen in für den Dschungelkrieg bestimmten Tarnanzügen, Sandalen und Sonnenbrillen aus der Baracke heraus. Ihr Hauptmann trug zwei gleiche Revolver mit Perlmuttgriff bei sich. Der Feldwebel hatte einen Strohhut mit umgebogener Krempe auf und ein blankes Messer im Gürtel stecken. Sie bekamen Rückendeckung von einem nervösen Soldaten, der ein Maschinengewehr mit dem Armen umklammerte, als ob er uns damit angreifen wolle. Ich zählte ein Dutzend weitere Soldaten, die sich langsam näherten, und fragte mich, was sie verbrochen hatten, um hierher abkommandiert zu werden. Sie schienen von ihrem Schicksal entmutigt zu sein und nahmen es uns übel, daß wir sie aus ihrem mittäglichen Schlummer geweckt hatten. In ihrem Land herrschte Krieg, durch ihren Dienst aber waren sie an die *Transsaharienne* gefesselt.
Der Hauptmann befahl uns abzusteigen und in der prallen Mittagshitze in einer Reihe aufzustellen. Er musterte einen jeden von uns, während seine Soldaten mit ausdruckslosem Gesicht hinter ihm standen. Einige der Passagiere bekamen Angst. Andere schienen erleichtert zu sein, als ob sie sich nun auf vertrautem Boden befänden. Ich richtete mich nach Ali, der gelangweilt und gelassen dreinschaute.
Der Hauptmann sammelte unsere Papiere ein und befahl Ali, die Lastwagen zur Kontrolle abladen zu lassen, und zwar Sack um Sack. Er sagte, daß die Grenze gesperrt sei und es auch bis auf weiteres bleiben würde. Er verriet uns nicht, an welchem Tag und zu welcher Stunde sie wieder geöffnet würde. Er teilte uns zwei Wachen zu und kehrte in die Baracke zurück. Die anderen Soldaten verdrückten sich.
Asamakka hat seine Traditionen. Die Siedler, die uns von ihren Hütten aus beobachtet hatten, kamen und boten ihre Hilfe

an. Und Ali engagierte zwei Gruppen, um die Lastwagen abzuladen. Trotz der Hitze machten sie sich sogleich an die Arbeit. Ich setzte mich hinter Ali in den Schmutz. Er sagte, daß die Arbeiter für die Soldaten arbeiteten und ihnen einen Teil ihres Lohns abgeben müßten. Der eigentliche Job der Wachen wäre, am Ball zu bleiben.
Ali sagte: »Wir hätten unsere Wagen auch selbst ausladen können, dann hätte der Hauptmann aber andere Wege gefunden, um zu seinem Geld zu kommen. Diese Soldaten haben seit sechs Monaten keinen Sold mehr bekommen. Rechnen Sie also nicht damit, daß wir heute noch weiterkommen. Der Hauptmann wird uns noch gehörig schröpfen, bevor er uns ziehen läßt.«
Beinahe den ganzen Nachmittag über lagen wir ausgestreckt unter den Lastwagen. Wir kochten Tee. Die abgeladenen Säcke türmten sich im Dreck. Kinder gingen zwischen uns hin und her und verkauften Zigaretten, Limonade und Hühner.
Zwei Äthiopier baten mich um Hilfe. Sie waren aus Algerien abgeschoben worden und bekamen keine Einreisegenehmigung nach Niger. Wochenlang saßen sie nun schon zwischen den beiden Ländern fest und lebten von Almosen, die ihnen die Leute auf der Durchreise gaben. Sie waren ausgemergelt, hungrig und krank. Ich gab ihnen meine Decke und Orangen. Weil sie glaubten, daß ich Einfluß hätte und sie von ihrem Elend erlösen könnte, gaben sie mir einen unbeholfenen Brief an das Flüchtlingskomitee der Vereinten Nationen mit. Ich versprach, ihn nach meiner Rückkehr weiterzuleiten, was ich auch wirklich tat, allerdings an einen völlig unbeeindruckten Beamten, der schon zu viele dieser Geschichten gehört hatte.
Am späten Nachmittag kamen die Soldaten wieder aus ihrer Baracke hervor und begannen mit den Arbeitern, die Rupfensäcke mit spitzen Stahlstangen nach Waffen zu untersuchen. Ali machte sich über sie lustig und sagte leise: »Wenn wir

wirklich Schmuggler wären, warum würden wir dann an diesem Kontrollpunkt vorbeifahren? Die Wüste ist so groß.«
Die Soldaten, die nicht mit den Säcken beschäftigt waren, durchwühlten unser persönliches Gepäck. Sie klauten nichts. Wenn sie etwas fanden, das ihnen gefiel, fragten sie, ob sie es haben könnten.
»*Cadeau?*«
»*Bien sur.*«
Mir nahmen sie den Kleinkram ab: Kulis, Batterien, Filmrollen. Sie fragten nicht nach Geld. Wir blieben über Nacht dort. Am nächsten Morgen ging die Suche weiter.
Ein bärtiger Mann in einer Polizeiuniform kam auf mich zu und sagte ganz einfach: »Ich bin von der Polizei.« Ich gab ihm nur einen Taschenrechner mit Solarantrieb, der ihm aber nicht gefiel.
Am zweiten Nachmittag, als die Soldaten sahen, daß Ali geduldiger war als sie, ließen sie ihn seine Lastwagen wieder aufladen. Der Hauptmann rief mich in sein Büro – ein Zimmer voller Fliegen, mit einer Pritsche in der Ecke und einem hohen, offenen Fenster, durch das der Geruch von abgestandenem Urin hereinwehte. Der Hauptmann saß an einem Tisch aus Holz. Er hatte gerötete Augen und roch nach Bier. Er stempelte meinen Paß, sagte aber, daß ich nun nicht mehr den Datteltransport begleiten könne, der geradewegs durch die Wüste nach Agadez fahren würde. Ich sagte, daß Agadez auch mein Reiseziel sei, er aber schüttelte den Kopf: Ich müßte über Arlit fahren, der nördlichsten Stadt im Niger, und mich dort bei der Polizei melden. Arlit lag 150 Meilen im Südosten. Ich fragte, wie ich dorthin kommen sollte. Er sagte, er wüßte es nicht, vielleicht würde ich aber jemanden finden, der mich dorthin bringen würde. Vielleicht will er nur Geld, dachte ich und fragte, wie viel es kosten würde, mich mit dem Datteltransport fahren zu lassen. Er blieb aber bei seiner Entscheidung. Ich fragte ihn, warum. Er setzte eine finstere Miene auf

und sagte: »Weil der Weg nach Agadez nicht sicher ist. Wissen Sie, die Tuareg sind Banditen. Es hat Überfälle gegeben.«
Ali machte ein besorgtes Gesicht, als ich ihm davon erzählte. Er hatte Passagiere und einen Fahrer dabei, die Tuareg waren, und als Algerier und Wüstenbewohner hielten ihn diese Soldaten aus dem Süden wahrscheinlich für einen, der mit den Rebellen gemeinsame Sache machte. Nun, da man den einzigen Passagier aus der westlichen Welt aus seinem Konvoi entfernt hatte, mußte er befürchten, für einen Angriff ausersehen zu sein. Der Krieg mit den Tuareg war gekennzeichnet durch diese heimtückischen Morde.
Ali ließ mir Brot und Wasser zurück. Ich versprach, ihn in Agadez ausfindig zu machen. Er sagte: »So Gott will!« Wir umarmten uns ohne Gemütsregung, und ich sah den Fahrzeugen nach, wie sie langsam von Asamakka wegfuhren. Ich vertraute auf Alis gutes Gespür. Wenn er Gefahr witterte, würde er noch in dieser Nacht auf einem Schleichweg über die Grenze zurückkommen. Wenn ihm die Passagiere Schwierigkeiten bereiteten, würde er eine Möglichkeit finden, um sie auszusetzen. Ich aber hatte meine eigenen Sorgen.

Um eine Mitfahrgelegenheit nach Arlit zu finden, bedurfte es keines besonderen Geschicks. Ich wartete einfach. Und ich hatte Glück. Am nächsten Tag tauchte ein Toyota im Niemandsland südlich von Algerien auf. Der Campingwagen gehörte einem rauhbeinigen alten Franzosen und seiner resoluten Frau. Sie behandelte die Soldaten wie Lakaien und brachte die Einreiseformalitäten in weniger als einer Stunde hinter sich. Die beiden hießen Claude und Marie und waren irgendwo in Südfrankreich in Pension gegangen. Ich glaube nicht, daß sie schon etwas über die islamische Revolution oder die Rebellion der Tuareg erfahren hatten – oder auch nur über die Unabhängigkeit des Niger Bescheid wußten. Als die Soldaten, die den Campingwagen inspizierten, ihren *pastis* und den Käse aus der Kühlung zu klauen versuchten, warf Claude sie in hohem Bogen hinaus und schimpfte dabei wie ein Rohrspatz auf französisch. Marie schlug die Tür zu. Sie waren die letzten Touristen auf der *Transsaharienne*, die ihrer Entrüstung freien Lauf ließen. Sie mochten mich, weil ich ein Weißer war.

Auf Touristen, die so schnell vorankamen, waren die Rebellen nicht gefaßt. Der Weg nach Arlit war durch schwarze Fässer, die mit Steinen gefüllt waren, markiert, für jeden Kilometer eines. Die Route führte über eine kahle Steinebene. Der Campingwagen war wendig, und Claude fuhr ihn voll aus und machte viel unnötige Ausweichmanöver. Die mit Sand gefüllten Mulden nahm er regelrecht im Sturm, wobei er gotteslästerlich fluchte. Sein Hemd war von Schweiß durchtränkt. Wenn er in Rage kam, schwoll sein Hals an, und sein Gesicht wurde feuerrot. Marie war angeschnallt und saß ungerührt neben ihm. Ich saß hinten und stützte mich am Waschbecken ab. Es blieb keine Zeit zum Sprechen.

Das änderte sich, als wir in der Nacht anhielten. Claude entfaltete eine Plane und stellte drei Liegestühle und einen Klapptisch auf. Wir tranken *pastis*, den wir mit französischem Tafelwasser aus Flaschen mischten. Marie bereitete ein ordentliches Abendessen aus *cornichons* und Würsten aus Dosen zu. Sie bedauerte, daß wir kein Brot hatten, bot dafür aber eine Käseplatte mit Cracker an. Unter Maries strengem Blick getraute ich mir nur eine dünne Scheibe herunterzuschneiden. Daraufhin nahm sie mir gleich den Teller weg. Ich nahm ihr ihren Geiz nicht übel. Sie war mit Claude nach Abidjan und den Stränden der Elfenbeinküste unterwegs, und sie hatten nur so viel von Frankreich mitgebracht, daß es bis dorthin reichte. Sie erwähnte, daß dies ihre letzte Reise nach Afrika sei. Ich fragte sie, ob sie schon andere gemacht hätten. *»Oh, oui«*, antwortete sie und strich ihr Haar wütend zurück. Claude genoß diese

Fahrten. Sie gaben ihm Gelegenheit, sich in seiner Unzufriedenheit zu suhlen.

Claude war, was die Franzosen als *gueuleur* bezeichnen, was schwer zu übersetzen ist, weil es sich dabei um einen ausgesprochen »gallischen« Typus handelt, eine Mischung aus Großmaul und Nörgler. Ich mochte ihn gern. Er war ein geselliger Typ und suchte immer wieder mit den französischen Nasalen »*Non? Heh? Non?*« und leichten Rippenstößen nach Bestätigung. Er sagte, daß er Feldwebel in der französischen Armee gewesen und danach ins Baugeschäft übergewechselt sei. Er wollte politisieren. Wir kamen auf Indochina zu sprechen. Er beklagte die französische und amerikanische Niederlage in dieser Region und sagte: »Alle sind gegen Folter, *non?* Im Grunde ist Folter etwas Schlimmes. Man muß aber auch realistisch sein, *non?* Man muß zugeben, daß Folter ab und zu notwendig ist. Manchmal will man etwas herausfinden und man braucht die Antworten.«

Der Liegestuhl war sehr bequem. Nach dem Abendessen kam es einem so vor, als ob man einen Sommerabend an der Küste Großbritanniens zubringen würde, nur daß die Strandkörbe und die Spielzeugschaufeln fehlten. Mir drehte sich alles im Kopf. Ich war froh, Asamakka entflohen zu sein. Claude schien erstaunlich dumm zu sein. Dabei hätte man gedacht, daß man mit zunehmendem Alter vorsichtiger würde.

Die beiden schliefen im Campingwagen. Ich legte mich – in eine Jacke gewickelt – auf den Boden, weil ich meine Decke den Äthiopiern gegeben hatte. Claude hätte mir eine Decke geliehen, wollte sich deswegen aber nicht mit Marie streiten. Ich hatte den Eindruck, daß sie wegen Hautverletzungen, Parasiten und vielleicht sogar der Übertragung von Geschlechtskrankheiten durch Polyester und Wolle besorgt war. Ich hatte mich weder rasiert noch gebadet, seit wir Tamanrasset verlassen hatten, und war voller Staub.

Am Morgen tranken wir Nescafé *au lait* aus Schalen, dann

rollten wir die Plane wieder auf, klappten die Liegestühle und den Tisch zusammen und kehrten zu Claudes tollkühnen Fahrkünsten zurück. Mittags verließen wir die Ebene und rasten über eine gewellte Wüste, in deren Mulden vereinzelte Büsche wuchsen. Die Büsche waren verkrüppelte, dornige Pflanzen mit kleinen Blättern, die nur Ziegen fraßen. Ihr gesprenkelter Schatten reichte kaum für Schlangen aus. Hier erschienen sie mir jedoch wie saftige tropische Bäume. Das rief ich auch Claude auf dem Führersitz zu, als er einen davon achtlos zusammenfuhr.

»Von wegen Tropen!« schrie er zurück. »Diese Büsche sind nichts im Vergleich dazu. Sie sind nutzlos und sind nur im Weg!«

Am Nachmittag kamen wir nach Arlit, einer neuen Stadt, die nach Nigers Unabhängigkeit um Nigers einzige Rohstoffquelle, ein Uran-Bergwerk, herum gebaut worden war. Die Stadt wurde förmlich aus der Wüste gestampft – eine schwarzafrikanische Enklave mitten im Tuareg-Gebiet. Auf der Hauptstraße herrschte großer Lärm, und es war viel los. Bei den vielen Fußgängern mußte sogar Claude langsamer fahren. Trotz der unbarmherzigen Sonne trugen die Männer keine Kopfbedeckung. Es waren drahtige Schwarze aus dem Süden in zerlumpten Shorts und kurzärmeligen Hemden. Die Frauen mit den bunt bedruckten Baumwollkleidern und Turbanen und der aufrechten Haltung sahen würdevoller aus. Zerlumpte Kinder rannten uns in Scharen nach.

Die Leute bestürmten uns. Claude fuhr unbeirrt weiter. Die Menge wuchs rapide an, es waren Junge und Alte, die neben dem Campingwagen hergingen und lachend und schreiend und mit guter Laune um unsere Aufmerksamkeit warben. Sie wollten etwas verkaufen, erwerben, beschaffen oder einfach nur mit uns schwatzen. Gesichter erschienen und verschwanden wieder. Sie streckten die Arme durch die offenen Fenster und boten Waren feil: Zigaretten, Süßigkeiten, Streichhölzer,

Erdnüsse und kleine Orangen mit dicker Schale. Ein junger Mann schaffte es, sich bis zur Taille in den Wagen hineinzuwuchten, indem er sich mit beiden Ellbogen auf dem Fenstersims über dem Waschbecken aufstützte. Die Wirkung war ungewöhnlich, es war, als ob er plötzlich in die Privatsphäre unserer Küche eingedrungen wäre. Er schien genauso überrascht zu sein wie ich. Nach einem Augenblick des Zögerns sagte er: *»Bienvenu à Arlit!«*

*»Merci.«*

Er wand sich vollends durchs Fenster und richtete sich vom Boden auf. Die Menge brach in lauten Beifall aus. »Kommen Sie von weither?« fragte er lächelnd.

Befreit lachte ich auf, und es kam mir so vor, als ob ich einfach viel zu lange in der Wüste gewesen wäre. Arlit war wirklich eine Wucht. Ich kannte es von früheren Aufenthalten. Mit seiner Liebenswürdigkeit, seiner Lust zum Feiern und seiner Lebensbejahung kann einem Afrika wirklich sehr unter die Haut gehen.

Marie hatte wieder Angst vor Krankheiten. Sie kurbelte das Fenster herauf, zog die Ellbogen ein und starrte unbewegt geradeaus. »Tu was!« sagte sie zu Claude.

Claude hörte sie nicht. Er lehnte sich mit dem Kopf nach draußen und schwatzte mit den Menschen in der Menge in einem französischen Kauderwelsch, das die Franzosen *petit nègre* nennen – eine grammatische Verballhornung der französischen Sprache mit einem allgemeinen, afrikanischen Akzent. Hier in Arlit schien es niemanden zu stören. Claude kam mit der Menge prächtig aus. Er lenkte mit der einen Hand und trieb mit der anderen Handel. Auf dem kurzen Weg zur Polizeistation kaufte er eine Schachtel Zigaretten ohne Filter, eine ungeöffnete Dose Nescafé und eine billige Brieftasche aus Kamelleder.

Auf der Polizeistation fuhren wir zu einem Häuserkomplex, der von hohen Mauern aus Lehm umgeben war. Die Menschenmenge blieb zurück, und die Polizei schloß die Tore. Der blinde Passagier, der durchs Fenster gekrochen war, blieb bei uns. Er stellte sich uns als André vor. Wir stiegen aus dem Campingwagen. Claude war clever genug, nun auf das Kauderwelsch zu verzichten. Die Wachen am Tor waren schwer bewaffnet. Die Männer, die den Wohnwagen durchsuchten, waren ungewöhnlich effizient. Sie stahlen nichts und führten uns nach der Durchsuchung sofort zu ihrem Kommandeur. André fing an, sich aufzuspielen. Der Kommandeur ignorierte ihn. Er war ein Mann mit einem strengen Blick. Er beglaubigte rasch, daß wir nach Süden, nach Agadez, unterwegs waren und verbot uns der eigenen Sicherheit zuliebe, nachts zu reisen. Er stempelte unsere Pässe ab und ließ uns gehen. Er verlangte kein Geld dafür.

Marie war begeistert. *»Très correct«*, sagte sie hernach. »Er war ein Gentleman.«

Claude stimmte ihr zu: »Er hat Respekt für Frankreich.«

Es gab aber auch eine näherliegende Erklärung. Arlit ist den Tuareg-Rebellen ein Dorn im Auge. Der Kommandeur hatte auch die Oberaufsicht über das Bergwerk. Er brauchte uns kein Geld abzuknöpfen, weil er pünktlich bezahlt wurde, und er brauchte keine Feinde und Spione zu erfinden, weil er von wirklichen umgeben war.

# 20.
# Ein politisches Gleichnis

Dies ist eine Geschichte von den Seßhaften, die zu einer Zeit südlich des Tuareg-Gebiets im Niger leben, in der die Tiere noch den Boden bestellen konnten. Eine Ziegenmutter hatte einen herrlichen Garten, in dem sie Zwiebeln, Maniok, Kartoffeln und all die anderen Gemüse anbaute, die sie zur Ernährung ihrer Kinder brauchte. Der Garten war durch einen Zaun aus stachligen Zweigen geschützt. Dennoch entdeckte die Ziege eines Morgens, daß eine Gazelle eingedrungen war und seelenruhig ihr Gemüse fraß.

»Du da«, rief die Ziege, »Gazelle, was machst du in meinem Garten? Meinst du, daß dies die Wüste ist, wo Gras wild wächst? Hast du denn nicht gesehen, daß der Garten eingezäunt ist?«

Die Gazelle antwortete verächtlich: »Als Geschöpfe der Wüste erkennen wir Nomaden keine Einzäunungen an. Wir fressen alles, was grün ist. Die Erde und alles, was darauf wächst, gehört unserem Gott, und er hat es geschaffen, damit wir es benutzen.«

»Mach, daß du fortkommst, oder ich werde dich hinauswerfen!«

»Ich werde gehen, wenn ich genug gefressen habe. Wie willst du denn beweisen, daß dir der Garten wirklich gehört?«

Die Ziege ging auf die Gazelle los, und die beiden Tiere begannen miteinander zu kämpfen. In diesem Augenblick kam ein Schakal des Wegs. Er hielt an und sagte: »Warum kämpft ihr? Hört auf und sagt mir, was euer Problem ist.«

Die Ziege und die Gazelle erklärten ihm, warum sie sich stritten und beschlossen, den Schakal als Richter anzuerkennen.

Der Schakal sagte: »Mutter Ziege, geh nach Hause zu deinen Kindern und komme morgen früh wieder zurück. Dann erst werde ich mein Urteil fällen und nicht früher.«
Die Ziege ging nach Hause, weil sie aber die Verschlagenheit des Schakals fürchtete, lud sie ihren Freund, den Hund, zum Abendessen ein. Sie setzte ihm ein schmackhaftes Mahl vor, und während er fraß, erklärte sie ihm ihre mißliche Lage. Der Hund versprach, ihr zu helfen.
Währenddessen tat sich der Schakal heimlich mit der Gazelle zusammen und heckte einen Plan aus, um die Ziege um ihren Garten zu bringen.
Früh am Morgen begaben sich die Ziege und der Hund in den Garten. Die Ziege erntete das reife Gemüse, häufte es aufeinander und versteckte den Hund in dem Haufen.
Als die Gazelle und der Schakal ankamen, fing der Schakal an, das abgeerntete Gemüse nach seinem Plan zu verteilen: neun Handvoll für die Gazelle und eine Handvoll für die Ziege. Die Ziege protestierte zwar, der Schakal aber ignorierte sie und fuhr fort, das Gemüse ungerecht aufzuteilen.
Der Haufen wurde immer kleiner, bis der Schakal plötzlich die Ohren des verborgenen Hundes entdeckte. Er sagte nichts, kehrte aber in einer Art Panik den Spieß um und begann nun, der Ziege neun Handvoll zu geben und der Gazelle nur eine. Als sich die Gazelle beschwerte, sagte der Schakal: »Ich erkenne nun die Wahrheit in diesem aufgehäuften Überfluß!«
Bevor er aber Zeit hatte, seine Ungerechtigkeit wiedergutzumachen, sprang der Hund aus dem Gemüsehaufen und tötete zuerst den Schakal und dann die Gazelle. So kam es, daß die Ziege ihren Garten behielt.

# 21.
# Die Tragödie der Tuareg

Die Franzosen eroberten die Sahara im Handumdrehen. Als die Sahara zu einem Objekt ihrer Begierde geworden war, hatten sie sie auch schon. Das einzige Problem war ihre Größe: Eine Zeitlang war sie mehr, als sie kontrollieren konnten. Der Widerstand der Tuareg hielt nicht an, weil sie bessere Kämpfer oder Idealisten waren, sondern weil sie durch die Dürre und die großen Entfernungen vor ihren Feinden geschützt waren. Vielleicht hegen wir die Vorstellung von den durch die Wüste gestählten Kriegern, gemessen an europäischen Maßstäben aber waren die Tuareg schwach.

In den zwanziger Jahren wurden die Franzosen endgültig die Herren der Sahara, und zwar mit den einfachsten Mitteln. Sie brachten ihre Garnisonen auf Vordermann, erklärten die Gültigkeit ihrer Gesetze, richteten einen Postdienst ein und töteten ein paar Dissidenten. Ihr wirksamstes Mittel aber war, das Kamel durch das Rad zu ersetzen. Sie taten dies mit serienmäßig hergestellten Automobilen, mit denen sie in die entferntesten Winkel der Wüste fahren konnten. Die Überlegenheit des Automobils lag auf der Hand. Die Franzosen fuhren durch die Wüste, nur um Reifenspuren zu hinterlassen. Die Spuren überdauerten. Die Tuareg unterwarfen sich ohne Widerrede.

Dann passierte etwas Seltsames. Die Franzosen schwangen sich zur alleinigen Schutzmacht der Tuareg auf. Den Franzosen war dabei nicht ganz wohl zumute: Sie zwangen die Stammesführer, ihre Überfälle aufzugeben und die Sklaven zu befreien. Ferner ließen sie die Tuareg eine symbolische Steuer

als Zeichen für ihren Untertanengehorsam entrichten und forderten, daß mindestens ein Kind in jeder Familie die »Nomadenschule« besuchte, um die französische Sprache und Geschichte zu lernen. Darüber hinaus aber schirmten sie die Tuareg von ihren Feinden im Norden und Süden ab. Indem sie aus der Zentralsahara ein Reservat für die Tuareg machten, verschafften sie ihnen, was allgemein als glorreiche Isolation begrüßt wurde.
Es heißt, daß man den Tuareg das Wasser abgegraben hat, indem man ihnen ein fremdes Gesetz aufzwang und ihre Raubzüge untersagte. In Wahrheit hatte sich die Außenwelt aber ohnehin verändert, und Frachtschiffe, Eisenbahnen und Lastwagen zerstörten den Karawanenhandel. In der Zentralsahara gab es nichts mehr, was man überfallen konnte – ein Trockengebiet, das im Lauf der Zeit völlig ausgetrocknet war. Die Franzosen konnten diese Entwicklungen nicht aufhalten, die Tuareg aber vor den Auswirkungen schützen. Als Kolonialherren waren die Franzosen aufrichtig und wohlgesinnt. Sie fanden, daß sie den Tuareg helfen sollten, ihr Nomadenleben zu bewahren. Sie ermutigten die Tuareg dazu, sich einem Leben hinzugeben, das zur Legende wurde.
Eine Legende, die man sich in Europa ausgedacht hatte. Die Franzosen wählten die Wüste nicht in Ermangelung eines besseren Landes, wie manchmal behauptet wird. Vielmehr waren sie ein zivilisationsmüdes Volk, das seine Gesellschaft damals wie heute für untauglich und starr hielt. Die Sahara war alles, was Frankreich fehlte: Sie war groß, rein, wild, trocken, heiß, feindselig und leer. Und vor allem war sie von der Zivilisation unberührt. Sie bot den Franzosen die Ausweichmöglichkeit, die sie dringend benötigten: ein Land, das leer, unberührt und bereits so öde war, daß es nicht noch mehr verwüstet werden konnte, und das eine besonders reine Form der Wildnis darstellte. Man mußte nicht einmal dorthin gehen; den durchschnittlichen Franzosen, die von den Segnungen der Zivilisa-

tion umgeben sind, genügt es schon, diesen größten offenen Raum der Erde für sich zu beanspruchen.
Unwichtig war auch, daß man dort in den Jahren vor der algerischen Unabhängigkeit schließlich auf Öl stieß. Ursprünglich hatten die Franzosen höhere Ziele angestrebt. Um die Kolonie besser verwalten zu können, zogen sie mitten durch die Wüste Grenzen, die aber mehr oder weniger sich selbst überlassen blieben. Die Soldaten und Zivilisten, die ausgesandt worden waren, um über die Sahara zu herrschen, rühmten sich weniger damit, was sie mit der Sahara angestellt hatten, sondern was die Sahara ihnen angetan hatte. Es handelte sich um Unzufriedene, Ethnologen und Abenteurer – nicht um Missionare. Die Sahara war ihr Zufluchtsort. Die Tuareg, die sie durchzogen, waren die »edlen Wilden« à la Rousseau, die Frauen langbeinige Schönheiten, die Männer trugen Säbel und waren maskiert. Sie waren Aristokraten und tapfere Krieger. Und sie zogen durch die Phantasie der Franzosen wie die Helden in einem Fantasy-Roman. Um so besser für die Tuareg, daß sie auch der Volksstamm waren, der sich am längsten gegen den französischen Einfluß behauptet hatte. Ihr Widerstand machte die Wildnis um so glaubwürdiger. So verwundert es einen denn kaum, daß die Franzosen die Tuareg in ihrem Stolz bestätigen wollten und sie ermutigten, sich an ihre mythische Vergangenheit zu erinnern.
Die Rebellion der Tuareg, die heute stattfindet, wäre uninteressant, wenn nicht das europäische Wunschdenken dabei mitgewirkt hätte. Sie wäre unwichtig, wenn sie nicht den ethnischen Auseinandersetzungen in anderen Teilen der Welt ähnelte. Mano Dayak, ein Tuareg-Rebell im heutigen Niger, hat einen Bericht seiner Kindheit unter den Franzosen verfaßt, der zum Bestseller wurde:

> Bevor ich zur Schule ging, habe ich eine glückliche Kindheit in den Lagern erlebt. Welche Erinnerungen! Kinder spielten

mit dem trockenen Dung der Kamele! Erinnerungen an die ersten Worte in Tamashagh, die mir meine Mutter beibrachte, die ich in Tifinagh, unserer Schrift, in die Sanddünen schrieb. Welche Erinnerungen auch an die langen Abende am Lagerfeuer! Mein Vater und Ebayghar waren meine Lehrer in der Schule der Wüste: Sie lehrten mich die Spurensuche und die Orientierung mit Hilfe des Windes und der Sterne. Die gesamte Wissenschaft der Nomaden: das Wissen von Orten, von den ausgetrockneten Flußläufen des Aïr und den riesigen Sanddünen des Ténéré. Die ganz persönliche, von Generation zu Generation weitervererbte Geographie der Sahara, unseres Universums. Jedesmal, wenn ich wieder an die Wüste meiner Kindheit zurückdenke, empfinde ich Trauer und Heimweh. Ich sehe sie als eine Art Bild, einen schönen Traum, dem ich nachtrauere, den ich wiederfinden und mit den Händen und im Herzen festhalten möchte. Ich weiß nicht, wie ich solch ein Gefühl besser beschreiben könnte.

Es ist so schwer, das Erlebte zu erklären und mit jemandem zu teilen. Wenn man in der Wüste geboren ist, bleibt man sehr eng damit verbunden, ganz gleich, was man dann später tut. Derjenige, der seinen *oued* verläßt, nimmt einen Teil davon mit, es ist sein Paradies, das auf ihn wartet. Es gibt ein Sprichwort der Tuareg, das besagt: »Ganz gleich, wohin er wandert, der Nomade wird immer zum Lager zurückkehren, in dem er geboren ist.« Was auch wirklich der Fall ist.

Mano Dayaks Denkweise ist charakteristisch für die aristokratischen Tuareg, die nach Generationen des Umgangs mit den französischen Besatzern sich so sehen lernten, wie sie die Franzosen sahen, in der romantischen Verklärung der Außenstehenden. Dies ist kein ungewöhnliches Phänomen – es gibt Leute, die sich so sehen, wie sie in Filmen dargestellt werden –, was aber zu gefährlichen Übertreibungen führen kann. Dayak brachte seine Kindheitserinnerungen in einem Buch mit dem Titel *Touareg, La Tragédie*, an die Öffentlichkeit, das er bezeichnenderweise nicht allein schrieb, sondern in Zusammenarbeit mit einem berufsmäßigen französischen Schriftsteller. Erschienen in Paris, ist das Buch vielleicht das vollkommenste Kunstprodukt unserer Zeit. Es hatte Erfolg, weil es immer noch einfach ist, die Franzosen davon zu überzeugen, daß Nomaden glücklicher sind als Städter und vor allem freier.

Dies erklärt, warum die Tuareg nicht emigrieren. Daß sie ausgewiesen werden, ja, darauf achten schon unsere Feinde. Sie emigrieren jedoch nicht freiwillig. Die Tuareg, die in Europa studieren konnten – leider sind es nicht viele –, kehrten alle wieder zurück in die Wüste.

Es gibt derzeit nur etwa fünfzehn Tuareg, die ihren mehr oder weniger ständigen Wohnsitz in Paris haben. Man muß dies mit der gesamten Einwanderungsquote aus Nordafrika vergleichen. Natürlich verlassen die Marokkaner oder Algerier ihre Heimatländer nicht zum Vergnügen. Das stimmt. Auch wir sind arm, können aber das Elend besser ertragen als ohne Wüste zu leben.

Als ich in jungen Jahren von zu Hause weggegangen bin, um die Welt der anderen zu entdecken, verging ich bald vor Sehnsucht, die Wüste wiederzusehen.

Und ich kehrte dorthin zurück, wie alle anderen, die fort waren. Trotz der Trockenperioden und der Massaker sind die Tuareg dieses spartanische Leben so gewöhnt, lieben sie die Wüste.

Wir können uns nicht vorstellen, irgendwo anders zu leben. Wenn man mir sagte, daß ich für immer in Europa bleiben müßte, würde ich das als meinen Untergang empfinden, obwohl ich Europa doch liebe.

In *Touareg, La Tragédie* wimmelt es von Bekenntnisssen dieser Art. Sie erinnern die Franzosen an ihre ehemaligen Ferienaufenthalte in der Sahara, als sie selbst *chèches* trugen und mit den Nomaden zusammensaßen. Es wirft ein Licht auf das Leben im nördlichen Frankreich und das dortige Verständnis der Kolonialgeschichte. Der Leser ist kaum überrascht, wenn er nach der ersten Hälfte des Buches entdeckt, daß Mano Dayak einst eine Touristenagentur in Agadez unterhalten hat.
Wahrscheinlich ist er intelligent, und zweifellos ist er mutig und engagiert. Sein Bericht kommt aus einer gefährlichen Kampfzone zu uns. Trotz des überzogenen Tons der Aussagen kommen so manche verborgene Wahrheiten an den Tag.

> Unter der französischen Kolonialherrschaft hatten wir immer noch das Gefühl, ohne Zwang umherwandern zu können, da die Grenzen nicht die Hindernisse von heute waren. Gewiß fühlten wir uns durch die (Kolonial)Steuer gedemütigt, aber bis zu einem gewissen Grad verlief unser Leben – fern der Städte – friedlich. Einige beschuldigen uns nun, daß wir der Zeit des Kolonialismus nachtrauern. Welch ein Irrtum! Niemand bekämpfte die Kolonialmacht so sehr wie wir. Die Kolonisation trifft uns empfindlich, aber wir haben in der Zwischenzeit Schlimmeres kennengelernt. Man muß die Dinge beim Namen nennen.

Die Idee von den reinen ethnischen Gruppen ist ebenso gefährlich wie die der reinen Rasse. Im Grunde sind alle Menschen Mischlinge. »Eingeborenen-Kulturen« unterliegen dem Wandel wie andere Kulturen auch. Es gibt keine Kultur, die nicht authentisch wäre. Das Schlimmste, was die Franzosen den Tuareg angetan haben, lag nicht darin, sie im Kampf zu besiegen, sondern sie danach wie einen privilegierten Volksstamm zu behandeln. Schlimm war nur, daß sich die Tuareg dann selbst etwas vormachten. Sie gaben sich arrogant. Sie glaubten, besser zu sein als ihre Nachbarn und keinen Frieden mit ihnen nötig zu haben. Sie ließen sich von ihrer Wüste zum besten halten. Sie dachten, daß sie völlig abgeschieden von der Welt leben könnten, obwohl sie das nie zuvor getan hatten. Sie ignorierten, was die neuen Technologien für den Karawanenhandel bedeuteten. Sie ignorierten, was veränderte Weltanschauungen für den Sklavenhandel bedeuteten. Und sie lernten nur sehr zögernd. Sogar heute, also Generationen später, gibt es viele, die sich nicht dazu überwinden können, das Naheliegende zu akzeptieren – daß die Zeit des Kamels ihrem Ende entgegengeht und die Zeit der Überfälle auf die Karawanen vorüber ist, daß die Zentralsahara für ein rein nomadisches Leben zu trocken ist und sie eine andere Existenzform finden müssen, um zu überleben. Wenn sie Amerikaner oder Europäer wären, würden wir sie als hoffnungslose Reaktionäre bezeichnen. Wie schon gesagt, man muß die Dinge eben beim Namen nennen.

Für die Tuareg ist es tragisch, daß sie heute teuer für diesen Wahn bezahlen müssen, weil ihre Möglichkeiten mittlerweile wirklich begrenzt sind. Die Krise begann um 1960, als Frankreich in einem letzten verzweifelten Versuch, wenigstens Algerien zu behalten, seinen westafrikanischen Kolonien die Unabhängigkeit gab und die Tuareg sich mit den neuen, nationalen Grenzen auseinandersetzen ließ. Die Grenzen waren unsichtbar und größtenteils nicht markiert, und doch existierten sie. Die Tuareg konnten sie zwar unentdeckt überschreiten, ihrer Wirkung konnten sie aber nicht entgehen. Dazu Mano Dayak:

> Wir wußten nicht, was wirklich passierte. Während der Kolonialzeit trennten uns die Franzosen. Sie setzten sich um einen Tisch und entwarfen eine Karte, die unsere Existenz als Volk verneinte. Weil aber diese Gebiete, trotz einiger

interner Spitzfindigkeiten der Kolonialmacht, Teile des gleichen Reiches waren, zählten die Grenzen nicht.

Mit der Unabhängigkeit veränderte sich alles drastisch. Plötzlich wollten Polizisten und Soldaten, welche die neuen Staaten repräsentierten, Pässe sehen und verlangten sogar Visa, wenn verarmte Nomaden aus dem Aïr ihre Vettern im Hoggar oder im Adrar des Iforars besuchen wollten.

Dayak vereinfacht das Problem. Die Tuareg hatten nie eine zusammenhängende Nation geformt. Sie wirkten in anarchischen Gruppen, die sich manchmal sogar untereinander bekämpften, und hatten wenig Gemeinsames außer ihrer Berber-Sprache und der gemeinsamen kulturellen Identität. Die Grenzen bewirkten keine Trennung von Sippenverbänden oder verneinten die Existenz der Tuareg, sie zwangen sie vielmehr, in die Moderne einzutreten. Bis zu diesem Zeitpunkt waren sie die Akteure eines europäischen Traums gewesen, dies war nun aber die wirkliche Sahara.

Die Tuareg, die sich nach der Trennung auf algerischer Seite befanden, hatten Glück, weil sie zu einer Nation kamen, die hauptsächlich aus Berbern bestand und notfalls eine Integration zuließ. Anders verhielt es sich mit den Tuareg im Niger und Mali, die nur ein paar Meilen entfernt lebten. In jedem dieser Länder betrugen sie weniger als 10 Prozent der Bevölkerung. Die restlichen 90 Prozent waren schwarze Sahara-Bewohner – Mandé, Fulani, Songhai, Djerma und andere –, Volksstämme, welche die Tuareg von altersher ausgebeutet hatten. Die Tuareg waren von Anfang an im Hintertreffen.

Diese Menschen aus dem Süden trugen den Haß nach Norden. In der Nacht erzählten uns Reisende in den Wüstenlagern, was mit den Tuareg von Agadez geschah. In öffentlichen Versammlungen rissen Soldaten aus dem Süden unseren Häuptlingen den Turban vom Kopf, eine Handlung, die

für einen Targi große Schmach bedeutet. Sie nahmen uns auch unsere Säbel ab, was ebenfalls sehr schmachvoll ist.
Die Regierung von Niger fing an, die Nomaden zu terrorisieren. Sie konnte unseren Stolz nicht ertragen, den die Menschen im Süden als Arroganz ansahen. Auch während der Kolonialzeit verbot uns unsere Würde, vor unseren Besatzern zu knien. Man kniete nicht vor einem Mann, nur weil er bewaffnet war, und glaubte, daß er gegenüber den Zivilisten Macht über Leben und Tod hatte. Wenigstens respektierten die Franzosen unseren Stolz. Die Republik von Niger aber beschloß, die Tuareg für ihre »Unverschämtheit« und ihre frühere Rolle als »Sklavenhalter« teuer bezahlen zu lassen.

Ihre Strafe bestand darin, daß sie die Tuareg von nationalen Entwicklungsprogrammen ausschlossen, also von den neuen Schulen, Krankenhäusern, Straßen und lukrativen Verwaltungsjobs. Man möchte meinen, daß dies für stolze und unabhängige Nomaden kein Problem darstellen würde. Die Diskriminierung aber, die sie letztlich bedeutete, machte ihnen zu schaffen. Sie meinten, daß diese Dinge, die sie eigentlich gar nicht brauchten, ihnen von Menschen verwehrt wurden, die kein Recht dazu hatten. Arlit machte alles nur noch schlimmer. Dort wurde 1968 Uran entdeckt, und innerhalb von zwei Jahren wurde der ganze Ertrag auf der »Route de l'Uranium« nach Süden, ins 700 Meilen entfernte Niamey geschafft. Die Tuareg, die dem Reichtum folgten, landeten als Bettler auf der Straße. Diejenigen, die nach Arlit gingen, fanden nur niedrige Arbeiten.
In Mali war die Situation noch schwieriger. Sobald die Franzosen abzogen, erhob die Regierung hohe Steuern auf den Viehbestand und fing an, die Bewohner aus dem Norden zu schikanieren. 1962 rebellierten die Tuareg in der Umgebung von Gao und Timbuktu und wurden brutal unterdrückt. Die

Anführer gingen über die Grenze nach Algerien, wurden aber festgenommen und wieder an Mali ausgeliefert. Die Diplomatie machte diese Geste zwischen besorgten Nachbarstaaten erforderlich. Es folgten öffentliche Hinrichtungen, zu denen es gelegentlich immer noch kommt.

Im Sommer 1968 regnete es nur sehr spärlich. 1973 und 1974 blieb der Regen völlig aus. In Westafrika starben 50 000 Menschen, nicht weil sie verdursteten, sondern verhungerten, nachdem ihre Ziegen, Kühe und Kamele eingegangen waren. Niger verlor 60 Prozent seiner Viehherden. An und für sich war dies nicht ungewöhnlich – in der südlichen Sahara zu leben war schon immer riskant gewesen –, aber nun hatte sich die politische Lage auch noch völlig verändert. In der Vergangenheit wären die Tuareg vor der Trockenheit nach Süden ausgewichen, hätten ihre Herden zu den Ufern des Niger getrieben und noch weiter und hätten die schwarzen Stämme im Sahel vertrieben. Diese Stämme hatten sich ein kollektives Gedächtnis an die katastrophalen Mißernten bewahrt, bei denen maskierte Krieger plötzlich wie Abgesandte der Hölle aus der Wüste aufgetaucht waren. Im modernen Niger und Mali des Jahres 1974 würden sich die Menschen im Süden vor den Übergriffen der Tuareg zwar nicht mehr fürchten, sie konnten ihnen aber auch nicht vergeben.

Das einstige Verhaltensmuster wird nun umgekehrt: Mitten in der Dürre rücken die zentralafrikanischen Viehhändler nach Norden vor in die Wüste, um den Tuareg ihre völlig ausgemergelten Viehherden zu Schleuderpreisen abzukaufen. Städte wie Agadez und Arlit wuchsen durch die Invasion der verarmten Tuareg an. Die Tuareg starben, weil sie keine Hilfe bekamen. Als es 1975 dann wieder regnete, waren die Tuareg zu arm, um ihre Viehherden aufzustocken. Die ehemaligen Stammesführer flohen nach Algerien, um dicht zusammengedrängt in der Nähe von Tamanrasset zu leben oder in den Oasen des Nordens illegal zu arbeiten.

Libyen bot den Tuareg eine attraktivere Alternative an, denn Moamar Gaddafi, ein echter Sohn der Wüste, hieß die Flüchtlinge willkommen, verschaffte ihnen Arbeit auf seinen Ölfeldern und rekrutierte sie in seiner Islamischen Legion. Gaddafi richtete einen Rundfunksender ein, mit dem er Sendungen auf tamashagh nach Niger und Mali auszustrahlen begann. Das war nicht sehr hilfreich, denn beide Länder wurden von verängstigten Diktatoren regiert, die sich ohnehin schon verfolgt fühlten von Verschwörern.
1980 forderte Gaddafi eine unabhängige Republik für die Tuareg, und um sie zu ermöglichen, versprach er, für die Waffen und die militärische Ausbildung zu sorgen. Tausende von jungen Tuareg erlagen wieder der Selbsttäuschung und nahmen die Herausforderung an. Gaddafi ließ sie in der fernen Westsahara gegen Marokko kämpfen und verschaffte ihnen 1987 ein Gefühl der Niederlage im Tschad. Inzwischen war auch der Preis für das Öl gefallen. Die Löhne und guten Bedingungen auf Gaddafis Ölfeldern waren beim Teufel. Die wenigen Kommandos, die man nach Niger gesandt hatte, waren ausgerottet worden. Die Tuareg in Libyen fühlten sich verraten. Sie fuhren fort, anderweitig nach einem Feind zu suchen.
Und waren bereits zu ihrem selbstzerstörerischen Krieg verdammt. 1983 war eine lange Dürreperiode über die Südsahara hereingebrochen. Sie währte drei Jahre und war so extrem, daß in Niamey zum erstenmal seit Menschengedenken der Niger austrocknete. Niemand weiß, wie viele Menschenopfer die Katastrophe forderte. Die Hungersnot in Afrika nahm erschreckende Ausmaße an. Ein Gebiet war betroffen, das vom Roten Meer bis zum Atlantik reichte. Die Sahara-Bewohner flohen zu Zehntausenden in mauretanische und algerische Lager. Ich erinnere mich an die Massen in Tamanrasset, unter denen sich ebenso viele Schwarzafrikaner wie Tuareg befanden. In den algerischen Flüchtlingslagern hatten die Tuareg vorübergehend wieder die Oberhand, einen Vorteil, den sie

sich zunutze machten. 25 Jahre nach der nationalen Unabhängigkeit verfielen sie wieder darauf, ihre Landsleute zu schikanieren und die Schwarzen wie ihre Sklaven zu behandeln. Hatten sie denn völlig vergessen, was ihnen Grenzziehungen antun konnten? Glaubten sie denn wirklich, daß dieser Zufluchtsort für die Ewigkeit wäre?

Gaddafi war nicht der einzige, der sie hinters Licht führte. Das Kolonialreich war zwar für immer aus der Wüste verschwunden und unwichtig geworden, die alten Bräuche aber lebten fort. Wenn die Welt nun kleiner geworden war, bedeutete dies nur, daß mehr Abendländer als zuvor die Tuareg mit Kameras umringten und ihnen den Spiegel vorhielten. Sie gaukelten den Tuareg Freundschaft und Sympathie vor und ermutigten sie dazu, etwas zu bleiben, was sie nie gewesen waren. Die Besucher aus dem Westen neideten sich gegenseitig ihre Beziehungen zu den Eingeborenen und übertrafen sich im Ausdruck ihres Verständnisses. Wie Charles de Foucauld waren viele in die Sahara gekommen, um sich aus ihren engen nationalen Bindungen zu lösen. Und wenn er über noch soviel christliche Nächstenliebe verfügt, so bleibt doch jeder Besucher aus der westlichen Welt in solch einer Wüste nur der Fürsprecher seiner eigene Zivilisation. Und die Stärke des Westens wird von den Tuareg heillos überschätzt. Wenn sie vom Mitgefühl bei den Besuchern und in der europäischen Presse erfuhren, deuteten sie es fälschlicherweise als moralische Verantwortung der Politik.

Die Dürreperiode ging zu Ende und die Savanne wurde wieder grün. Sogar in der Wüste bei Arlit, im Hochland des Aïr, wuchs wieder Gras. 1989 schloß ein neuer militärischer Führer im Niger Frieden mit Gaddafi und erklärte sich mit der Rückführung der besiegten Tuareg aus Libyen einverstanden. Als die algerische Regierung im Jahr darauf mit der islamischen Revolution im Norden konfrontiert wurde, wies es die verbleibenden Flüchtlinge aus. Beinahe 25 000 Tuareg wurden bei

In Guezzam an der Grenze festgehalten, während sich die Beamten darüber stritten, in welches Land sie gehörten. Die UNO schaltete sich ein. Man machte Versprechungen hinsichtlich der Versorgung. Im Januar 1990 erklärte sich Niger endlich bereit, 18 000 der Flüchtlinge aufzunehmen. Männer, Frauen und Kinder stiegen in Lastwagen und wurden in »Übergangslager« am südlichen Rand der Wüste, südwestlich von Agadez, in ein Dorf namens Tchin-Tabaradène gefahren. Im Lager waren bereits die Rückwanderer aus Libyen eingetroffen. Die Bedingungen waren schwierig. Die Bewachung war nicht streng, obwohl die Tuareg nicht ausgehen durften. Sie hatten kaum etwas zu essen und waren schutzlos. Die versprochenen Versorgungsgüter wurden nach Niamey geliefert, wo sie sich korrupte Beamte unter den Nagel rissen und auf den Märkten der Stadt absetzten – das übliche Schicksal von internationalen Hilfsgütern in Westafrika.
Im Mai 1990 stürmten drei junge Männer aus den Lagern die Polizeistation in Tchin-Tabaradène. Mano Dayak behauptet, daß sie unbewaffnet gewesen seien und nur gegen die Bedingungen im Lager rebellieren wollten. Wer weiß. Sie töteten zwei Polizisten und einen Gefangenen, machten sich aus dem Staub und wurden nie gestellt. Innerhalb von wenigen Stunden trafen Soldaten ein. Die Flüchtlinge im Lager gerieten in Panik und flüchteten. Die Soldaten wüteten fürchterlich, schossen die Tuareg blindlings nieder, rissen den Alten die Kleider vom Leib und folterten sie, vergewaltigten die Frauen und metzelten die Kinder nieder.
Die Kampagne dauerte einige Wochen. Ein paar Lager wurden umzingelt und unter Beschuß gestellt, die Wüste aber leistete die Hauptarbeit: Nachdem sie die Brunnen besetzt hatten, konnten die Soldaten die Hände in den Schoß legen und warten, bis der Durst ihnen die Feinde vor die Gewehre trieb. Niemand weiß, wie viele Menschen dabei umkamen. Die Armee gab später 70 Opfer zu, aber in Wirklichkeit waren es sehr

viel mehr. Die Regierungssprecher drückten öffentlich ihr Bedauern hinsichtlich des Massakers aus und versuchten es als »Einzelfall« hinzustellen, obwohl Tchin-Tabaradène der Funke war, der den Krieg entfachte.
Die Tuareg rebellierten, und die Flamme ihres Zorns breitete sich über die Sahara aus. Viele der Rebellen waren in Libyen ausgebildet worden und hatten ihre Waffen behalten. Sie träumten immer noch von einem unabhängigen Staat der Tuareg, nun war es aber einfach der Haß, für den sie ihr Leben aufs Spiel setzten. Sie griffen Regierungseinheiten in der Nähe von Arlit, im Aïr, an. Die Armee beschuldigte die Rebellen des geheimen Einverständnisses mit Gaddafi und daß sie versucht hätten, den Uranabbau zu sabotieren. Sie machte keinen Unterschied zwischen Kämpfern und friedlichen Tuareg. In den Städten veranstaltete sie Razzien. In der Wüste brachte sie die Verdächtigen einfach zur Strecke.
Etwas Ähnliches passierte in Mali, wo im Juni 1990, nur einen Monat nach dem Massaker von Tchin-Tabaradène, ein internationales Hilfsteam in einen Hinterhalt der Tuareg-Rebellen geriet. Die Rebellen nahmen den Sozialhelfern ihre Toyotas und griffen damit Ménaka, die malische Stadt an, wo Flüchtlinge aus Tchin-Tabaradene festgehalten wurden. 14 malische Polizisten wurden bei dem Angriff getötet. Die Rebellen konnten mit Waffen und Munition entkommen. Die malische Armee traf ein und veranstaltete eine Razzia: mordete, brannte alles nieder, vergewaltigte. Diesmal schossen die Tuareg zurück. Im Juli 1990 brachen in den Straßen von Gao Kämpfe aus. Im September 1990 vernichteten die Rebellen eine Streitkraft von 200 malischen Soldaten in der heißen Ebene von Tanezrouft.
Die Rebellion breitete sich langsam nach Algerien aus, wo die Staatsregierung wegen der islamischen Revolution bereits in Panik war. Zuerst wurde der Krieg in Algerien von Fremden geführt – Rebellen aus Mali oder Niger, die sich weigerten, die

Grenzen anzuerkennen, obwohl sie sich in Wirklichkeit dahinter verschanzten. Später wurde die Sache aber auch von algerischen Tuareg weitergeführt, was vor allem dazu führte, die Wüste unsicher zu machen.

1991 handelte die algerische Regierung einen Waffenstillstand zwischen drei Nationen aus, der gerade einmal zwei Monate hielt. 1992 handelte sie einen weiteren Waffenstillstand aus, der ganze drei Wochen hielt. Dann wurden keine weiteren Versuche mehr unternommen. Die Pläne für halbautonome Tuareg-Gebiete im Niger und Mali werden durch fortwährende Mordtaten vereitelt. Die Versuche mit der Demokratie scheitern, weil die demokratischen Mehrheiten sich weigern, die Macht zu teilen. Die Niederlage an den Wahlurnen wird von beiden Seiten als Niederlage im Kampf um die Macht angesehen. Die Tuareg weigern sich, daran teilzunehmen. Sie träumen statt dessen von ihrem utopischen Staat, zu dem sie von den wohlfeilen Sympathiekundgebungen der Außenstehenden ermutigt werden, und kämpfen weiter dafür. Am Südrand der Sahara entstehen massenweise solche Kriege, die aus Terrorakten und Vergeltungsmaßnahmen bestehen.

# 22. Nach Süden in den Sahel

Claude war nicht der Typ des Franzosen, der mit den Tuareg sympathisierte. Er hätte sich ohne weiteres in Arlit niederlassen und eine neue Karriere als – sagen wir – Berater der Streitkräfte beginnen können. Marie aber hatte es eilig. Sie wollte noch vor Anbruch der Nacht in Agadez sein, und Claude hatte die Gewohnheit, sich ihr zu fügen. Er überprüfte noch den Reifendruck des Toyotas und kletterte dann auf den Führersitz. Ein Polizist stieß das Tor zur Straße auf.

André, der junge Mann, der durchs Fenster geschlüpft war, war betrübt über unseren plötzlichen Weggang und sagte: »Sie müssen mich nun für meine Dienste entlohnen.«

Marie drehte sich nach ihm um: »Was?« sagte sie nur.

André erwiderte ärgerlich: »Man darf seine Freunde nicht übers Ohr hauen!«

Claude blickte starr geradeaus. Marie drohte: »Ich werde die Polizei holen!«

André war so schlau, sich schmollend zu verdrücken. Marie wies uns an, die Fenster des Campingwagens zu schließen und die Türen zu verriegeln. Am Rande der Stadt rannten uns nur noch ein paar Kinder nach.

Wir fuhren auf der »Route de l'Uranium« nach Süden, einem Asphaltband, das sich auf einem Kiesdamm über dem Wüstenboden hinzog. Claude teilte meine Begeisterung für die technische Leistung. Das blaue Hochland des Aïr erhob sich zu unserer Linken, Claude aber hatte nur Augen für die Straße. »Man könnte fast meinen, daß dies Frankreich wäre!« rief er und fuhr mit 140 km/h, hielt nur an den militärischen Straßen-

sperren an und brachte uns rechtzeitig zum Abendessen nach Agadez.
Agadez war früher ein Karawanenzentrum gewesen, eine arme, heiße, von Lehmmauern umgebene Stadt. Über ihr ragt eine aus Lehmziegeln erbaute Moschee mit einem sudanesischen Minarett empor, das sich 30 Meter über den staubigen Straßen erhebt. Ich lud Claude und Marie zum Abendessen ein. Das Hotel war ein ehemaliger Sultanspalast, der aus der gleichen Zeit stammte wie die Moschee. Es war düster und schmuddelig und hatte dicke Mauern aus Lehmziegeln. Der Targi Kaocen hatte hier während seiner einjährigen Besetzung der Stadt gewohnt, obwohl es nirgends schriftlich festgehalten war. Zum Abendessen bekamen wir ein Eintopfgericht, das wir mit gutem afrikanischem Bier hinunterspülten. Ich verabschiedete mich von Claude und Marie, die zu ihrem Campingwagen gingen, um früh am Morgen wieder weiterzufahren.
Mein Zimmer war ein stickiges Verlies ohne Fenster, mit einem Zementboden, fleckigen, grünen Wänden und einer Glühlampe, die ohne Schirm von der Decke herabhing. Die Liege war mit einer Schaumgummimatratze und ungewaschener Bettwäsche versehen. Ich suchte den Platz nach Skorpionen ab, legte mich dann schwitzend aufs Bett und sehnte mich nach draußen.
Am nächsten Morgen schlenderte ich durch die Stadt. Agadez hatte sich einst am südlichen Rand der Sahara befunden und war durch den Handel mit Sklaven, Gold und Salz reich geworden. Aber als ich dorthin kam, hatte sich die Wüste schon weiter nach Süden ausgebreitet, so daß die Stadt kaum noch Handel trieb und von der Barmherzigkeit und internationaler Hilfe lebte. Agadez verfügt über Brunnen und Regierungsbüros. Die Einwohnerzahl war mit den Flüchtlingen, die vor Dürre und Krieg geflohen waren, auf 75 000 angestiegen. Sie lebten in Schutzhütten aus Wellblech und Stroh, die an den Lehmhäusern in der Stadt klebten, und in großen Flüchtlings-

lagern in den Außenbezirken. Die Atmosphäre war gereizt. Man mied die Fremden. In der Nervosität der Soldaten und im offensichtlichen Mißtrauen zwischen den Tuareg und den Leuten aus dem Süden sah ich die Spuren kürzlicher Auseinandersetzungen. Die beiden feindlichen Lager verkehrten notgedrungen miteinander auf dem Markt, auf dem Kinderspielplatz aber hatten sie getrennte Schaukeln. Die ärmsten Kinder waren allerdings zu arm, um spielen zu können. Sie rannten nackt herum und stahlen sich ihr Essen auf dem Markt.

Als ich die Fernfahrer in der Nähe der Moschee nach Ali und seinem Lastwagen voll Datteln fragte, wurden sie mißtrauisch und sagten, sie wüßten nichts. Ein betrunkener Polizist verlangte meinen Paß. Verdrossen gab ich ihm meinen Ausweis. Er wurde leutselig, als er meine Nationalität feststellte, weil er unbedingt nach Amerika wollte, um reich zu werden. Er nahm mich zur Polizeistation mit, so daß ich mich melden und meinen Reichtum teilen könnte.

Die Polizeistation war eine Baracke aus Lehmziegeln mit einer von Fliegenschwärmen heimgesuchten Veranda. Die drei Polizisten, die dort waren, brachen ihr Kartenspiel ab, um meinen Namen in ein Register einzutragen und eine Transitgebühr von mir zu verlangen. Ich mußte sie daran erinnern, meinen Paß abzustempeln.

Am Morgen darauf war Ali dann plötzlich da. Ich entdeckte seine beiden Lastwagen an einer Straße in der Nähe des Marktes. Die Passagiere waren verschwunden. Ausgemergelte Arbeiter luden die Säcke mit Datteln ab und trugen sie in ein Warenhaus. Ali freute sich darüber, daß ich es vor ihm nach Agadez geschafft hatte.

Ein paar Tage später nahm ich dann den Bus, der mich auf einer geteerten Straße ins 550 Meilen entfernte Niamey bringen sollte. Während der Fahrt sah ich die Wüste allmählich verschwinden. Es war ein guter, sauberer Bus mit Klima- und Stereoanlage. Als er von Agadez mit einem Berg von Gepäck auf dem Dach abfuhr, war er voll besetzt. Ziemlich weit hinten, neben einem Mann aus dem Süden, fand ich noch einen Sitzplatz. Wir hatten keine gemeinsame Sprache, wir lächelten uns nur an und ließen uns im übrigen in Ruhe. Der Fahrer, der eine leicht getönte Sonnenbrille trug, hielt sich sehr aufrecht. Er fuhr mit besonderem Nachdruck, wenn er durch die Dörfer raste und die Autos überholte, die vor ihm fuhren. Seine Hupe, die mehrere Töne hatte, konnte er zum Sprechen bringen: Dankend, schimpfend und sich ankündigend fuhr der Bus nach Niamey.

Musik machte dem Fahrer den größten Spaß. Er hatte eine Schachtel mit Kassetten dabei, unter denen er sorgfältig auswählte. Während der sechzehnstündigen Fahrt wiederholte sich kein einziger Song. Seine Sammlung bestand hauptsächlich aus westafrikanischer Popmusik mit ihrer melodischen Gitarrenbegleitung. Er mochte aber auch amerikanische Tanzmelodien, besonders, wenn dabei viel getrommelt wurde und sie sehr sexy waren. Die Passagiere hörten diesem Potpourri unbeteiligt zu und bewegten sich im Rhythmus des schlingernden Busses. Nach der Stille der Wüste aber genossen wir alle die Musik.

Wir hielten an, wenn es Gott und die Staatsgewalt so wollte. Zur Gebetszeit knieten die Fahrgäste in Gruppen auf der Erde, und der Fahrer legte Kassetten mit Suren aus dem Koran ein. An den militärischen Straßensperren beguckten sich Soldaten, die offensichtlich nicht lesen konnten, unsere Ausweispapiere, und versuchten unsere Namen in irgendwelchen obskuren Listen einzutragen. Einige baten mich um Hilfe. In der Nähe der Flüchtlingslager von Tchin-Tabaradène zog ein Feldwebel eine peinliche Show ab, indem er den Bus anhielt und mich nach meinen Absichten fragte. Die anderen Sperren waren dagegen nur zeitraubend. In der größeren Stadt namens Tahoua mußten wir drei davon passieren – beim Hineinfahren, in der Mitte und beim Hinausfahren.

Dennoch entflohen wir der Sahara in raschem Tempo, die Landschaften wechselten so übergangslos wie die Bilder eines Filmstreifens. Die Wüste bei Agadez war Ödland mit Kakteen, Geröll und Schluchten, dann aber tauchten Akazien auf, wurden immer häufiger, und das Land verwandelte sich in welliges, erodiertes Weideland, das in den Tälern von weit verstreuten Familien bewohnt wurde. Wo das Gras dichter wurde, begann es mit seinen Ziegenherden und langhaarigen Rindern amerikanischem Weideland zu ähneln. Es gab Dörfer mit den typischen Rundhütten und Scheunen mit kegelförmigen Dächern. Auf den Feldern wuchs von Hand gepflanzter Mais. Wir kamen zu einem Wasserreservoir, es war der erste offene Wasserspeicher, den ich seit Verlassen des Mittelmeers bei Algier gesehen hatte. Kein großes Wasserreservoir, aber der Wind trieb hübsche kleine Wellen vor sich her, die leise ans Ufer plätscherten. Um den Teich war das Land bewässert und bebaut. Jemand hatte am Ufer Setzlinge gepflanzt und sie mit Steinen eingegrenzt.

Als es Nacht geworden war, fuhren wir entlang der nigrischen Grenze durch Dörfer, in denen es keine Elektrizität gab. Ohne Mondschein war die Nacht pechschwarz. Auf den Märkten, die sich an der Straße befanden, boten Händler ihre Waren feil. Hunderte von Kerosinlampen tauchten die Menschenmenge in ihr orangefarbenes Licht. Die Hütten erschienen als dunkle Klumpen, einige wurden durch die Feuerstellen erleuchtet, die im Hof zum Kochen angefacht worden waren. Ich hatte das Gefühl, daß alle im Freien waren und die milde afrikanische Nacht genossen. Unser Fahrer hatte die Klimaanlage ausgeschaltet und alle Fenster geöffnet. Die Passagiere streckten die Köpfe hinaus. Zum Abendessen hielten wir in Dogondoutschi an. Ich ging durch die Menge und horchte auf die stetigen Rufe. Ich setzte mich zu Fremden auf eine Bank und aß eine Schüssel mit Reis und einer scharfen Sauce. In der Dunkelheit konnte ich unmöglich erkennen, was ich aß.

In Dogondoutschi stieg eine verrückte Frau zu uns in den Bus. Sie hatte ein zerrissenes Kleid an, ihr Haar stand in unfrisierten Büscheln ab. Sie hatte die schmächtige Figur und das überschäumende Temperament eines Teenagers, aber ein älteres Gesicht. Tänzelnd ging sie in den hinteren Teil des Busses, nahm mir gegenüber Platz und sagte auf französisch: »*Cigarette?*«
Entweder bat sie mich um eine Zigarette oder wollte mir eine anbieten. Ich sagte, daß ich Nichtraucher sei. Die anderen Passagiere beobachteten uns ernst. Sie kicherte und wiederholte dann ihre Frage, weil *cigarette* das einzige französische Wort war, das sie kannte. Das und *SIDA*, das französische Wort für AIDS, bei dem sie ebenfalls kichern mußte. Sie fand Gefallen an der afrikanischen Musik, die unser Fahrer ausgewählt hatte, und fing an mitzusingen, lachte, sang immer lauter und tanzte auf den Sitzen herum. Als der Fahrer amerikanische Songs spielte, griff sie die Melodien auf und imitierte die Worte.
Sie weigerte sich, an ihrem Bestimmungsort auszusteigen. Der Fahrer kam nach hinten, um ihr gut zuzureden – es gehe ihm ja nicht ums Geld, sondern darum, daß sie hier wohnte. Sie antwortete, daß sie nicht schlafen gehen, sondern die ganze Nacht über zu der Musik tanzen wolle. Die Fahrgäste, die vorne saßen, fingen an zu lächeln. Diejenigen, die in der Nähe saßen, versuchten, ihr nun auch gut zuzureden. Sie debattierten eine halbe Stunde lang mit ihr, bevor die Polizei gerufen wurde. In diesem Polizeistaat, in diesem grausamen, rückständigen, sich auflösenden Staat im Kriegszustand, sah ich Afrika in einem ganz anderen Licht. Auch als die Polizisten schließlich eintrafen, gingen sie behutsam mit der Frau um. Sie versuchten es mit Argumenten. Wie zuvor hielt sie dagegen. Ein paar Passagiere wurden ungeduldig und sagten, daß es nicht richtig wäre, daß ihretwegen alle im Bus aufgehalten würden. Sie wollten sie hinauswerfen. Aber andere Passagiere waren nun ebenfalls auf die Debatte aufmerksam geworden und ver-

folgten sie eifrig mit den Blicken. Natürlich hatte es keinen Wert. Schließlich mußten die Polizisten die Frau abführen. Sie wehrte sich heftig dagegen und schrie und schluchzte. Bedenkt man das Grauen eines effizienteren Afrikas, so war dies harmlos.

In Niamey ging ich ins Nationalmuseum, um mir die Überreste eines berühmten Baumes anzusehen: einer Akazie, die im Ténéré, der Sandwüste östlich von Agadez, gestanden hatte. In einem Umkreis von Hunderten von Meilen war es der einzige Baum gewesen. 1973 fuhr ein libyscher Fernfahrer den Baum um. Der Stamm wurde ins Museum gebracht. Draußen im Ténéré wurde ein einfaches Standbild aus Metall an Stelle des Baumes gesetzt, das an das »Fahren« in der Sahara erinnern soll.

# Teil III
# Auch der Rand ist Wüste

# 23.
# Niamey

Der Sahel ist ein Streifen trockenen Weidelandes, Savanne ohne besondere Merkmale, der Südrand der Sahara. Die Afrikaner, die ihn bewohnen, sind ein Wüstenvolk. Sie orientieren sich nicht an den Tropen, die sich südlich von ihnen befinden, sondern am öden Norden, der sie alle paar Jahre in Gestalt der Sahara heimsucht.

Das war schon immer so gewesen. Unsicherheit gehört zum Leben in der Sahelzone – in den guten Jahren gibt sie, in den schlechten nimmt sie. Ausschlaggebend ist heute auch nicht, daß die Sahara immer extremere Formen annimmt oder der Sahel immer weiter nach Süden vorrückt, auch wenn das der Fall sein mag, oder daß der Bevölkerungszuwachs alles verschlimmert, obwohl er das natürlich tut. Bei näherer Betrachtung läuft alles auf die Unordnung hinaus, die Dürreperioden schon seit jeher verursacht haben, denn im Sahel ist es nie zu einem großem Gedränge gekommen. Heute ist vor allem die Einstellung anders geworden: Die Bewohner des Sahels haben genug Kontakt zur Außenwelt, um zu wissen, daß man woanders besser leben kann, und sie sind weniger bereit als in der Vergangenheit, sich einfach dem Klima zu fügen und zu sterben. Einige fliehen vor der Trockenheit in die provisorischen Flüchtlingslager, wo internationale Hilfsorganisationen für sie sorgen. Andere nehmen einen dauerhafteren Ortswechsel vor und ziehen in eine Stadt, am liebsten in die Hauptstadt eines Landes, wo erfahrungsgemäß fast jeder überleben kann. Das allein erklärt das neue Niamey, das nun eine halbe Million Einwohner zählt. Eine Stadt am Ostufer des Niger, wo 1926 die französischen Kolonialherren mehr oder weniger zufällig

ein paar Gebäude errichtet und ein paar Bäume gepflanzt hatten.
Niamey ist eine der ärmsten Hauptstädte der Welt – eine weitläufige Siedlung mit niedrigen Gebäuden, die sich vom Fluß aus in einem unregelmäßigen Muster von unbebauten Straßen, aufgebrochenem Asphalt und verfallenden Lehm- und Zementhäusern weitläufig ausdehnt. Trotz seiner Größe entwickelt sich Niamey zu keiner richtigen Stadt. Sogar im Zentrum sind Überreste der Savanne geblieben; überall findet man noch Trampelpfade wie in einem Dorf. Die Straßen sind ziemlich menschenleer, und die wenigen Privatautos fahren vorsichtig zwischen überladenen Kleinlieferwagen und die Luft verpestenden Bussen durch. Die meisten Leute gehen zu Fuß. Ausgemergelte und armselig gekleidete Passanten wandern ziellos umher und suchen nach einer günstigen Gelegenheit oder betteln. Diejenigen, die ein bißchen Geld haben, kaufen ein. Es gibt auch einen öffentlichen Markt, wo die Händler ihre festen Plätze haben und ihre Waren in Reihen verkaufen. Die Preise aber sind auf der Straße günstiger. Umtriebige Geschäftemacher bieten dort alles Erdenkliche an und mehr, als sich die meisten Bewohner leisten können. Die neuesten Gebäude, in denen die Staatsministerien untergebracht wurden, sind ultramoderne Denkmäler des Nationalstolzes; nie richtig fertiggestellt, werden sie schon wieder baufällig. Begeisterte Plakate verkünden die Bereitschaft des Volkes, seinen Führern zu folgen. Auf einem heißt es: DIE EWIGE WACHSAMKEIT FÜR NIGER IST DEN BÜRGERN JEDEN PREIS WERT. Ob Demokratie oder Diktatur, es bleibt sich gleich. Fast immer, wenn man abends den Fernseher einschaltet, wird man einen Regierungsbeamten sehen, der eine Medaille bekommt.
Der Verlauf des Niger-Flusses, der den Stadtkern von Niamey streift, ist ein schlechter Scherz der Natur. Der Niger bezieht sein Wasser aus dem feuchten, tropischen Hochland von

Sierra Leone und Guinea. Anstatt auf direktem Weg in den nahegelegenen Atlantik zu fließen, windet er sich langsam nach Norden durch das westafrikanische Landesinnere, dann in weitem Bogen durch die Südsahara, an den ehemaligen Karawanenstädten von Timbuktu und Gao vorbei. Schließlich taucht er dann wieder aus der Wüste auf und fließt in südlicher Richtung nach Niger und Nigeria und in die Bucht von Benin. Wenn der Niger 2000 Meilen von seinem Ursprungsort entfernt an Niamey vorbei fließt, hat er sich der Wüste angepaßt und ist ein breites, seichtes und unbeständiges Gewässer geworden. In Niamey spannt sich eine schlichte Brücke namens Kennedy über den Fluß, die der Stadt auch die Ausbreitung auf dem Westufer ermöglicht. Entlang den Flußufern haben die Leute Gemüsegärten angelegt, die wie kleine Dschungel anmuten. Mit Stocherkähnen fahren Fischer die Ufer ab. Größere Schiffe namens *pinasse* transportieren Passagiere und leichtes Frachtgut. Im Schwemmland unter der Brücke waschen Hunderte von Wäschern ihre Wäsche im braunen Flußwasser. Sie legen die Wäschestücke zum Trocknen auf die Steine, falten sie dann zusammen und tragen sie auf dem Kopf aufgetürmt weg. Es ist nicht leicht für die Wäscher, die ihre winzigen Arbeitsplätze am Flußufer gegenüber ihren Rivalen verteidigen müssen. Nicht weit davon entfernt leben sie mit ihren Familien in armseligen Lehmhütten. Über ihnen auf dem Steilufer ragt das langsam verfallende Grand Hôtel empor, von dem aus man den Fluß überblicken kann. Abwasser sickert in Rinnen am Steilufer herab. Stromabwärts werden Felle in Gruben mit stinkendem, schwarzem Schlamm gegerbt. Ich erwähne das nur, weil es einen Eindruck gibt vom Leben in Niamey. Natürlich müssen die Menschen, die weiter weg vom Fluß in der weniger augenfälligen Armut der Vorstädte wohnen, ebensosehr ums Überleben kämpfen. Trotz ihrer Probleme rebellieren sie nicht. Gelegentliche Raubüberfälle zählen nicht.

Mir gefiel Niamey aus persönlichen Gründen: die Polizei drohte mir nicht, und die Nutten ließen mich in Ruhe, wenn ich sie darum bat. Ich lernte dort auch ein paar gebildete Afrikaner kennen. Der Schatten der Bäume war eine Wohltat für meine Augen. Niamey verschaffte mir eine Ruhepause von der Wüste. Ich genoß es, tagelang durch die staubigen Straßen zu wandern und dem Sprachengemisch und der Musik zu lauschen, die aus Tausenden von Kassettendecks erklang. Wenn ich meine Ruhe haben wollte, ging ich nach Norden durch das wohlhabende, von Bäumen umsäumte Viertel, wo Diplomaten und Staatsminister auf prächtigen Grundstücken, von Lehmmauern und Eisentoren und patrouillierenden Leibwachen geschützt, leben. Wenn ich Durst hatte, ging ich zurück in die Stadt, um eine kalte Coca-Cola hinunterzustürzen, und verschlang begierig eine Ausgabe von *Newsweek*, die mehrere Monate alt war. Ich telefonierte über Satellit mit Amerika. Die Flugzeuge, die über mich hinwegflogen, waren für mich die direkte Verbindung zu Europa. Ich vertrieb mir die Zeit im Museum, auf dem Markt und in den Straßencafés. Niamey ist der einzige Ort in Westafrika, wo mich fremde Personen als Amerikaner identifizierten. Sie kamen auf mich zu und sagten: *»Hallo.«* Verblüfft antwortete ich ihnen auf französisch. Ihr Urteilsvermögen beeindruckte mich.

Die Besucher aus der westlichen Welt waren Europäer, zumeist französische und deutsche Techniker vom Typ des Entwicklungshelfers, der Afrika in Gang hält. Man kennt sie hier als *coopérants*. Sie und ihre Familien lebten von den Überbleibseln kolonialer Privilegien, die nun hauptsächlich darin bestanden, sich ein paar Bedienstete leisten zu können.

Am Sonntagabend trafen sie sich auf der Terrasse des Grand Hôtels, um Cocktails zu schlürfen und zu Abend zu essen. Es gab dort auch einen kleinen Kinderspielplatz. Die Erwachsenen unterhielten sich leise miteinander, amüsierten sich und sahen dem Leben auf dem Fluß zu. Niamey endete jenseits des

Wassers, und die Sonne ging am Ende des offenen Sahel unter. Die Kellner, die auf der Terrasse bedienten, hatten schmuddelige weiße Jacketts an und brachten die Bestellungen durcheinander. Sie hätten sich vielleicht mehr Mühe gegeben, wenn ihre Gäste zur afrikanischen Elite gehört hätten. Die *coopérants* aber besaßen keine wirkliche Autorität.

Ich sprach mit dem Repräsentanten eines belgischen Dieselmotor-Fabrikanten; ein untersetzter Ingenieur mittleren Alters mit seiner Frau irgendwo in dieser Ausländerclique und einer Tochter, die zu Hause in Belgien studierte. Wir saßen nebeneinander am Rand der Terrasse und sahen die Sonne untergehen. Er war drei Jahre lang im Niger und Mali gewesen und zuvor in Togo und noch früher im Tschad. Seine Arbeit führte ihn nun entlang des Niger-Flusses. Seine Haltung war sarkastisch und mißtrauisch. Er beurteilte die Welt vom Standpunkt des Technikers aus.

»Es ist unmöglich hier«, sagte er, »und es gibt keine Lösung. Die Menschen hier sind wie Kinder, die immer wieder neues Spielzeug bekommen. Sie werden ihrer Spielsachen überdrüssig, werfen sie weg und warten auf neue.«

Er schien todmüde zu sein. Durch halbgeschlossene Augen sah er einem Afrikaner in einem zerrissenen Hemd zu, der sich auf der Uferböschung unter uns auf dem Rücken rekelte. Der Afrikaner streckte träge die Arme aus und ließ sie dann wieder fallen. »Unmöglich!« wiederholte der Belgier. Er sah weg. Er dachte schon wieder an seine Arbeit. »Alles verrottet. Die Afrikaner wollen von Wartung nichts wissen. Sie haben nicht die geringste Ahnung davon. Und die Ersatzteile! Es gibt hier so viel verschiedene Geräte, daß es unmöglich ist, alle Ersatzteile vorrätig zu halten, so gut man auch sortiert sein mag. Das Lager würde alle Dimensionen sprengen.«

Ich kam zu dem Schluß, daß ihm die Beschwerden seiner Kunden zu Ohren gekommen sein mußten. Er erwähnte, daß er in Benin eine Schiffsladung mit Waren aus Rußland gesehen

habe, unter denen auch ein Schneepflug gewesen wäre. Sein fanatischer Ordnungssinn interessierte mich.
Die Kellner zündeten die Öllampen auf der Terrasse an. Nach dem Essen tanzten einige Paare. Ich sah mich wieder dem Belgier gegenüber. Er sagte, daß er es bedauerte, überhaupt nach Afrika gekommen zu sein. »Aber wenn man sich erst einmal darauf eingelassen hat, bleibt man auch dabei. Hier gibt es neue Aufträge, hier gibt es Geld. Für mich ist es praktisch unmöglich, Arbeit *außerhalb* Afrikas zu finden.«
Seine Frau kam, um ihn nach Hause abzuholen. Sie war der adrette, sonnengebräunte und sportliche Typ von Frau, die ihren Mann zum Hahnrei macht. Ich hatte andere ihres Schlags in Niamey gesehen. Mit betonter Lässigkeit fuhren sie ihre Geländewagen und hatten alle diesen Ausdruck von selbstverständlicher Langeweile, mit der sie sich von ihrer afrikanischen Umgebung distanzierten. Einige von ihnen kamen jeden Morgen zu dem von Mauern umgebenen Swimmingpool im Hotel, wo sie sich dann auszogen und ihre gebräunten Brüste mit Sonnenlotion einrieben, während die Bademeister betont unbeteiligt wegsahen. Die Frauen waren verhärtet. Sie plapperten unaufhörlich, hatten sich aber nichts zu sagen. Ich fand keine Ruhe und fuhr mit dem Bus entlang dem Fluß nach Mali und wieder in die Sahara.

# 24.
# Eine Stadt aus Lehm

Nach afrikanischem Maßstab war die Fahrt stromaufwärts zu dem alten Flußhafen von Gao in Mali weder langsam noch schwierig. Wir brauchten für die 275 Meilen, einschließlich eines Grenzübertritts, nur zwei Tage. Die Straße lief kontinuierlich am Fluß entlang. Am Vormittag des ersten Tages war sie noch asphaltiert und ging dann in eine gefurchte Wagenspur über, die den überladenen, klapprigen Bus dazu zwang, im Schneckentempo zu fahren. In diesem Bus gab es keine Musik, nur das laute Dröhnen des Motors war zu hören. Die Fenster an den Notausgängen gingen ständig auf und zu. Staub wirbelte vom Boden auf.

Wir passierten verschlafene Fischerdörfer, in denen noch niemand auf war, um uns zu begrüßen, und zwei größere Marktflecken, in denen man zu beschäftigt war, um von uns Notiz zu nehmen. Das Land dazwischen schien leer, ohne Bewegung, ja beinahe leblos zu sein. Es heißt, daß die Savanne einst gefährlich war wegen der Löwen und daß während der französischen Kolonialzeit noch regelmäßig die Telegrafenleitungen von galoppierenden Giraffen niedergerissen wurden. Die Tiere fielen aber nicht der Dürre zum Opfer, sondern modernen Gewehren. Trotzdem war dies vielleicht nur eine Frage der Zeit – daß Waffen der Trockenheit bei der Ausrottung der Tiere zuvorkamen.

Wir fuhren an Stromschnellen vorbei. Die Schwemmebene war stellenweise schattig und von dunkelgrüner Farbe. Krokodile und Flußpferde lauerten im Wasser. Die Savanne wellte sich in gelben und grauen Farbschattierungen bis zum Horizont. In der Savanne wuchsen ein paar Bäume, sie wurde aber immer dürrer, je weiter wir nach Norden fuhren. Am Nachmittag kamen wir an ein paar ausgemergelten Kühen vorbei. An der Grenze nach Mali, wo wir am Abend eintrafen, waren die Bäume nur noch Wüstengewächs, und der Boden bestand größtenteils aus reinem Geröll. Ein Landstrich, der nur für Ziegen gut war.

Die Wachen an der malischen Grenze hielten den Bus bis zur Dunkelheit fest und verboten dann angeblich wegen eines Angriffs der Tuareg die Weiterfahrt, in Wirklichkeit hatten sie aber eine begüterte Marktfrau im Bus entdeckt, an der sie sich bereichern wollten. Im Licht der Kerosinlampen durchwühlten sie ihren Vorrat an bunten Stoffballen und Kinderkleidern, fanden aber nichts Interessantes und kündigten ihr dafür eine hohe Einfuhrsteuer an.

Die Marktfrau war dick, durchtrieben und frech – eine von diesen zahlreichen westafrikanischen Geschäftsfrauen, die trotz der enormen Mißwirtschaft erfolgreich sind. Sie kam aus einem Dorf, das flußaufwärts von Gao liegt, und machte die beschwerliche Boots- und Busfahrt nach Niamey zweimal im Jahr, um Waren einzukaufen. Sie wollte kein Mitgefühl und bekam auch keines: Die Passagiere im Bus schienen sich über sie zu ärgern, und einige ergriffen nun sogar Partei für die Grenzposten. Die Frau aber ließ sich nicht einschüchtern. Sie tat so, als ob sie noch nie etwas so Ungeheuerliches gehört hätte, kreuzte trotzig die Arme über dem üppigen Busen und weigerte sich zu zahlen.

Die Wachen schlossen ihre Waren in einer Hütte ein und nahmen ihr dann den Paß und die Ausweispapiere ab. In drohendem Ton flüsterten sie mir etwas von einem Spion zu, den sie eine Woche zuvor gefaßt hätten, einen Holländer mit einer Kamera. Es beunruhigte mich nicht. Von Anfang an hatten ihre Drohungen den vertrauten, operettenhaften Klang. Ich wußte, daß die Wachen nichts wirklich Böses im Sinn hatten, daß die Marktfrau weniger störrisch war, als sie tat, und daß

es die Passagiere ohnehin nicht eilig hatten. Es war alles nicht so tragisch.
Um den Grenzposten herum war ein Dorf mit Häusern aus Lehmziegeln und Wellblech entstanden. Ich ging dort in der Dunkelheit spazieren, verjagte einen Hund und fand eine Hütte mit zwei Räumen, in denen eine Familie eine Imbißstube unterhielt. Die Hütte war heiß, stickig und schwach beleuchtet. Es gab dort nur einen einzigen Tisch mit einem Tischtuch aus Plastik. Der Besitzer war ein verschlossener alter Mann mit einem Fez und einem Ziegenbart. Er verkaufte mir Reis mit einer Fischsauce und eine Coke und lieh mir eine gewebte Strohmatte, um darauf zu schlafen. Ich nahm die Matte nach draußen, breitete sie auf der Erde hinter einem Haufen mit Bauschutt aus und horchte auf die Musikfetzen, die über das Rauschen des Flusses vom Dorf herüberkamen. Moskitos schwirrten in der Luft herum. Der Himmel war hell wie in der Wüste, die Luft aber roch nach Wasser.

Gao ist der erste Hafen, an dem der Dampfer stromabwärts anlegt, wenn er die Saharaschleife des Nigers hinter sich hat. Wie Timbuktu im Nordwesten, wo sich die Landstraße entlang des Flusses mit einer transsaharischen Route kreuzt, ist es ein ehemaliges Handelszentrum. In seiner Glanzzeit war es die Hauptstadt des Songhai-Reiches gewesen, das im 15. und 16. Jahrhundert ein Gebiet umfaßte, das doppelt so groß war wie das heutige Frankreich. Das aber ist ein Erbe, das mit dem heutigen Mali nichts mehr zu tun hat, und die Malier berufen sich auch nicht darauf. Einer der Gründe ist, daß Lehmwände zerfallen und verschwinden, und wenn sie fortdauern sollen, müssen sie oft nachgebessert werden. Deswegen spiegeln sie nur die unmittelbare Lebensweise der Menschen wider. Es gibt natürlich Ausnahmen – die phantastischen Lehmmoscheen des Sahel wurden jahrhundertelang instand gehalten, auch als der Glaube schwächer wurde, und in Gao gibt es immer noch ein Königsgrab aus Lehmziegeln aus der Songhai-Zeit. Dennoch wird in gewöhnlichen Wohn- und Geschäftsvierteln die Architektur durch Lehmwände zu schonungsloser Offenheit gezwungen. Gao ist heue arm und vergessen, und man sieht es ihm auch an. Archäologen reisen dorthin, um nach der vergangenen Größe zu graben und die Welt an Afrikas ehemalige Größe zu erinnern. Die Songhai aber, die immer noch in Gao und an der Schleife des Nigers wohnen, werden durch die Gegenwart erdrückt und durch den Verfall ihrer Geburtshäuser an einen Niedergang erinnert, der in greifbare Nähe gerückt ist. Man kann sich schlecht vorstellen, daß sich die Verhältnisse noch verschlimmern, was aber wirklich der Fall ist. Die Songhai geben den Bambara-Beamten die Schuld an der Misere. Die Bambara hatte man ihnen aus der fernen Hauptstadt, Bamako, als Regierungsbeamte geschickt. Mit größerer Berechtigung machen sie auch den Tuareg Vorwürfe. Zwar können die Tuareg ihren aussichtslosen Krieg nicht gewinnen, aber indem sie die Wüstenrouten nach Algerien blockieren und die Touristen terrorisieren, können sie Gao den Hahn zudrehen. Ihre Rebellion ist immer noch ziemlich neu, weil aber Gao aus getrocknetem Schlamm erbaut wurde, hat sie dort bereits ihre Spuren hinterlassen.

Die Straßen von Gao bestehen ebenfalls aus getrocknetem Schlamm. Sie sind von Furchen durchzogen, staubig und voller Abfälle. Der ganzen Länge nach bilden sich Kanäle aus Abwässern. Abgebröckelte Häusermauern fallen hinein. Die Sonne brennt mitleidslos auf die Menschen herab, die vom Hunger oder der Arbeitslosigkeit auf die Straße gezwungen werden. Die Bevölkerung besteht aus Songhai, Tuareg, Bambara, Bozo, Peul, Dogon und anderen, die in der Stadt nur sehr ungern Kontakt miteinander pflegen, so daß sich hier eine engstirnige, unnachgiebige Kultur herausgebildet hat, die überwiegend muslimisch, aber mißtrauisch und hartherzig ist –

nicht die Kultur des modernen Mali oder einer der Gruppen, sondern etwas, das es nur in Gao gibt, wo sogar der Marktplatz armselig ist.

Ich wartete in Gao auf das Dampfschiff, das irgendwann eintreffen sollte. Ich kaufte ein Ticket und ließ mir eine Schlafkoje reservieren. Der Schalterbeamte war eine wichtige Person: Er sagte mir, daß das Schiff den Hafen von Mopti, der 500 Meilen stromaufwärts lag, bereits verlassen hatte und an Timbuktu vorbeigefahren war – soviel war offiziell bekanntgegeben worden. Bei der Fahrt flußabwärts bestand aber das Problem, daß das Schiff, wenn es auf Grund auflief, von der Flußströmung festgehalten wurde, und die Crew es mit Tauen von den Sandbänken herunterziehen mußte, eine Prozedur, die Stunden oder Tage dauern konnte. Der Wasserstand des Nigers hängt nicht vom örtlichen Wetter ab, sondern von den jahreszeitlich bedingten Niederschlägen an seinem Ursprung im fernen tropischen Hochland. Im Hochland hatte die Trockenzeit eingesetzt, und der Wasserstand des Flusses sank rapide ab. Der Schalterbeamte sagte mir, daß ich von Glück sagen könne, weil die nächste Dampferfahrt von Gao nach Mopti wahrscheinlich auf Monate hinaus die letzte wäre. Er sagte mir voraus, daß die Reise wahrscheinlich fünf Tage oder länger dauern würde.

Ich ging viel spazieren, während ich wartete. Ich wanderte durch die Stadt und in die mit kegelförmigen Erhebungen übersäte Wüste hinaus. Nachts trank ich im Freien Bier in einer netten Bar. Eines Nachmittags ließ ich mich in einer *pinasse* über den Niger zu der roten Düne bringen, die sich flußaufwärts von Gao erhebt und eine Höhe von 100 Metern hat. Der Schiffer war ein würdevoller grauhaariger Mann mit einem Bart. Seine *pinasse* war über 12 Meter lang und wurde von einem Außenbordmotor angetrieben. Sie beförderte ungefähr 20 Leute, die vom Markt zu einer Reihe von Dörfern zurückkehrten, die landeinwärts auf der anderen Seite der

Düne lagen. Sie musterten mich mit unverhohlener Neugierde. Ich erwähnte, daß ich auf das Dampfschiff wartete, was nicht ungewöhnlich war, ihnen aber nicht klarmachte, warum ein weißer Mann hier allein herumreiste.

Am Fuß der Düne fingen sie an, ihre sperrigen Einkäufe, die aus Reis, Hirse und amerikanischem Weizen bestanden, auszuladen. Der Schiffer versprach, auf mich zu warten. Ich bestieg die Düne und ging entlang ihres Kamms bis zum höchsten Punkt, wo ich schwer atmend stehenblieb und auf die *pinasse* und den großen, schlammigen Fluß hinabsah. In der Ferne erblickte ich die Stadt Gao, die kaum zu sehen war vor Staub und Rauch. Sie hatte die Farbe der Wüste angenommen. Die Dorfbewohner mit ihren Paketen auf dem Kopf erklommen die Düne viel langsamer als ich. Sie überquerten den Bergkamm in einer regelmäßigen Kolonne, stapften auf der Rückseite wieder hinab und gingen über die schimmernde Sandebene zu ihren Lehmhütten auf der anderen Seite.

Als ich zur *pinasse* zurückkehrte, sagte der Schiffer auf französisch: »Es ist sehr *touristique* hier.«

Er meinte damit die Düne. Wir legten vom Flußufer ab, gerade als die Sonne unterging. Eine Brise kräuselte die Oberfläche des Wassers, und kleine, braune Wellen schlugen gegen die Bootswände. Über uns flatterten Vögel umher. Ein Flußpferd ließ sich träge am Ufer entlangtreiben. Ein Fisch schnellte aus dem Wasser. Der Außenbordmotor brummte.

Der Fährmann sprach aus der Tiefe seiner Erfahrung: »Der Niger ist wunderschön. Sie werden viel Freude haben an der Fahrt den Fluß hinauf.«

Was blieb mir anderes übrig, als ihm zuzustimmen?

Er fügte hinzu: »Wir wären alle glücklich, wenn wir Gao verlassen könnten.«

Als ich gereinigtes Wasser aus einer Flasche trank und ihm davon anbot, lehnte er ab und sagte stolz: »Wir trinken hier das Wasser aus dem Fluß.«

Der Fluß bei Gao ist aber eine Kloake.
Im Hotel Atlantide wurde das Wasser eimerweise in die Badezimmer gebracht zum Baden. Mein Zimmer war ein stickiges Loch mit einem zerrissenen Moskitonetz über dem Bett. Jeden Abend versprühte ein Hotelangestellter mit einem Insektenspray Gift im Zimmer. Er muß sich bewährt haben, weil ich nie einen Moskito gesehen habe. Er sprühte auch im Speisesaal, während die Leute aßen. Das half, sie vom Essen abzulenken.
In der Eingangshalle lernte ich einen deutschen Anthropologen kennen, der sich auf das Leben in einem bestimmten Dorf am Fluß spezialisiert hatte. Er war überrascht, einen Amerikaner in Gao anzutreffen. Er war größer als ich, hatte einen Bart und kam mir beim Sprechen ganz nahe. Sein Englisch hatte den übertrieben nasalen Tonfall eines gekünstelten amerikanischen Akzents. Er regte sich über die simulierte Reise auf einem afrikanischen Fluß auf, die er in Disneyland mitgemacht hatte. »Die Eingeborenen rennen wie Affen vor den wilden Tieren davon! Sie greifen das Boot mit Speeren an und werden durch eine einzige Gewehrsalve vertrieben. Es ist unglaublich!«
Ich sagte: »Ich bin nie dort gewesen.«
Trotzdem war er wütend auf mich. »Ach, tun Sie doch nicht so, jedermann weiß doch, daß die Vereinigten Staaten rassistisch sind!«
Ich stimmte ihm zu und brachte taktloserweise Deutschlands schlechten Ruf zur Sprache, hätte aber genausogut Mali als Beispiel nehmen können. Eines Tages regte man sich in der Stadt darüber auf, daß eine Militärpatrouille irgendwo in der Wüste mit einer Bande von Rebellen zusammengestoßen war. Die Stimmung in den Straßen war ausgelassen und vielleicht sogar bedrohlich – man sympathisierte mit der einen oder anderen Seite –, in Wirklichkeit aber begrüßte man es als Abwechslung von der Langeweile, die der allmähliche Verfall mit

sich bringt. Ein paar Stunden nach dem Kampf suchte die Polizei brüllend nach Tuareg, die sie verhaften wollte. Ich weiß nicht, ob sie welche fand. Ich war jedenfalls froh, daß während meines Aufenthaltes in Gao keine öffentliche Hinrichtung stattfand.

# 25.
# Die Wüstennation

Diese Kämpfe nahmen kein Ende. Eine neuer Tuareg-Staat wäre wie eine Umkehrung von Mali, dem Niger oder Tschad – die Bewohner aus dem Norden mit ihrer hellen Hautfarbe bekämen dann die Oberhand, und die Schwarzen würden rebellieren, um sich zu retten. Mauretanien, die Nation der Mauren nördlich des Senegal-Flusses, die von der Atlantikküste der Sahara bis tief in die Wüste hineinreicht, liefert bereits den Beweis dafür. Die Mauren sind zwar keine Tuareg, sondern nomadische Berber, aber eng verwandt mit den Tuareg. Ihr Staat ist elend und arm. Es gibt dort kaum Straßen, Schulen oder Krankenhäuser. Unterernährung und bestimmte Krankheiten treten dort immer wieder auf. In den Dürreperioden herrscht Hungersnot. Furcht und Rassenunterschiede sind die Triebfedern der Politik. Das Militär herrscht unumschränkt. Die Städte sind in Auflösung begriffen. Für all dies kann man die Wüste verantwortlich machen, die immer krassere Formen annimmt.

Ich flog einmal nach Nouakchott, der Hauptstadt, die von Feindseligkeiten im Norden und Süden des Landes eingekesselt ist und eigentlich nur auf dem Luftweg erreicht werden kann. Ich kam mit dem Flugzeug von Casablanca und wußte nicht, was mich erwartete. Ich saß gemütlich in meinem Flugzeug, betrachtete die Sonne, die am Horizont über dem Meer unterging, und trank genüßlich meinen Mokka. Eine Nebelbank lag vor der Küste. Im Osten dehnte sich die Sahara in anmutig gewellten Ebenen aus. Ich probierte eine Torte und rieb meine Hände an einem parfümierten Papiertaschentuch ab. Dann waren wir auf dem Landeanflug über der Sand- und

Kieswüste an der Küste. Unter der Tragfläche zogen Hütten vorbei. Wir landeten und gingen vor einem baufälligen Terminal von Bord. Die Abenddämmerung war voller Hitze, Schmutz und Feuchtigkeit. In kürzester Zeit war mein Hemd durchweicht.
Mit Bedauern sah ich mein Flugzeug wieder abfliegen. Das Tageslicht, das noch geblieben war, schien grau zu sein. Das Aussehen der Soldaten, die sich an der Rampe herumtrieben und die Passagiere musterten, mißfiel mir. Ich stand in der Menge und wehrte die Moskitos und Fliegen ab. Vor mir war die Polizei eifrig dabei, die Passagiere zu kontrollieren und die Männer zu filzen. Ich fragte mich, was sie zu finden hofften.
Die anderen Passagiere waren Mauren mit feinen Gesichtszügen, die von ihrer Pilgerreise nach Mekka zurückkamen. Sie sprachen einen arabischen Dialekt namens »Hassaniya«. Die Männer trugen weiße Djellabas, die Frauen Festkleider mit sehr bunten Halstüchern. Wie die Frauen bei den Tuareg waren sie unverschleiert. Obwohl sicher viele der Passagiere Französisch konnten, sprach keiner mit mir. Sie wollten nicht mit einem Fremden gesehen werden.
Mauretanien wurde 1960 von den Franzosen als eine von Nomaden regierte Wüstennation ins Leben gerufen. Genau das wurde auch daraus. Es gibt kaum eine Gesellschaft auf der ganzen Welt, die hierarchischer und abgekapselter wäre als die mauretanische. Die Mauren sind die herrschende Schicht. Ihnen untersteht eine Haratin-Schicht von Sklaven und ehemaligen Sklaven, die als »Schwarze Mauren« bezeichnet werden. Die Sklaverei wurde 1980 offiziell verboten, aber dauert bis zum heutigen Tag fort. Der Grund dafür ist, daß freie Menschen in Mauretanien Hungers sterben und daß Sklaven vielleicht aus praktischen Gründen die Knechtschaft vorziehen. Jedenfalls befinden sich die Haratin nicht auf der untersten Stufe der mauretanischen Gesellschaft. Diesen Platz nehmen Bauern und Hirten aus dem äußersten Süden ein – Schwarz-

afrikaner mit Stammesbindungen nach Senegal und Mali, die sich nie der Wüstengesellschaft angeschlossen haben. Sie bewohnen den schmalen Streifen der Savanne und des Ackerlandes entlang des Senegal-Flusses und machen über die Hälfte der Bevölkerung aus. Diese Leute aus der Savanne sind ein Problem für die herrschenden Mauren, die sie gleichzeitig verachten und fürchten, weil sie rebellieren könnten. Die Mauren wollen ihre Zahl reduzieren. Sie nennen ihr Land eine islamische Republik – ein typisches Wortspiel, das aber für die Nation von Bedeutung ist. Das strenge islamische Gesetz, die Scharia, wurde 1980 eingeführt. In Mauretanien läuft sie auf das Kriegsrecht hinaus.

Im April 1989 brachen Unruhen aus, die drei Tage dauerten, und in deren Verlauf 400 dieser »fremden« Schwarzen zur Strecke gebracht und niedergemetzelt wurden. 170 000 als Senegalesen bezeichnete Personen wurden aus Mauretanien vertrieben. Senegal zahlte es Mauretanien in gleicher Münze heim, indem es maurische Ladenbesitzer hinauswarf. Zwischen den beiden Nationen kam es zu einem kriegsähnlichen Zustand, der bis heute andauert. In Mauretanien werden die Senegalesen immer noch verfolgt. Entlang des Senegal-Flusses vertreibt das Militär auch weiterhin die Bauern von ihrem Land. Gerüchte gehen um von Mordtaten. Im Namen der nationalen Sicherheit ist das Gebiet für Außenstehende abgeriegelt.

Dies war es, woran der Polizeibeamte am Flugplatz zweifellos dachte, als er mein Visum sah. Er runzelte die Stirn und forderte mich auf, auf die Seite zu gehen. Er holte seinen Leutnant. Die anderen Passagiere starrten mich an, als ob sie mich noch nie zuvor gesehen hätten. Sie schienen nun ebenso aufgebracht zu sein wie der Polizist.

Der Leutnant war ein gerissener Maure mit einem pockennarbigen Gesicht und einer Adlernase. Er führte mich in ein Nebenzimmer, hielt mich dort eine Stunde lang fest und be-

schuldigte mich natürlich, ein Spion zu sein. Ich verneinte es, worauf er erwiderte: »Ich glaube Ihnen nicht.«
Weil ich das von anderswoher schon gewöhnt war, stellte ich keine Fragen, tat nichts unaufgefordert und beschwerte mich nicht. Ich wartete ab. Fliegen badeten in unserem Schweiß. Da der Beamte nicht zum Hörer griff, nahm ich an, daß er bluffte.
Er fragte: »Worüber schreiben Sie?«
»Die Wüste.«
»Was kann man denn über die Wüste schon sagen?«
»Wie trocken sie ist.«
»Ich glaube Ihnen nicht.«
Er taute aber langsam auf. Seine Untergebenen kamen herein und durchsuchten mein Gepäck. Offenbar wollte er sie damit beeindrucken, wie er die Situation meisterte. »Monsieur sagt, daß er über die Wüste schreibt!« Sie lächelten darüber. Später verblüffte er sie durch seine Großzügigkeit: Er stempelte meinen Paß und sagte, daß ich gehen könne und fügte hinzu: »Wenn man Sie aber beim Fotografieren erwischt, werden Sie verhaftet!«
»Klar.«
»Wir mögen hier keine Spione!«
»Klar.«
Draußen vor dem Terminal war tiefschwarze Nacht. Eine Menschenmenge drängte sich am Eingang. Ich ergatterte ein Taxi zum Hotel. Wir fuhren durch die unbeleuchteten Straßen von Nouakchott. Unser Wagen wirbelte Wolken von Sand und Staub auf. Im Hotel saßen verdrossene französische Entwicklungshelfer an der Bar herum. Alkohol ist in Mauretanien verboten. Die Franzosen tranken Fanta.

In Mauretanien hat sich die Savanne in Sandwüste verwandelt. Erosion zerstörte das Land. Der Wasserstand des Flusses nimmt jedes Jahr ab. Es gibt nun Stellen, wo die Wüste bis an seine Ufer heranreicht. Und die Trockenheit hat nicht nur die Savanne zerstört. Sie hat auch die Wüste noch extremer gemacht. Sanddünen haben ganze Dörfer unter sich begraben. Brunnen sind völlig ausgetrocknet.

Theoretisch gibt es Lösungen: Man kann tiefere Brunnen graben, Felder bewässern, die Dünen stabilisieren und Bäume pflanzen. Man kann die Bewohner lehren, das Land weitblickender zu bebauen, es nicht zu sehr abzuweiden, keinen Raubbau zu betreiben und der Überbevölkerung vorzubeugen. Man kann einheimische mit importierten Technologien ausgleichen. Man kann den Leuten Hoffnung machen, daß die Landwirtschaft des Südens eines Tages vielleicht die zwei Millionen Bewohner des Landes ernähren wird. In der Zwischenzeit kann man sie auch darum ersuchen, sich nicht mehr gegenseitig umzubringen.

In Wirklichkeit besteht aber wenig Grund zum Optimismus. Denn für die Wüste stellt nur Regen eine Bedrohung dar, und in den vergangenen Jahren hat es überwiegend Dürreperioden gegeben. Die Macht des Klimas läßt die menschlichen Anstrengungen lächerlich erscheinen. In den vergangenen Jahrzehnten hat sich die Grenze von 15 Zentimetern jährlicher Niederschläge – das Minimum für Weideflächen – 60 Meilen weiter nach Süden verschoben. Über das Weideland, von dem Nouakchott einst umgeben war, fegt nun der Wüstensand.

Die Sahara ist unberechenbar, sie rückt nicht in geschlossener Formation vor, sie wächst an kahlen Stellen hier und da, die sich vielleicht 100 Meilen vor der eigentlichen Wüste befinden, und umgeht die Grüngürtel, die man angelegt hat, um ihr Vordringen aufzuhalten. Grüngürtel bestehen aus Bäumen, es sind die Maginot-Linien in einem aussichtslosen Kampf gegen das Klima. Wenn sie überleben, dienen sie nur sich selbst als Schutz. Weiter weg, um einen Brunnen, in der Nähe eines Dorfes, meilenweit von einer Stadt entfernt, wird der Boden schlecht. Die Menschen treiben den Verfall noch schneller voran, wenn er erst einmal eingesetzt hat. Es gibt mehr Besserwisser als je zuvor. Man kann ihnen aber schwerlich Vorwürfe machen. Sie können sich nicht selbst verschwinden lassen, und sie brauchen etwas zu essen. Das Land kann sie nicht ernähren. Der Regen bleibt aus. Dies ist nun der Vorgang, den man als »Wüstenbildung« bezeichnet. Eine uralte Geschichte.

Nouakchott ist ein Produkt der Politik, es wurde 1957 als die Küstenhauptstadt der zukünftigen Nation geplant: eine weit verstreute, niedrig gebaute Stadt mit Boulevards und Blockhaus-Architektur – ein Ort, der von der Weite Mauretaniens zeugt. Ziegen laufen in den Gassen frei umher, Esel befördern Fuhren des wertvollen Brennholzes, das in kleinen Bündeln verkauft werden soll. Die Gebäude aus Beton verfallen langsam, sind schmutzig und heiß. Es gibt nur wenig Autos und noch weniger Lastwagen. In der Innenstadt regeln spärliche Verkehrsampeln den Strom der Lieferwagen, die mit 30 oder mehr Passagieren völlig ausgelastet sind. Es gibt einen großen Markt im afrikanischen Stil, wo hauptsächlich Frauen verkaufen. In Nouakchott gab es einmal zwei Lebensmittelgeschäfte, während der Krawalle von 1989 wurde aber das größere geplündert und danach nicht wieder geöffnet. Bettler, von denen viele krank oder verkrüppelt sind, drängen sich um den verbleibenden Laden. Trotz der durch die Scharia verhängten Strafen ist Diebstahl ein Problem. Viele Leute haben Hunger. Die Bessergestellten stellen Wächter ein. Ständig weht der Wind und trägt die Wüste heran. Überall liegt Sand, der mit der Zeit sogar die belebtesten Straßen in Sandpisten verwandelt. Im Inneren der Gebäude fegen ihn Arbeiter zusammen und befördern ihn wieder hinaus.
Das Erstaunlichste an Nouakchott ist seine Größe. In der Innenstadt würde man seine Einwohnerzahl auf 100 000 schät-

zen. In Wirklichkeit ist die Zahl näher an 800 000 – umfaßt also mehr als ein Drittel der Bevölkerung des gesamten Staates. Die Bewohner sind in der Hauptsache Mauren. Sie leben in den Siedlerlagern rings um die Stadt und werden von staatlicher Seite und dem Mangel an Transportmitteln davon abgehalten, in die Stadt zu kommen. Viele sind Halbnomaden: Wenn der Sommerregen einsetzt, brechen sie mit ihren Ziegenherden in die offene Wüste auf. Wenn sich dann das Klima ändert und ihre Herden nicht mehr genug zu fressen haben, kehren sie wieder in die Hauptstadt zurück, wo sie Elektrizität und Wasser haben. Die Ziegen suchen ihr Futter unter dem Abfall, manchmal ernähren sie sich auch nur von Pappe. Die Menschen sind natürlich anspruchsvoller. Zwar sind sie krank, in Nouakchott aber haben sie wenigstens die Chance, zu überleben. Nouakchott ist das größte Verteilungszentrum für das Getreide und die Medikamente, die aus den Vereinigten Staaten und Europa aufgrund von internationalen Hilfslieferungen nach Mauretanien gelangen.
Ich fuhr mit einem maurischen Geschäftsmann, der seine Arbeit als »Gelegenheits-Import-Export« bezeichnete, ins Lager der Schafzüchter. Wir gingen zum Viehmarkt, der sich in einem Meer von Zelten und windigen Hütten befand. Spindeldürre Nomaden scharten sich um uns. Mein Gastgeber sagte: »Sie sind nicht so arm dran, wie es scheint. Sie glauben, daß sie durch diese Lebensweise die Regierung dazu zwingen können, ihnen Häuser und Land zu geben. Sie tun nur so.« Und dabei handelte es sich um seine maurischen Landsleute. Ich verkniff es mir zu fragen, wie er über die Schwarzafrikaner dachte.
Wir kauften ein verzweifelt zappelndes Lamm auf dem Markt, zwängten es in den Kofferraum und fuhren nach Hause. Der Geschäftsmann wohnte in einem zweistöckigen Betonbau mit einem großen Wohnzimmer. Da es drinnen zu heiß war, setzten wir uns draußen auf einem Teppich in den Sand und tran-

ken Coke und traditionellen Sahara-Tee. Ein Sklave schlachtete und häutete das Lamm in unserer Nähe. Ich spreche von einem Sklaven, obwohl ich mir dessen nicht sicher bin. Es handelte sich um einen Haratin mit einem friedfertigen Gesichtsausdruck. Er trug natürlich keine Ketten. Wenn ich gefragt hätte, würde man ihn als einen Freund der Familie bezeichnet haben. Er war eindeutig mehr als nur ein Diener.
Es war die Woche des Baumes. In den Fernsehnachrichten sahen wir einen Minister einen jungen Baum in der Wüste pflanzen. Nachrichten aus der weiten Welt wurden mit keiner Silbe erwähnt. Der Geschäftsmann grinste: »Sie sind verwirrt, haben Angst und wissen nicht, was sie sagen sollen. So sagen sie lieber nichts.«
Wir gingen zu seinem Büro, das sich in einem heruntergekommenen Gebäude befand. Er nahm in großer Pose an seinem kolossalen Schreibtisch Platz. An der Wand hing das obligatorische Porträt des Präsidenten-Obersten – eines gutaussehenden Mannes mit einem Schnurrbart. Ich setzte mich an den Kaffeetisch. Wir führten ein Fachgespräch über die ökonomische Leistungsfähigkeit Mauretaniens, die Eisenvorkommen im Norden und die reichen Fischgründe vor der Küste. Wir sprachen über Import und Export. Er vertrat die Meinung, daß amerikanische Zeitschriften hier ständig präsent sein müßten, und erwähnte die strategische Bedeutung des Landes. Er kam mir vor wie ein Mann auf dem Trockenen, der so tut, als ob er in einem Boot ruderte. Das Zimmer war nicht gekehrt worden, so daß sich der Sand in den Ecken sammelte.

*Inshallah*, so Gott will! In Unterhaltungen hört man es immer wieder, es ist eine Art kultureller Reflex, eine ständige Erinnerung an den Glauben. Wir werden uns zum Tee treffen, so Gott will. Das Wetter wird umschlagen, der Regen wird kom-

men, *inshallah*. Und wenn nichts dergleichen geschieht, dann ist es auch Gottes Wille.
Leute aus dem Westen werfen dem Islam übermäßigen Fatalismus vor, Fatalismus aber ist ein notwendiger Bestandteil, um an solch einem Ort leben zu können. Ich sprach mit dem Leiter der Friedenstruppe in Mauretanien, der mir sagte, daß man sich in Amerika auf Erden für ein besseres Leben im Jenseits zu bewähren habe – auch dies sei schließlich ein Glaubensbekenntnis. In Mauretanien hat sich die Friedenstruppe als ziemlich hilflos erwiesen. Die Wüste setzt einem zu und wirft die guten Vorsätze um. Wenn man sich im industrialisierten Westen die Natur vielleicht auch unterworfen hat, in der Sahara bleibt sie oder Gott die Urkraft. Hier ist man nur Gast. Nach einer Weile lernt man so wie die anderen denken, und sagt sich selbst bei seinen geheimsten Wünschen, *inshallah*.

Die Amerikanische Botschaft berief eine Sicherheitskonferenz ein. Neue Konflikte waren in der arabischen Welt ausgebrochen, und man befürchtete Krawalle und Vergeltungsmaßnahmen in Mauretanien. Die Amerikaner in Nouakchott bildeten eine isolierte, eingeschworene Gemeinschaft – die aus Botschaftsangestellten, Mitgliedern von USAID, der Friedenstruppe und christliche Hilfsorganisationen bestand. Etwa 50 kamen zu der Konferenz. Sie versammelten sich im American Center, einem Privatklub, wo auch Alkohol ausgeschenkt wird. Die Stimmung war ruhig, die Anwesenden gingen höflich miteinander um. Sie begrüßten sich über den Saal hinweg mit Kopfnicken oder lächelten sich flüchtig zu. Es hatte auch zuvor schon antiwestliche Krawalle gegeben, in deren Verlauf Autos verbrannt und Fenster eingeschlagen wurden. Niemand war verletzt worden. Als unerwünschte Gäste in einem radikal islamischen Land konnten die hier ansässigen

Amerikaner die Drohungen aber auch nicht als harmlos von sich weisen.
Der Geschäftsträger war ein tüchtiger blonder Mann, den man gerade von einer einfacheren Aufgabe in Paris abkommandiert hatte. Er stand vor der Gruppe und sprach in wohlgesetzem, ruhigem Ton. Er faßte die Neuigkeiten zusammen und wiederholte die offizielle politische Verfahrensweise. Er sagte, daß er mit mauretanischen Beamten gesprochen und angemessene Sicherheitsvorkehrungen verlangt hätte. Dennoch rechnete er mit Demonstrationen. Er erwähnte, daß schlimmstenfalls alle Anwesenden in der Botschaft untergebracht werden müßten, daß aber der Weg dorthin gefährlich werden könnte. Er sprach von einem Frühwarn- und Evakuierungssystem unter Nachbarn, empfahl, daß die Amerikaner immer zu zweit außer Haus gehen und den Strand und die Moscheen meiden sollten. Er rief dazu auf, Ruhe zu bewahren. Er lächelte. Seine hübsche Frau lächelte ebenfalls. Es war eine gelungene Vorstellung.
Nach mehreren Tagen brach der Aufstand aus, der mehr nach einem taktischen politischen Schachzug aussah als nach einer Volkserhebung. Die Aufständischen waren sich ihrer Schwächen bewußt und verhielten sich linkisch. Gruppen von singenden, Fahnen schwingenden Männern mit ungeladenen Gewehren liefen in der Innenstadt herum. Sie verfolgten einen Amerikaner, der ihnen aber davonrannte. Sie warfen Eier und trafen einen Franzosen am Kopf. Sie schlachteten ein Kamel, warfen ein Fenster mit Steinen ein und setzten ein paar Wagen in Brand. Ich ging in der Stadt umher und schaute zu. Am Abend hatte sich in Nouakchott alles wieder normalisiert.
Die Leute aus dem Westen fühlten sich nicht einmal beleidigt. Sie waren nach Mauretanien gekommen, um gegen die Wüste anzukämpfen, mit der Zeit aber waren sie müde geworden und hatten resigniert. Ein vornehmer, grauhaariger Herr mit Anzug und Tennisschuhen stellte sich mir im American Center mit den Worten vor: »Ich bin bei jeder größeren Kata-

strophe der amerikanischen Außenpolitik in den vergangenen dreißig Jahren mit dabeigewesen.« Seine Frau lebte mit den Kindern in Falls Church, Virginia. Er hatte den Auftrag, die amerikanischen Weizenspenden zu reduzieren. Ich fragte ihn, wie er sich dabei fühle. Er sagte: »Diese Dienststelle ist ohnehin weit davon entfernt, die Menschen mit Nahrung zu versorgen. Mein Problem ist, daß ich mit den Abkürzungen der Begriffe nicht Schritt halten kann.« Wahrscheinlich fand er, daß er keinen besonders guten Eindruck auf mich gemacht hatte, denn später kam er noch einmal zu mir her und sagte: »Was aber wollen sie mit einem Land wie diesem schon anfangen?«

Kiffa ist die Hauptstadt einer Region, die man als »die Assaba« bezeichnet. Sie liegt 300 Meilen östlich von Nouakchott an der Teerstraße, die das südliche Mauretanien durchquert. An der Straße befinden sich viele Kontrollpunkte. Unmittelbar im Süden kommt es zu Reibereien am Fluß, im Norden schließt sich direkt die Wüste an. Das Gesetz ist so wankelmütig wie das Wetter. Die Soldaten sind unsicher. Ich nahm das Flugzeug nach Kiffa, um ihren Kontrollen zu entgehen.

Die Assaba, einst fruchtbare Savanne, hat die Sahara völlig in sich aufgenommen. Der Flughafen von Kiffa besteht aus einer Runway, einer Sandpiste, die man durch das mit Gestrüpp bewachsene Gebiet außerhalb der Stadt gezogen hat. Ich wartete darauf, von Bord zu gehen, als eine alte Frau versuchte, die Flugzeugtreppe hinunterzugehen. Sie war eine Maurin aus der Provinz, eine Nomadin aus der offenen Wüste. Minutenlang zögerte sie am Ausgang, griff nach dem Geländer und schätzte den Winkel der Treppe ab. Das Problem lag nicht darin, daß sie nicht gekonnt hätte, sondern daß sie nicht begriff. Dies war ihre erste Treppe: Sie hatte sie erklommen, um ins Flugzeug zu kommen, und nun mußte sie einen Weg hinabfinden. Menschen, die am Fuß der Treppe in einer Gruppe zusammenstanden, gaben ihr lautstark Ratschläge. Sie drehte sich zuerst nach der einen Seite, dann nach der anderen und ging dann rückwärts hinab. Auf halbem Wege wußte sie nicht mehr weiter und erstarrte. Sie sah gequält aus. Ein paar Männer eilten ihr zu Hilfe und trugen sie hinab.

Es war Sommer, am Ende der Regenzeit. Eine einzige Kumuluswolke türmte sich im Dunst und in der Feuchtigkeit auf. Niemand wagte, auf einen Sturm zu hoffen, monatelang war der Himmel voll falscher Versprechungen gewesen. Das Land war karg. Die Leute am Flughafen machten einen trägen und ungesunden Eindruck. Ich mußte eine Botschaft aus Nouakchott weitergeben und wurde von einem Entwicklungshelfer in die Stadt mitgenommen.

Kiffa sah wie eine Stadt mit 10 000 Einwohnern aus, aber wahrscheinlich waren es dreimal soviel. Es machte jedoch keinen überfüllten Eindruck, die Häuser waren weit verstreut. Die leeren, unbefestigten Straßen sind von Steinhäusern gesäumt. Gruppen von jungen Mauren in weißen und blaßblauen Djellabas gingen Seite an Seite spazieren, mit einem hochmütigen und abweisenden Gesichtsausdruck. Die Beziehungen zwischen den verschiedenen Rassen sind schwierig. Die wenigen europäischen Entwicklungshelfer ergriffen natürlich für die Schwarzen Partei. Ein resignierter, englischer Pfleger sagte zu mir: »Wir sind hier die neuen Sklaven. Wir müssen sogar für unser Anderssein bezahlen.« Es gab einen Markt, der von Schwarzafrikanerinnen betrieben wurde, wo die Hitze durch die engen Gassen, in denen sich kein Lufthauch regte, nur noch intensiviert wurde. Es gab ein paar kleine Lebensmittelgeschäfte, die mit Butan betriebene Kühlschränke hatten, um die Getränke zu kühlen. Es gab keine Elektrizität, kein Telefon und nur wenige Autos. Während meines Besuchs gab es auch kein Benzin. Die Bewohner graben sich ihre eigenen Brunnen und trinken verunreinigtes Wasser. Es gibt keine

Kanalisation. Kein Krankenhaus. Nur eine Klinik ohne Arzneien. Cholera, Polio, Masern, Tuberkulose, Malaria, Typhus, Hepatitis, Parasiten und wahrscheinlich AIDS können hier gedeihen. Man macht sich kaum die Mühe, die Todesursachen zu unterscheiden.

In Kiffa wohnte ich bei einem Helfer der Friedenstruppe namens John Stingley. Im Alter von 40 Jahren ein runzliger Mann mit schütter werdendem Haar, einem Vollbart und einem mißtrauischen Gesichtsausdruck, war er wohl kaum der Prototyp des enthusiastischen freiwilligen Helfers. Stingley war ein ehemaliger Rockmusiker und Waldarbeiter aus der Küstenregion Oregons, wo sein letzter Job der eines schlecht bezahlten Facharbeiters gewesen war, der die verregneten Abhänge abschreiten und junge Bäume abzählen mußte. Er erzählte mir, daß er aus Frust in die Friedenstruppe eingetreten sei, weil er wieder einmal trockene Stiefel an den Füßen haben wollte.

Er war aber auch ein Idealist. Mit einer dreijährigen Ausbildung in der Forstwirtschaftsschule und einer Menge praktischer Erfahrung, glaubte er, sich in der Welt nützlich machen zu können. Die Friedenstruppe hatte ihn hierhergeschickt, um den Kampf gegen die Sahara aufzunehmen und Bäume zu pflanzen. Er kämpfte zäher als die meisten; kurz vor der Vollendung der zweijährigen Mission waren nur noch 15 von den ursprünglichen 41 der Hilfstruppe übriggeblieben. Die anderen hatten wegen Krankheit, oder weil sie entmutigt waren, den Dienst quittiert. Stingley selbst hatte 30 Pfund abgenommen und nur wieder 15 zugenommen. Er lebte in Kiffa völlig allein, mit wenig Unterstützung von der Kommandozentrale der Friedenstruppe im fernen Nouakchott. Seine Verhältnis zu den hiesigen Behörden war durch Korruption, Mißtrauen und rassistische Politik vergiftet. Stingley blieb, glaubte aber nicht mehr daran, helfen zu können. Er hatte seine Bäume gepflanzt und sie auch wieder eingehen sehen. Er machte dafür die mau-

retanische Nachlässigkeit und das Wetter verantwortlich. Er zählte nun noch die Tage bis zum Ende seines Einsatzes. Es ist nicht leicht, einen hoffnungslosen Krieg zu führen.
Die Friedenstruppe hatte ihr Haus vom größten Grundbesitzer der Stadt gemietet: einen Bungalow mit zwei Zimmern in einem ummauerten, unbefestigten Hof. Mit Ausnahme eines kümmerlichen Baumes am Eingang war der Hof kahl. Stingley wurde verlegen und sagte, daß er dort schattige Bäume und Gemüse angepflanzt hätte, wenn nicht die Ziegenherden der Nachbarn gewesen wären. Sie waren sein Fluch; galoppierten über die Mauern und spazierten wie es ihnen paßte im Hof herum. Was die Wüstenbildung anbetrifft, so sind Ziegen die größten Sünder. Sie fressen sogar stachlige Pflanzen und zerstören junge Bäume, indem sie die Pflanzen bis auf die Wurzeln abfressen. Stingley haßte sie mit berufsbedingtem Eifer, wollte sie aber auch nicht missen. Er und die Tiere trieben ihr verrücktes Spiel miteinander. Wenn er sie in seinem Hof entdeckte, kam er mit drohend erhobenen Armen aus dem Haus. Sie behielten ihn im Visier, taten aber so, als ob er ihnen egal wäre. Er rannte hinter ihnen her, und sie galoppierten mit großem Getöse ums Haus herum, als ob sie sich fürchteten. Er war behende und schlau und machte kehrt, um sie zu überlisten. Sie jagten donnernd in die andere Richtung, so daß sie gerade außer Reichweite waren. Er warf Steine nach ihnen; sie bäumten sich scheinbar erschreckt auf. Wenn er sie in die Enge trieb, entwichen sie über die Mauer und kamen später wieder, um seine Wachsamkeit zu prüfen.
Wir pumpten Wasser aus einem tiefen Brunnen auf der Vorderseite des Hofes. Es war eine mühselige Arbeit, Eimer um Eimer heraufzuholen und damit Plastikkanister zu füllen. Stingley machte es nichts aus. Das Wasser zu reinigen, war ein Ritual, das ihn vor dem Wahnsinn gerettet hatte. Er filterte und sterilisierte es mit der Geduld eines Schiffbrüchigen. Seine Haushaltsführung war einwandfrei. Er kochte auf einem

Feldkocher und aß einfache Mahlzeiten. Er stellte sich jeden Tag auf die Waage und reinigte sich gründlich. Abends machte er in gedrängter Handschrift Eintragungen in sein Tagebuch. Er war stolz darauf, monatelang nicht krank gewesen zu sein.

Am Abend setzten wir uns nach draußen, um der Hitze der Zimmer zu entfliehen. Wir tranken seinen hausgemachten Buschwein – ein Gebräu ohne Trauben, das nach einem Gärungsexperiment roch. Wir mischten es mit Fanta und hörten die BBC mit erheblichen atmosphärischen Störungen auf einem Kurzwellensender. Wir sprachen über den Regen. Stingley hatte ein Meßgerät im Hof und hatte für dieses Jahr nur etwas über 5 Zentimeter gemessen. Wir sprachen über die Sahara – eine Feindin, die er bekämpfte, aber nie ohne Vorurteile gesehen hatte. Wir schliefen auf Strohmatten auf der Erde und waren froh über jeden Windhauch.

Im gleißenden Morgenlicht gingen wir zur Baumschule, wo sich eine Arbeitsgruppe von Afrikanern unter Stingleys Aufsicht um die Setzlinge kümmerte. Die Arbeiter waren Angestellte des mauretanischen Forstministeriums, dem Stingley als eine Art von Entwicklungshelfer zugeteilt war. Die Arbeiter hatten schon seit Monaten kein Geld mehr bekommen und sahen unterernährt aus. Stingley behauptete, daß sich die Bosse die Löhne ihrer Arbeiter unter den Nagel rissen. Er konnte es nicht ertragen, seine Mitarbeiter leiden zu sehen und hatte etwas von seinem eigenen, mageren Gehalt abgezweigt und geliehen. Dafür behandelten sie ihn als ihren Freund und Beschützer. Er hatte ihretwegen protestiert, aber es war vergebens gewesen. Er war entmutigt, weil er ihnen nicht helfen konnte.

Dennoch hellte sich seine Miene auf, als er in der Baumschule bei seinen Setzlingen war, die sich auf 40 000 beliefen. Er beugte sich über die jungen Bäume, nahm ihre zarten Blätter in die Hände und sprach über die Merkmale der verschiedenen

Arten. Hauptsächlich züchtete er Süßhülsenbäume, die sich auf problematischen Böden bewähren, Wasser finden, schnell wachsen, bis auf den Wurzelstock abgefressen werden können und wieder wachsen. Die anderen Setzlinge waren Akazien und Büsche, die in der Wüste gedeihen, ein einheimischer Baum namens »Tikifeet« und Indischer Zedrach, der ihm der liebste war, weil er den Ziegen standhielt.

Im geschützten Bereich der Baumschule war das Projekt erfolgreich: Nachdem er einige Setzlinge neu gepflanzt hatte, erreichte Stingley eine Keimrate von 90 Prozent. Ich fragte ihn, ob die Bäume eine Chance hätten, länger zu überleben. Er schüttelte den Kopf. In den Vereinigten Staaten liegen die Chancen grob geschätzt bei 80 Prozent, in Mauretanien nach seiner Schätzung höchstens bei 8 Prozent, was aber von dem jeweiligen Projekt abhing. Er schilderte, wie er durch alte Anbaugebiete gegangen sei, in denen jeder junge Baum eingegangen war. Er beschrieb, wie er seine eigenen Jungbäume hatte sterben sehen.

Wir sprachen über die derzeitige Bebauung. Die meisten Bäume sollten entlang der Wege gepflanzt werden, die aus der Stadt führten, um damit gegen den Treibsand anzukämpfen. Es standen aber keine Lastwagen oder Arbeitskräfte zur Verfügung, und die Pflanzzeit ging bereits ihrem Ende entgegen. Stingley hatte Gerüchte gehört, daß viele der Bäume in Wirklichkeit für die Innenhöfe des Gouverneurs und des Polizeikommandanten bestimmt wären. Er zuckte mit den Achseln: »Wenigstens werden sie dann gegossen.«

Andere Bäume wurden auf der Straße verschenkt. Eines Nachmittags sahen wir zu, wie Stingleys Arbeiter Frauen, die sich vor der Baumschule drängten, 15 000 Setzlinge über den Zaun hinüberreichten. Die Frauen schienen entzückt zu sein. Stingley war skeptisch. Er hatte die Setzlinge für einen symbolischen Preis und mit den entsprechenden Pflanzanweisungen verkaufen wollen. Ich fragte ihn, ob er glaubte, daß sie

überleben würden. Er lächelte mich verschmitzt an und sagte: »*Inshallah!*«
Wir machten uns auf den Weg, um kürzlich gepflanzte Bäume am Nordrand der Stadt zu besichtigen. Es handelte sich um Süßhülsenbäume, die in gleichmäßigen Abständen über den windgeschützten Abhang einer langgezogenen, mit pulverigem Sand bedeckten Düne verteilt waren. Eine Gruppe von Kindern aus den nahegelegenen Häusern folgte uns über den Zaun und über den Dünenkamm. Das Land im Nordosten war eine weite, erodierte Ebene, ein ehemaliges, nun verödetes Savannengebiet. Ein paar robuste Bäume waren geblieben, aber das Gras war verschwunden und hatte sich in Staub und Sand verwandelt. Das Land war rauh, aber nicht ohne Leben. Stachlige Büsche hatten entlang eines *oueds* und im Schutz der Felsbrocken Wurzeln geschlagen. Eine Autopiste führte über die Ebene und verlor sich in der Ferne, in der Hauptmasse der Sahara mit ihren Felskegeln und Sandmeeren.
Am Abhang der Düne war die Pflanzung der Süßhülsenbäume fehlgeschlagen. Der Sand war weiter gewandert, hatte die Wurzeln der Büsche bloßgelegt und sie auf diese Weise langsam abgetötet. Der Zaun hing an der Stelle durch, an der wir und andere darübergeklettert waren. Bald würden auch die Ziegen hereinkommen. Ich fragte die Kinder, in welche Richtung die Düne trieb. Sie deuteten hierhin und dorthin. Ich sah aber ganz deutlich, daß sie ihre Häuser gefährdete. Der Sand nahm Kurs auf die Stadt. Die Sonne brannte erbarmungslos auf die Erde nieder.

# 26.
# Der Fluß

Das Dampfschiff traf nachts in Gao ein, und während es auftankte, wurde die Fracht an Bord geschafft. Die Stadt erwachte bei diesem Ereignis zum Leben. Ich verließ das Atlantide und ging durch die dunklen Straßen zum Hafen, wo sich um die heruntergelassenen Laufplanken ein lebhafter Markt gebildet hatte. Nachdem ich mich zum überfüllten Unterdeck durchgezwängt hatte, sah ich im trüben Schein einer Lampe eine Treppe, stieg zum überfüllten Mitteldeck hinauf, entdeckte eine weitere Treppe, die zum Deck führte, auf der sich die Kommandobrücke befand, und sicherte mir einen Platz an der Reling, von der aus ich die Stadt überblicken konnte.

Um nicht von der trägen Strömung des Flusses abgetrieben zu werden, war das Schiff mit Stahlkabeln vertäut. Der Tankschlauch war wie eine Nabelschnur, die sich in den Laderaum wand. Schwer beladene Ruderboote trieben im seichten Wasserstreifen am Flußufer. Tausende von Leuten bewegten sich im Schein von Kerosinlampen am Ufer hin und her. Als die Träger durch die Stadt eilten, tauchten Berge von Ladung auf und verschwanden wieder. Die Laufplanke hing unter dem Gewicht der vielen Menschen durch. Die Leute verloren ihr Gleichgewicht und fielen ins Wasser. Männer und Frauen, Junge und Alte fielen hinein. Die Menge bemerkte es, lachte und zog sie wieder heraus. Die verschmutzte Ladung wurde genau so bereitwillig wieder herausgefischt. Nur die Polizei schien schlechter Laune zu sein. Ein Polizist schwang einen Knüppel und brüllte, weil keiner auf ihn hörte. Eine *pinasse* kenterte und füllte sich mit Wasser. Von der Kommandobrücke schaute sich ein Mann, der nur als Silhouette zu sehen

war und an einer Zigarette zog, das Spektakel seelenruhig an. Ich vermutete, daß es ein Flußlotse war.
Einige Zeit, nachdem man den Schlauch des Tankwagens entfernt hatte, zogen die Matrosen die Laufplanke wieder hoch, und das Schiff legte vom Ufer ab. Die Motoren ratterten, die Schornsteine stießen schwarzen Rauch aus, und der Dampfer fuhr unter heftigem Schütteln hinaus in die Strömung. Die Diebe eilten zur Reling und tauchten weg. Bald verschwand Gao in seinem schwarzen Dunst. Bei Sonnenaufgang waren wir schon zwei Stunden flußaufwärts gekommen.
Das Schiff war noch in der DDR gebaut worden und trug eine Plakette, die es als Geschenk auswies, in »Solidarität von Volk zu Volk«. Der Dampfer war 50 Meter lang, mit schwerem Rumpf und geringer Wasserverdrängung. Seine drei 12-Zylinder-Dieselmotoren waren theoretisch in der Lage, das Schiff mit einer Geschwindigkeit von 25 km/h fahren zu lassen, in der Praxis waren es weniger. Der Niger ist hier allerdings ein träger Fluß, der kaum mehr als 5 km/h schafft. Wichtiger aber war, daß man mit dem Schiff Passagiere befördern konnte: Gebaut war es für höchstens 350, aber befördert wurden gewöhnlich dreimal soviel. Ich möchte jetzt lieber keine Vermutungen über die Zahl der Passagiere anstellen, so dicht standen sie. Wir bewegten uns flußaufwärts und hielten an den Siedlungen, die an dem Weg lagen. Dort kamen noch mehr Leute an Bord. Auf dem Schiff wimmelte es von Menschen.
Es war wie ein kleines Abbild von Afrika: Das Unterdeck, das nur ein paar Zentimeter über der Flußoberfläche lag, an der Seite offen war und gemeinsame Kabinen hatte, war der Schiffsteil, wo die ärmsten Passagiere bleiben mußten. In seiner Armseligkeit und seinem Schmutz mutete es einen wie ein Gemälde von Breughel an, das plötzlich zum Leben erwacht war: das Gewirr von Menschen und Ziegen, die sich zwischen ihren Reisebündeln aufhielten, die Ansammlung von schwär-

zestem Schmutz, der Rauch der Kochgelegenheiten an Bord, der beißende Geruch von Diesel und menschlichen Exkrementen, der Lärm von Streit und Gelächter, von brüllenden Kindern, das Platschen von Wasser und das unablässige Stampfen der Motoren. Ich habe von Europäern gehört, die manchmal unter Deck mitreisen, um damit ihre Liebe zu Afrika auszudrücken. Dies war allerdings kaum das einheimische Leben, das es zu bewundern galt. Es war weder idyllisch noch malerisch. Während der Reise flußaufwärts starben eine Frau und ein kleiner Junge.

Das Mitteldeck war nicht so geräumig und enthielt Kabinen zweiter und erster Klasse entlang den äußeren Durchgängen. Die Kabinen bestanden aus kleinen Zellen, in denen gerade genügend Platz für Schlafkojen war. Sie hatten aber Türen, die man abschließen konnte. Ich hatte das Pech, daß meine Kabine neben der Gemeinschaftstoilette lag, die nicht mehr funktionierte. Der Durchgang wurde von Flüchtlingen vom Unterdeck bevölkert, die hier bald die gleichen Verhältnisse schufen. Die Polizei sollte dies zwar unterbinden, ließ sich aber statt dessen bestechen. Und sie hatten recht – innerhalb eines einzelnen Schiffes wäre der Versuch, die Regeln mit Gewalt durchzusetzen, absurd und sogar gefährlich gewesen. Auch fühlte ich mich überhaupt nicht solidarisch mit meinen Nachbarn, die sich in meinem Korridor drängten, mich nicht vorbei ließen, mich verfluchten, wenn ich sie anrempelte und mich mit ihren schrillen Stimmen und dem Scharren ihrer Gummisandalen die ganze Nacht wachhielten. Ich sah aber auch ein, daß sie für ihre Herkunft genauso wenig konnten wie ich für meine. Ich nahm mich zusammen und bemühte mich, ihnen ihre Rücksichtslosigkeit nicht übelzunehmen. Als ich den Gestank der Toiletten nicht mehr länger ertragen konnte, ging ich zum Oberdeck hinauf, das sich zwar ebenfalls mit Menschen zu füllen begann, über das aber der frische Sahara-Wind hinweg strich.

Als ich eines Nachts von der Besatzung auf die Kommandobrücke eingeladen wurde, traf ich dort auf den Sachverstand und das Pflichtbewußtsein, die ich von den Cockpits der Flugzeuge her kannte. Abgesehen von einem kleinen Kohlenfeuer für den Tee war die Kommandobrücke dunkel. Drei Flußlotsen, Songhai, in Djellabas und Turbanen, standen am Ruder und schauten unentwegt in die Nacht hinaus. Wir verständigten uns nur über ein gelegentliches Kopfnicken und ein Glas Tee. Unter uns bebte das Boot. Der Rudermechanismus klickte leise. Das Wasser klatschte gegen die Schiffswand. Es schien kein Mond. Abgesehen vom schwachen, grünen Glimmen der Kontrollknöpfe am Armaturenbrett und dem gelegentlichen Aufflackern einer Zigarette lag der Fluß vor ihnen in Dunkelheit gehüllt. Die Andeutung einer Uferlinie zog an ihnen vorüber und löschte die Sterne aus. Nur aufgrund der Arbeit der Lotsen konnte ich feststellen, daß das Wasser seicht war, daß es durch Fahrrinnen floß, die immer wieder die Richtung änderten und viele kleine Kurskorrekturen erforderten. Das Schiff fuhr mit Höchstgeschwindigkeit. Die Lotsen steuerten ohne Karten oder Tiefenmesser, verließen sich nur auf ihr Gedächtnis.
Sie irrten sich natürlich auch. Jeder würde das tun. Spät in dieser Nacht lief das Schiff in der Mitte des Flusses auf Grund und blieb knirschend stecken. Ich stand auf und ging zum Bug, wo Matrosen eine Ladeluke geöffnet hatten und mit Taschenlampen in den Laderaum leuchteten und auf das Echo des Wassers horchten. Einer von ihnen sprach mich auf englisch an und erklärte mir, daß ein schon vorhandenes Leck durch das Auflaufen noch größer geworden war, daß sie sich aber durch Pumpen und den gelegentlichen Einsatz einer Schöpfkolonne möglicherweise über Wasser halten könnten. Sein Englisch war dumpf und seltsam blumig: »Mit der Zeit gewöhnt man sich an den Verfall«, sagte er. Seine eigentliche Sorge galt etwas anderem: »Wenn die Herrschaften auf der

Brücke nicht die richtige Fahrrinne finden, werden wir wohl oder übel nach Gao zurückkehren müssen.« Offenbar war er Student an der Universität in Bamako und hatte sich beurlauben lassen, um sich um seine alte Mutter zu kümmern. Er sah nicht mehr sehr jung aus. Ich wollte wissen, wie lange sein Urlaub gedauert hatte. Bis zum jetzigen Zeitpunkt zwölf Jahre, meinte er.

Es dauerte nur einige Minuten, bis wir im Rückwärtsgang von der Sandbank herunter kamen. Das Schiff schüttelte sich, wirbelte Sand und Schlamm auf und kam dann zügig frei. Die Lotsen, die über uns auf der Kommandobrücke standen, ließen zuerst das Schiff mit der Strömung rückwärts gleiten, bis sie näher am Ufer dann wieder stromaufwärts fuhren. Mit ein paar Matrosen am Bug, die mit Stangen die Tiefe ausloteten, zogen wir langsam des Wegs, stießen auf eine Sandbank, setzten zurück, versuchten es wieder und fanden nach einer Stunde unseren Durchgang. Die Lotsen ordneten wieder die Höchstgeschwindigkeit an.

Am nächsten Morgen besuchte ich den Maschinenraum, der den hinteren Teil des Unterdecks einnahm. Ein Ort, an dem einem Hören und Sehen verging, der mit Abgasen und heißem Dampf verstopft und mit schwarzem Öl verschmiert war. Die Schiffsmaschinen stampften unter den Metallrosten, auf denen die Frau des Maschinisten und zwei Kinder schliefen. Man konnte sich kein Zuhause denken, das durch Abgase mehr verpestet war. Ich bewunderte sie und ging dann zurück zur Kommandobrücke, wo ich entdeckte, daß die Lotsen ebenfalls ihre Familien mitgebracht hatten: Kinder und Hühner rannten dort herum; Frauen zündeten Feuer zum Kochen an und unterhielten sich dabei mit schriller Stimme; blauer Rauch stieg in des Steuermanns blutunterlaufene Augen; es war kaum noch Platz, um auf der Kommandobrücke zu stehen. Einer der Lotsen holte einen verbeulten Eimer mit Flußwasser herauf und ließ es nicht einmal aufkochen, als er Tee machte. Ich trank den Tee widerstrebend und wurde daraufhin auch entsetzlich krank. Selbst dann war mir aber bewußt, daß nur das Leiden derer zählte, die nicht wie ich einfach weggehen konnten.

Tag für Tag sah ich die Ufer vorüberziehen. Der Fluß änderte sich dauernd, verengte sich zwischen kahlen Steilufern und wurde im offenen Land mehr als anderthalb Kilometer breit. Wir bewegten uns entweder auf der linken oder rechten Seite flußaufwärts und quälten uns mühsam durch die Windungen und Fahrrinnen hindurch. Die Wüste war sandig und blaß und zog sich in niedrigen Hügeln bis zum Wasser hin. Hier und da hatte ein Baum oder Busch Wurzeln geschlagen und überlebt. Wir fuhren an Tuareg-Lagern vorbei mit Ziegen, Kamelen und Zelten aus Tierhäuten. Und wir kamen an kleinen Songhai-Siedlungen vorbei mit einem oder zwei Häusern aus Lehm. Einheimische badeten im Fluß und wuschen ihre Kleider. Kinder schwammen im Fluß, Fischer fingen Fische. Abgesehen vom gelegentlichen Gemüsebeet, hatte man sich nicht um die Bewässerung oder den Anbau größerer Flächen bemüht. Das Gebiet um den Niger sollte die größte Oase der Sahara werden, weil aber Mali so arm ist, ist nichts daraus geworden. Ein Passagier in westlicher Kleidung war völlig anderer Meinung. Er sagte: »Es kommt davon, daß diese Leute aus dem Norden faul sind. Es handelt sich um Nomaden. Sie würden lieber verhungern als arbeiten.«

Er selbst kam aus dem Süden, reiste nicht gern, war es gewöhnt, hart zu arbeiten, und erfreute sich eines gesunden Appetits. Er hatte in der Hauptstadt eine Firma, in der Softdrinks in Flaschen abgefüllt wurden, und war ein reicher Mann. Er verbrachte die Reise im Deckhaus hinter der Kommandobrücke, wo er mit seiner Frau herumsaß, die schlank und schick war und Perlen ins Haar geflochten hatte. Sie waren mit dem Schiff in einer Sache unterwegs, die er als eine Familienangelegenheit seiner Frau bezeichnete. Ich fragte sie, ob sie aus

Niger käme, und sie erwiderte: »Ja, aus Timbuktu.« Sie sah aber aus, als ob sie sich auch in Paris zu Hause fühlen würde. Sie sprach nur mit ihrem Ehemann, und auch dann nur im Flüsterton. Er beklagte sich bei mir, daß die staatliche Fluggesellschaft von Mali mangels Nachfrage ihre Flüge nach Timbuktu eingestellt habe. Er und seine Frau hatten zuerst den ganzen Weg von Bamako nach Gao zurücklegen und von dort mit dem Schiff fahren müssen, weil der Landweg nach Timbuktu mühsam und durch die Tuareg gefährdet war. Aus Timbuktu wieder herauszukommen, wäre aber schwierig, weil dieses Schiff, wie er ebenfalls gehört hatte, das letzte der Saison sei. »Die Frau aber ...« jammerte er. Ich konnte ihn nicht dazu bringen, den Satz zu beenden.

Jedenfalls war er fest entschlossen, sehr komfortabel zu leiden. Er hatte auch einen Diener mitgebracht, der ihm seine Mahlzeiten zubereitete. Zweimal am Tag nahm er seine Frau in die Kabine mit, um mit ihr zusammen zu essen. Die übrige Zeit saß er mit ihr im Deckhaus, drückte seinen Abscheu gegenüber der Wüste aus, und ließ sich vom offiziellen Schiffsnarren umschmeicheln. Der Narr – ein verkrüppelter Mann mit einer tonnenförmig gewölbten Brust, hatte früher Kinderlähmung gehabt – und sich später einen Namen als *animateur* gemacht.

Er war ein Bambara mit Verwandtschaft in der Hauptstadt. Die malische Schiffsgesellschaft hatte ihn angeheuert, um das »nationale Erschließungsprogramm« nachzuahmen – als ob man diese Dampferfahrt in eine Vergnügungsreise umfunktionieren könnte! Sein Job war es, den Leuten auf dem Oberdeck die Zeit zu vertreiben – eine schwierige Aufgabe, der er sich mit verzweifelter Ausdauer widmete, als ob er befürchtete, von seiner Familie im Stich gelassen zu werden. Wenn sie das tat und er seinen Job verlöre, würde er das gleiche Schicksal wie die anderen afrikanischen Polio-Opfer erleiden und auf der Straße enden, wo er schließlich seine Krücken für seine

Nahrung verkaufen müßte. Sein Problem war nur, daß so viele der Passagiere dieselben Sorgen quälten wie ihn. Bei jeder Fahrt war es dasselbe. Die Leute, die auf diesem Schiff mitfuhren, wollten sich gewöhnlich nicht amüsieren.
Ich sympathisierte mit dem *animateur*, beharrte aber darauf, daß ich gerne Nachforschungen über die Wüste anstellte, und versprach sogar, einen freundlichen Brief an den Arbeitgeber des *animateurs* zu schicken. Ich konnte ihn aber nicht beruhigen. Er meinte, daß ich eine zusätzliche Anregung bräuchte. Eines Abends organisierte er mir zu Ehren einen Tanz. 100 Personen waren im Deckhaus zusammengepfercht. Ich wußte nicht, wer sie waren oder nach welchen Kriterien man sie eingeladen hatte. Jedenfalls waren es nicht die Armen vom Unterdeck. Der *animateur* hatte sich ein Partyhemd aus Polyester angezogen, in dem er furchtbar schwitzte. Er stellte mich einer korpulenten Frau vor, die mich offensichtlich für ihren auserkorenen Partner hielt. Sie trug ein langes, bedrucktes Kleid und einen dazu passenden Turban. Wir mußten den ersten Tanz aufs Parkett legen, während die anderen zuschauten. Der *animateur* drehte die Stereoanlage auf volle Lautstärke. Meine Partnerin tanzte beschwingt, was ich von mir nicht behaupten konnte. Ich war froh, als sich bei der zweiten Nummer weitere Tanzpaare aufs Parkett begaben. Schließlich schaffte ich es, den Tanz abzubrechen, indem ich meiner Partnerin ein Bier anbot. Wir stellten fest, daß wir uns nichts zu sagen hatten. Als ich sie nicht mehr zum Tanz aufforderte, war sie beleidigt und ließ mich stehen.
Der *animateur* kam mit besorgter Miene auf mich zu und rief über die Musik hinweg: »Sie haben sie sehr gekränkt! Sie sollte die Nacht mit Ihnen verbringen. Sehen Sie sich doch ihren Körper an – sie ist wie gemacht fürs Bett. An der ist was dran. Ich dachte, Sie würden Ihren Spaß daran haben.«
»Ich habe zu Hause eine Frau«, entschuldigte ich mich, »und eine Familie.«

Er stand neben mir und beobachtete die Tänzer. Dabei ließ er sich meinen Fall durch den Kopf gehen. Er runzelte die Stirn und sagte: »Sie haben doch nur Angst vor AIDS. Sie meinen, bei den Afrikanern weiß man nicht so recht.«
Der Tanz war nicht seine einzige Enttäuschung. In den folgenden Tagen, als sich das Oberdeck mit illegalen Passagieren von unten füllte, ließ er alle Hoffnung fahren, hier die gelockerte Atmosphäre einer Kreuzfahrt zu kreieren. Er zog sich ins Deckhaus zurück, wo er neben dem Unternehmer und seiner Frau saß und die Unverfrorenheit der Armen verfluchte. Er versperrte die Tür zum Deckhaus mit den Boxen der Stereoanlage, ließ den Song des Mannes und der Frau, die man allgemein als »das blinde Paar aus Mali« kannte, in voller Lautstärke erschallen. Den Song, den er den Passagieren immer wieder vorspielte, war eine Anklage, die seiner eigenen, bitteren Erfahrung entsprang. Der Song hatte einen französischen Refrain: *»Il'y a toujours des menteurs, des trompeurs, et des traîtres.«* Diese Lügner, Betrüger und Verräter sind es, aus denen die eigentliche Wüste besteht. Durch eine immer extremer werdende Sahara trieb uns der Refrain flußaufwärts.

# 27.
# Wahrheit und Lüge

Die Wahrheit und die Lüge gingen auf Reisen, aber aus ganz verschiedenen Gründen, als sie sich zufällig auf dem gleichen Weg wiederfanden. Die Lüge sah die Wahrheit vor sich her gehen und beeilte sich, sie einzuholen.

»Hallo!« rief die Lüge.

»Hallo«, erwiderte die Wahrheit, »wie hast du die Nacht verbracht?«

»Ganz ungestört. Darf ich fragen, wer du bist und wohin du gehst?«

»Man nennt mich ›Wahrheit‹, und ich bin unterwegs, um ein paar Forderungen einzutreiben von Leuten, die mir Geld schulden.«

»Man nennt mich ›Lüge‹, und ich bin unterwegs, um den Leuten Hoffnung zu machen und ihnen zu erzählen, was immer sie hören wollen. Sollen wir zusammen weiterziehen?«

»Ja, natürlich«, sagte die Wahrheit.

»Da du ohnehin vorne warst«, sagte die Lüge, »möchte ich dich bitten, mich auch jetzt zu führen.«

Die Wahrheit willigte ein, und die beiden Weggefährtinnen gingen weiter. In jedem Dorf, zu dem sie kamen, näherte sich die Wahrheit den Leuten auf ehrliche Weise, um ihre Schulden einzutreiben. Und jedesmal verjagten die Leute die Wahrheit. Das ging tagelang so weiter. Die Wahrheit und die Lüge wurden immer hungriger, bis es der Lüge zu dumm wurde.

»Wahrheit, du bist keine gute Führerin«, sagte sie, »wohin wir auch gehen, werden wir immer hinausgeworfen. Wenn wir so weitermachen, werden wir beide verhungern, verdursten oder vor Erschöpfung sterben. Laß mich nun die Führung übernehmen, und du wirst sehen, daß wir in der ersten Ortschaft, zu der wir kommen, reichlich zu essen haben.«

Leichten Herzens ging die Wahrheit auf den Vorschlag der Lüge ein. Als sie ins nächste Dorf kamen, erblickte die Lüge eine Hütte, aus der alte Frauen herauskamen. Die Frauen gingen gebückt, blickten finster drein und waren sehr still. Die Lüge begriff instinktiv, daß etwas passiert war. Mit der Wahrheit nahm sie neben der Hütte Platz, nicht weit entfernt von einem frischen Grab. Die Wahrheit blieb ruhig und würdevoll dort sitzen, die Lüge aber fing an, laut zu lamentieren. Die Bauersfrau, die in der Hütte wohnte, kam heraus und fragte: »Fremde, warum weinst du?«

Die Lüge antwortete: »Meine Freundin und ich, wir sind unterwegs, um ein totes Kind wiederzuerwecken, wir haben aber schon tagelang nichts mehr gegessen und unser Schutzgeist hat uns hier angehalten, weil er hungrig ist. Er sagt, wenn er jetzt nicht gleich etwas zu essen bekommt, werden auch noch andere sterben.«

Die Bauersfrau war völlig verblüfft. »Ich habe gerade meinen einzigen Sohn verloren, der erst zwölf war. Vielleicht könntet ihr ihn wiedererwecken?«

»Die Toten wiederzuerwecken ist unsere Aufgabe«, sagte die Lüge, »nur arbeiten wir mit einem Schutzgeist zusammen, der die ganze Zeit Hunger hat.«

Schließlich begriff die Frau und bereitete ein großes Mahl für die Reisenden zu.

Nachdem sie gespeist hatten, forderte Lüge die Frau dazu auf, eine kleine Hütte über dem Grab ihres Sohnes zu errichten. Sie machte sich an die Arbeit und erwähnte dabei, daß der Vater des Königs vor zwei Tagen gestorben sei. Lüge bat die Frau, den König von ihrer Anwesenheit in Kenntnis zu setzen.

Der König war überglücklich und versprach jedem, der seinen geliebten Vater wieder zum Leben erwecken könne, hundert

Pferde, hundert Kühe, hundert Sklaven, Gewänder, Silber und viele andere Dinge.
Nach dem Freitagsgebet betrat Lüge um zwei Uhr nachmittags die Hütte über dem Grab des Jungen, schaufelte das Grab frei, kletterte hinein und tauchte nach einem langen Gespräch mit dem Toten im Flüsterton völlig verschwitzt wieder auf.
Zu der Mutter des toten Knaben sagte sie: »Dein Sohn will wieder ins Leben zurückkehren, wird aber vom Vater des Königs festgehalten. Geh und sag dem König, daß sein Vater nur mit deinem Kind zurückkehren wird.«
Die Bauersfrau meldete dies dem König, der sich wiederum mit seiner Mutter beriet. Die Königsmutter entschied kategorisch: »Und wenn dein Vater zurückkehrt, wer wird dann den Thron einnehmen? Ist in einem Teich genügend Platz für zwei männliche Krokodile? Laß den alten König in Frieden. Zahl den Zauberinnen, was du ihnen schuldest, und laß es dabei bewenden.«
Die Bauersfrau kehrte tränenüberströmt zu ihrer Hütte zurück. Lüge erhielt ein Vermögen. Sie machte sich über die Wahrheit lustig, der man bis jetzt noch keine der Schulden zurückbezahlt hatte.
Nachdem sie lange geschwiegen hatte, seufzte die Wahrheit und sagte: »Wer mit Lügen besticht, wird eines Tages mit der Wahrheit bezahlen müssen. Heute lachst du und rühmst dich und brüstest dich. Wenn aber die Leute erkennen, daß du sie übers Ohr gehauen hast, werden sie dich teuer bezahlen lassen!«
Als sich Wahrheit und Lüge getrennt hatten, verfolgte jede ihren eigenen Weg zum Ziel. Das Mißverständnis zwischen den beiden wurde nie gelöst.

# 28.
# Timbuktu ist keine Reise wert

Auf der Fahrt nach Timbuktu hielt das Schiff an allen Dörfern, wo das Wasser am Ufer so tief war, daß es dort anlegen konnte. Die Szenen, die sich dort abspielten, waren wie Wiederholungen von Gao, aber ohne die Diebe. Das Schiff ließ bei der Ankunft seine Sirene ertönen. Die Leute kamen aus ihren Lehmhäusern und eilten über die breiten Wege zum Fluß. An den herabgelassenen Laufplanken entstanden Lebensmittelmärkte. Feilgeboten wurde geräucherter Fisch, ein paar Gemüsearten, Batterien und Reis. Dorfbewohner und Passagiere liefen auf dem Schiff hin und her. Einbaum-Boote zogen ihre Kreise. Ich nahm jede Gelegenheit wahr, um auszusteigen und durch die Dörfer zu spazieren. Abseits vom Fluß waren es verschlafene Orte mit zerfallenem Gemäuer, wo sich die Frauen vor mir versteckten und die Kinder mir nachrannten und um Geschenke bettelten. Ich gab den Kindern Kugelschreiber. Daraufhin zeigten sie mir die Sehenswürdigkeiten im Ort – einen Brunnen, einen Garten, einen Wurf neugeborener Hunde und die Ruine eines französischen Forts.

In den meisten Ortschaften begleitete mich ein Mann, den ich auf dem Schiff kennengelernt hatte, ein aufgeweckter, junger Fulani namens Amadou, der aus der Hauptstadt Bamako kam und das Hinterland nach günstigen Gelegenheiten durchstreifte. Amadou war zwanzig. Er hatte einen Bürstenhaarschnitt, ein ausgeprägtes Kinn, trug ordentlich gebügelte Hosen und ein Hemd mit kurzen, aufgerollten Ärmeln. Amadou war ein Kettenraucher und sprach sieben afrikanische Sprachen. Dazu Französisch. Er hatte sieben Brüder und fünf Schwestern. Als wir eines Tages im Schatten eines Baumes saßen, fragte ich ihn, warum er von Bamako weggegangen sei und was er vorhatte. Er grinste und zeigte mir einen Schuhkarton voller Musikkassetten aus der Hauptstadt, die er entlang des Flusses verkaufen wollte.

»Und wie geht das Geschäft?«

Er schüttelte den Kopf. »Sehr, sehr schlecht. Die Leute hier haben kein Geld. Wenn ich das geahnt hätte, wäre ich nicht mitgekommen. Wenn man sich aber schon einmal auf dem Fluß befindet, bleibt man auch dort, *n'est-ce pas?«* Er hatte sein ganzes Bargeld für das Ticket ausgegeben, lächelte aber, weil er dazu stand und an Kummer gewöhnt war.

Er hatte sich mit mir angefreundet, weil er dachte, daß ich ihm nützlich sein könne. Ich hatte mich mit ihm angefreundet, weil wir uns beide für Menschen interessierten. Er war unternehmungslustig. Wir stiegen zusammen auf die Hügel über den Dörfern und blickten auf den breiten, braunen Fluß hinab, der vom Horizont herkam. Amadou schien sich darin zu gefallen, sein Land aus dem Blickwinkel eines Fremden zu betrachten. Er liebte Mali und machte sich deswegen auch Gedanken darüber.

Zum Beispiel sagte er: »Es ist sehr freundlich von Ihnen, wenn Sie den Kindern Geschenke machen. Die Kinder sollten aber nicht betteln.«

Eine direkte Antwort wäre ungeschickt gewesen, so daß ich nur sagte: »Ich kann Ihnen versichern, daß alle Kinder geborene Bettler sind.«

Natürlich hatte ich Mitleid mit diesen Kindern. Die Wüste würde ihnen das Leben nehmen, ohne daß sie etwas dafür konnten.

Amadou lebte ebenfalls in der Wüste, und trotz seiner Energie würde er dort wahrscheinlich keine Aufstiegsmöglichkeit finden. Die Sahara ist nicht grausam, aber gleichgültig. Ein Amerikaner kann sie durchfahren, dank der Schiffssirene, die

vor jeder Abfahrt ertönt. Weil ein Malier dies nicht so ohne weiteres kann, konnte ich Amadou gegenüber nie ganz offen sein.
In den größeren Ortschaften stapelten die Händler Säcke mit amerikanischem und kanadischem Weizen am Ufer auf. Die Säcke waren mit den Zeichen der Welthungerhilfe versehen. Der Weizen war ursprünglich nicht zum Verkauf bestimmt gewesen, trotzdem war er an korrupten Beamten vorbei auf den Markt gelangt. Ich war sehr verärgert darüber und brachte es gegenüber Amadou zur Sprache: Genau dieses Abziehen von Hilfsgütern hatte die Rebellion der Tuareg im Niger angefacht. Amadou reagierte verblüfft: Er wollte es mit mir nicht verderben, also pflichtete er mir bei. Wenn er aber die Gelegenheit dazu hätte, würde er auch Geschäfte mit dem Weizen machen.
Der Getränkehändler aus Bamako sagte: »Glauben Sie eigentlich, daß die amerikanischen Farmer bei dem Geschäft leer ausgehen? Warum sollten wir Afrikaner nicht auch etwas daran verdienen?« Er zwickte sich in seinen dicken Arm. »Ist es vielleicht wegen unserer dunklen Hautfarbe?«
»Nein, wegen der Hungersnöte.«
Der Getränkehändler kicherte und breitete die Arme aus: »So sperren Sie doch Ihre Augen auf, in diesem Jahr gibt es keine Hungersnot!«
Ich hielt sehr wohl die Augen offen, und zwar schon seit längerem. Eines war mir dabei klar geworden: daß die Hungersnot im Sahel nie so ganz den Bildern gleicht, die man auf dem Bildschirm und in der Presse sieht. Auch während der schlimmsten Jahre der Dürre, ob es sich nun um Flüchtlingslager oder Dörfer handelt, sind diese lebenden Skelette, die zum Symbol für die Hungersnot in Afrika geworden sind, ziemlich selten. Und zwar darum, weil sie unter den Ärmsten noch die Widerstandsfähigsten sind. Gewöhnlich werden sie krank und sterben, bevor sie so viel Gewicht verlieren. Sie

bringen sich natürlich auch gegenseitig um. Und viele von ihnen leben auch weiterhin im Wohlstand, indem sie die Schwachen ausbeuten. Natürliche Phänomene wie Hungersnöte werden unweigerlich zu politischen. Sogar in den Krisengebieten haben die Reichen und gut Bewaffneten nie Mangel an Lebensmitteln.
Der Getränkehändler aus Bamako hatte recht: In diesem Jahr war reichlich Regen gefallen, sie hatten eine gute Reisernte gehabt, und die internationalen Weizenspenden gingen auch weiterhin ein, so daß also genug Nahrungsmittel in Umlauf waren. Was er nicht erwähnte: daß die Tuareg, die sich weder für den Kampf noch die Flucht entschieden hatten, die versuchten, friedlich in der Republik Mali zu leben, auch weiterhin hungerten. Und sie waren nicht die einzigen. Als wir uns eines Spätnachmittags Timbuktu näherten, legte das Schiff an einem Ort an, der nicht nur entsetzlich arm war, sondern an dem die Bewohner keine andere Wahl hatten, als zu verhungern. Die Bewohner waren keine Tuareg oder Rebellen, sie waren Schwarzafrikaner, die im Krieg auf der Seite der malischen Regierung standen. Sie hätten als Fischer gearbeitet oder das Land bebaut, wenn sie dazu in der Lage gewesen wären. Der Getränkehändler aus Bamako bezeichnete sie immer wieder als Nomaden, weil sie ihm egal waren.
Nun waren keine Säcke mit Getreide mehr übrig. Jetzt wurde nichts mehr ausgeladen. Auf dem Markt an der Laufplanke boten die Verkäufer nur noch Erdnüsse und Seifenstücke feil. Ich entfernte mich vom Flußufer und ging durch die Totenstille. Hier waren Erwachsene, die sich nicht vor mir versteckten, sondern einfach den Kopf wendeten, um mich apathisch anzusehen. Sie waren in Lumpen gehüllt und hatten offene Wunden. Nur der Mund war auffallend groß, weil sie beinahe zum Skelett abgemagert waren. Ganz bestimmt gab es auch andere, die stärker waren. Die Kinder, die mir folgten, lächelten nicht und wollten mir auch ihr Dorf nicht zeigen. Sie hat-

ten alle eine Infektion, die ihnen das Atmen erschwerte und ein Sekret aus ihrer Nase austreten ließ. Sie husteten ständig und waren zu schwach, um die Fliegen von den Augen zu vertreiben. Ein kleiner Junge stand vor mir und hielt mir wortlos die Hand hin. Ich gab ihm eine Münze. Die anderen scharten sich nun ebenfalls um mich. Entmutigt verteilte ich mein restliches Bargeld an sie – französische und westafrikanische Francs im Wert von ein paar Dollar. Als meine Taschen leer waren, schauten mich die Kinder immer noch stumm an. Mit düsterer Miene kam Amadou des Wegs. Die Sirene ertönte dumpf und rief zur Weiterfahrt nach Timbuktu auf. Die Dämmerung nahm dem Himmel seinen Glanz.

Timbuktu, das lange Zeit nur deswegen berühmt war, weil es so weit weg ist, ist auch heute wieder schwer zu erreichen: eine Stadt mit Straßen aus Sand und Lehmhäusern, die etwa 10 Kilometer vom Fluß entfernt liegt und 20 000 Einwohner zählt. Gegründet wurde Timbuktu von umherziehenden Tuareg, bewohnt zuerst von ihren Vasallen und später von den schwarzen Handelsherren des Niger. Im 12. Jahrhundert wurde es dann zur Drehscheibe für Karawanen. Wie Gao und Agadez gehörte Timbuktu zu der Kette von Handelszentren am Südrand der Sahara. Die Tuareg lebten zwar nicht in der Stadt, beherrschten sie aber und verlangten ihren Tribut. Erst nachdem sie vertrieben waren, konnte Timbuktu florieren. Dies geschah unter der Herrschaft Malis und der Songhai, vom 14. bis zum Ende des 16. Jahrhunderts. In dieser Zeit wurde eine Moschee aus Lehm errichtet und eine Universität gegründet. Und die Kunde von einer geheimnisvollen und mächtigen Stadt mit Palästen, in denen die Mächtigen von Tellern aus Gold aßen, gelangte nach Europa. Die Stadt vermutete man irgendwo im westafrikanischen Niemandsland im Süden der unerbittlichen Sahara, in der Nähe eines großen Flusses, der eines Tages entdeckt werden würde, in einem Land, in dem Könige herrschten, die Krieger waren. Die Geographie ließ massenhaft Raum zum Ausschmücken. Der Mythos eines wunderbaren Timbuktu dauerte fort, weil die eigentliche Stadt beinahe völlig von der übrigen Welt abgeschnitten war.

Die Zeit meinte es nicht gut mit Timbuktu. Das Songhai-Reich verfiel im frühen 17. Jahrhundert, und die neuen marokkanischen Herren verloren das Interesse an der Stadt. Obwohl sie immer noch Geld im Karawanenhandel machten, kehrten die Tuareg zurück. Und Timbuktu kehrte zu seinem ursprünglichen Zustand zurück, der von Chaos, Argwohn und Bürgerkrieg geprägt war. Heute wie damals brachte die Anarchie den Handel zum Erliegen und schreckte die Besucher ab. Die Situation verschlimmerte sich noch durch die europäischen Handelsniederlassungen und Zentren für den Sklavenhandel entlang der afrikanischen Küste, die den Handel durch die Sahara größtenteils unterboten. Am Ende des 18. Jahrhunderts hatte sogar der Mythos von Timbuktu gelitten: Weil sie nichts mehr davon hörten, vermuteten scharfsinnige Europäer, daß die sagenumwobene Stadt verfallen war. Ihr Interesse daran war nun hauptsächlich wissenschaftlicher Natur. Der Mythos Timbuktu aber spukte immer noch in ihren Köpfen.

1824 setzte die Société de Géographie, die in Paris ihren Sitz hatte, einen Preis von 10 000 Francs für den ersten Europäer aus, der Timbuktu erreichen und lebendig wieder zurückkommen würde. Im Jahr darauf machte sich ein britischer Armeeoffizier, ein sturer Schotte namens Gordon Laing, in Tripolis am Mittelmeer auf den Weg. Mit einer Karawane, die einen bezahlten Führer, zwei afrikanische Bootsbauer, einen jüdischen Dolmetscher, einen Diener aus der Karibik und elf Kamele umfaßte, machte er sich in südöstlicher Richtung durch die Sahara auf den Weg zu der sagenumwobenen Stadt. Laing war unbescheiden und mißgünstig. Er war überzeugt, zu Großem bestimmt zu sein, und hatte Angst, daß ihm jemand den Rang ablaufen würde. Er trug eine Djellaba und eine *chèche*, widerwillig fügte er sich den Erfordernissen des Klimas. Schon zu Beginn der Reise erklärte er aber seine Absicht, sich an den Sonntagen wie ein Engländer zu kleiden und laut aus der Bibel vorzulesen. Aus der Reihe von Briefen, die er an seinen Schwiegervater in Tripolis schrieb, geht nicht klar hervor, ob er dies auch wirklich fertigbrachte. Es war im Hochsommer. Der Weg durch die Wüste war beschwerlich und heiß, mit Temperaturen um 50 Grad Celsius. Das Banditentum zwang die Männer, einen Umweg zu machen. Die Wüstenbewohner, denen sie unterwegs begegneten, betrogen sie. Die Bootsbauer, der Führer und der Dolmetscher waren widerspenstig. Die Kamele litten auf ihre Weise.

Die unglückselige kleine Expedition ging zuerst nach Ghadames, machte dort eine Verschnaufpause, umging den Östlichen Großen Erg im Süden und gelangte nach fünf Monaten nach In Salah, wo Laing der erste Europäer war, den die Bewohner jemals erblickt hatten. Dort schlossen sich Laing und seine Begleiter einer Karawane von 150 Kaufleuten an, die nach Süden zogen und beinahe ein Jahr lang zugewartet hatten, weil sie sich vor den Tuareg fürchteten. Es heißt, daß Laing die Kaufleute so beschämte, daß sie es wagten, weiter nach Süden vorzustoßen.

Im Januar 1826 zog die Karawane westlich des Hoggar-Gebirges nicht weit von Tamanrasset vorbei und stieß dann über die entsetzlich flache Tanezrouft-Ebene vor, wo sie 20 Meilen pro Tag schaffte. Die Leere der Tanezrouft schreckte die Kaufleute, die zwar bewaffnet, aber schlecht organisiert und ängstlich waren. Laing schrieb verächtlich, daß sich »für sie jede Akazie in der Ferne ... zu Truppen von bewaffneten Feinden auswuchs«. Er hätte sich besser vorsehen sollen.

Zwei Wochen von In Salah entfernt, wurden sie von 20 Tuareg angegriffen – die eben nicht am Horizont erschienen, sondern sich auf die gewohnte Weise an sie heranschlichen, indem sie sich der Karawane lautlos näherten und sich ihr anschlossen. Die Kaufleute ließen sich wie üblich einschüchtern und hielten sich möglichst voneinander fern. Auf diese Weise hofften sie, keine Scherereien zu bekommen. Laing ließ sich dagegen an der Nase herumführen. Er schrieb, daß die Tuareg freundlich wären und angeboten hätten, die Karawane zu beschützen. Keiner der Kaufleute machte sich die Mühe, ihm reinen Wein einzuschenken.

Die Tuareg bemerkten Laings Schwäche. Eines Nachts schlugen sie dann los: Sie feuerten auf sein Zelt, schnitten die Taue durch und stürzten sich Säbel schwingend in dem Durcheinander von herabfallendem Segeltuch ins Zelt. Einige von Laings Begleitern wurden getötet. Laing selber überlebte, erlitt aber unzählige Wunden: von tiefen Schnitten und gebrochenen Knochen am Kopf und am ganzen Körper, bis hin zu zwei gefährlichen Hieben, bei denen ihm beinahe das Ohr und die rechte Hand abgehauen worden wären. Die Tuareg hielten ihn für tot und ließen ihn liegen. Sie plünderten die Überreste seines Lagers. Nach dem Überfall packten die Kaufleute unverzüglich ihre Sachen zusammen und suchten das Weite. Laings verbleibende Begleiter banden ihn auf den Rücken eines Kamels und nahmen ihn 400 Meilen über die Tanezrouft bis ins Lager eines wohlgesinnten Berbers mit. Dort starben alle am Fieber – außer Laing, der zwar krank wurde, sich dann aber wieder erholte.

Am 13. August 1826, nachdem er über ein Jahr in der Wüste zugebracht hatte, erreichte Laing Timbuktu. Er schickte eine Nachricht nach Tripolis zurück: »Ich habe keine Zeit, euch von Timbuktu zu berichten, will aber kurz erwähnen, daß es in jeder Hinsicht, außer seiner Größe ... meinen Erwartungen völlig entsprochen hat.«

Das eigentliche Timbuktu aber war ein verschlafener, sandiger und unrühmlicher Ort, mit wenig Spuren vergangener Größe, um ihn attraktiv zu machen. Damals wie heute tobte ringsum

Krieg – die Fulani hatten Timbuktu vor nicht allzu langer Zeit den Tuareg entrissen. Diese beherrschten aber nach wie vor die Wüste. Laing wohnte in einem Lehmhaus, das bis heute stehengeblieben ist. Eines Nachts schlich er sich zum Flußhafen von Kabara und wieder zurück. Er schrieb wütend in sein Tagebuch – was, wissen wir nicht. Man behandelte ihn gut, nach fünf Wochen bekam der Scheich von Timbuktu aber einen Brief vom fernen Sultan der Fulani, in dem Laings Ausweisung oder Hinrichtung gefordert wurde.

In Gesellschaft eines Führers aus Timbuktu verließ Laing die Stadt am 22. September 1826 in nordwestlicher Richtung. Der Führer mußte ein Spion der Fulani oder ein religiöser Fanatiker oder alles zusammen gewesen sein. Jedenfalls verlangte er von Laing in der zweiten Nacht, nur 30 Meilen von Timbuktu entfernt, sein Christentum aufzugeben und zum Islam überzutreten. Als sich der störrische Wüstenforscher weigerte, tötete ihn der Führer mit seinem Schwert. Er köpfte Laing, verbrannte seine Schriften und überließ seine sterblichen Überreste den Aasgeiern. Ein ehemaliger Sklave entkam und erzählte, was Laing zugestoßen war. Ein vorbeiziehender Tuareg entdeckte später Laings Skelett und begrub es. 84 Jahre später, nämlich 1910, grub die französische Kolonialtruppe Laings Gebeine unter einem Baum aus und setzte sie in Timbuktu bei.

Laings Tragik lag nicht in seinem Tod, sondern im öffentlichen Festhalten am Mythos von Timbuktu, auch als er sich schon längst als falsch erwiesen hatte. Er hätte aber nicht einmal sich selbst gegenüber seine wichtigste Entdeckung zugeben können: daß Timbuktu keine Reise wert war. Sich so etwas einzugestehen, wäre einer Bankrotterklärung gleichgekommen.

Der Mann, der die Wahrheit schließlich nach Hause brachte und den Preis von 10 000 Francs gewann, war Laing in einem wesentlichen Punkt überlegen: Er kam aus der untersten Gesellschaftsschicht Europas und war in seiner Bescheidenheit bereit, Afrika so zu akzeptieren, wie er es wirklich erlebte, und darüber in einfachen Worten zu berichten. Er hieß René Caillé, war ein ungebildeter französischer Bauer, ein schwächlich aussehender, hagerer und wortkarger Mann, der Sohn einer Strafgefangenen von La Rochelle. Seine Familie wollte, daß er den Beruf eines Schusters erlernte. Statt dessen war aus ihm einer der reiselustigsten jungen Männer der Geschichte geworden, ein Vorbild für die Tausenden von jungen, naturverbundenen Franzosen, die heute durch die Welt ziehen und es gewöhnlich auch fertigbringen, zu überleben.

Caillé war ein Antiheld, genau das Gegenteil eines Kriegshelden. Als Kind hatte er *Robinson Crusoe* gelesen, war ganz verrückt auf die Tropen und schaffte es 1816, im Alter von sechzehn Jahren, zur afrikanischen Westküste zu segeln. Er hatte sich einer entsetzlichen britischen Expedition angeschlossen, bei der er zum ersten Mal die Probleme von übermäßig ausgerüsteten europäischen Truppen kennenlernte. Mit dem Ballast von Waffen und Handelsgütern, durch die Kranken am zügigen Vorwärtskommen gehindert, bahnte sich die Expedition mühselig ihren Weg durch ein Land, in dem die unbeschwertesten Formen des Lebens und der Fortbewegung praktiziert werden. Kein Wunder, daß die Expeditionsteilnehmer als Fremde und Idioten angesehen wurden, denen man sich widersetzen und die man ausrauben mußte.

Caillé verließ Afrika und kehrte 1824 wieder. Nicht nur war er entschlossen, nach Timbuktu zu gelangen, er wollte es allein erreichen. Der Trick war, unauffällig zu bleiben, so wenig Aufmerksamkeit wie möglich auf sich zu ziehen. Das würde bedeuten, daß er sich als Muslim ausgeben mußte. Um sich darauf vorzubereiten, lebte er in Mauretanien unter den Mauren, ließ sich in der Religion unterweisen, lernte Arabisch, den Koran und die islamischen Rituale. Danach arbeitete er in einer Indigo-Fabrik in Freetown in Sierra Leone. Nachdem er

sich 2000 Francs zusammengespart hatte, dachte er, daß es an der Zeit sei.
Caillé war der freieste Mensch, den man sich vorstellen kann: Er lebte ohne die Vorgaben einer »ordentlichen« Erziehung, war an keine Familie oder Freunde gebunden, sorgte sich nicht um seine Würde oder sein Wohlergehen und hatte keine Angst vor dem Sterben. Sein Plan war einfach. Ausgestattet mit einem Schirm und ein paar Kilo Tauschgegenständen, näherte er sich seinem Ziel von Westen. Insgeheim machte er Eintragungen in den Koran, den er bei sich trug. Seine »Fremdheit« erklärte er damit, daß er sich als Ägypter ausgab, der als Junge von den grausamen Franzosen gefangengenommen und schließlich in Westafrika freigelassen wurde, und daß er nun – über die große islamische Stadt Timbuktu – wieder nach Hause gelangen wolle.
Im März 1827 verließ er Freetown und machte sich ins Innere des Landes auf. Er hatte kein Geld dabei, kannte niemanden und war völlig allein. Laing war bereits tot, was aber niemand wußte. Caillé drang langsam durch die westafrikanische Landschaft vor, durch Waldgebiete, über Gebirge und durch die Savanne. Er folgte den schmalen Pfaden in Begleitung von Sklaven und eingeborenen Händlern. Seine Geschichte erzählte er immer wieder. Man beschuldigte ihn des Betrugs. Er litt unter extremem Hunger, Durst, bekam Fieber und Skorbut und schwebte wochenlang in Todesgefahr. Er fuhr den Niger in einem Sklavenschiff hinab, war mit Sklaven zusammengekettet. Er entkam Piraten der Tuareg. Dreizehn Monate und 1500 Meilen nach dem Verlassen der Küste kam er am 20. April 1828 in Timbuktu an. Die Stadt war natürlich eine Enttäuschung. Obwohl er sein ganzes Leben darauf ausgerichtet hatte, dorthin zu gelangen, blieb der Realist Caillé nur zwei Wochen. Unter den feindseligen und immer mißtrauischer werdenden Wüstenbewohnern gab er sich immer noch als Ägypter aus und schloß sich einer Karawane an, die durch die

Wüste nach Norden zog. Er überlebte die drei höllischen Monate, die er bis nach Marokko brauchte. Als er nach Frankreich zurückgekehrt war, schrieb er: »Die Vorstellung, die ich mir von der Größe und dem Reichtum der Stadt gemacht hatte, stimmte kaum mit dem überein, was ich vorfand ... Auf den ersten Blick bot sich mir nur ein wirrer Haufen von Lehmhäusern in schlechtem Zustand dar. Wohin man auch schaute, waren nur unermeßliche, cremefarbene Sandebenen zu sehen. Der Himmel hatte bis zum Horizont eine blaßrote Farbe; die ganze Natur bot einen trüben Anblick. Es herrschte vollkommene Stille – nicht einmal Vogelgezwitscher war zu hören.« Essen und Trinken waren Mangelware und teuer, die Straßen ungewöhnlich still, der Markt war wie ausgestorben. »Um es in ein Wort zu fassen, über allem lag unendliche Traurigkeit ... Ich war überrascht vom Fehlen der Geschäftigkeit und von der Trägheit, die über der Stadt lag.«
Nachdem es Caillé einmal zugegeben hatte, gab es wenig hinzuzufügen. Der nächste Europäer, der Timbuktu 1853 besuchte, war ein Deutscher namens Heinrich Barth, der Caillés Urteil bestätigte und die letzten Zweifel an der Aufrichtigkeit des Franzosen ausräumte. Seit jener Zeit ist kaum mehr etwas Nennenswertes in Timbuktu passiert.

1883 wurde Timbuktu bei der Berliner Konferenz Frankreich zuerkannt, nichts änderte sich.
1893 trafen die Franzosen ein, um die Stadt in Besitz zu nehmen, und wurden willkommen geheißen.
1960 wurde Mali unabhängig. Nun vermißte man die Franzosen.
1983 baute die Sofitel-Gesellschaft ein Hotel mit 42 Zimmern in Timbuktu, nicht um Geld damit zu machen, sondern um sich in einem berühmten Namen zu sonnen. Der Name erklärt, warum Sofitel das Hotel trotz des Krieges geöffnet ließ. Theoretisch könnte man von den Vereinigten

> Staaten aus Reservierungen machen, indem man die Nummer 1-800-763-4835 wählt. Dies nimmt einen wunder und ist wieder einmal der Beweis für eine kleiner werdende Welt, weil Timbuktu sogar für Leute, die nicht wissen, wo es liegt, immer noch »fern und weit weg« bedeutet.

Tatsächlich hat das Hotel auch vor dem Krieg, als es noch Flüge nach Timbuktu gab, nur wenig Touristen angelockt. Dank der Informationen, die – angefangen von Caillé – darüber verbreitet wurden. Es herrscht nun weitgehende Übereinstimmung: Reiseführer, Reiseberichte und die Briefe von dort nach Hause – alle bestätigen einmütig, daß es interessantere Orte zu besichtigen gibt. Ich kam müde und krank dort an.
Als der letzte Dampfer der Saison am Hafen namens Kabara anhielt, war es spät in der Nacht. Ich ging in der Dunkelheit durch die Menschenmenge am Ufer und mußte mich – auf Hände und Knie gestützt – hinter dem Wrack eines Einbaum-Bootes übergeben. Jemand nahm mich dann im Auto ins eigentliche Timbuktu mit – im gelben Scheinwerferlicht eines Peugeots sah ich zerfallende Lehmmauern und an einer Straßensperre des Militärs die verschlossenen Mienen der Soldaten. In Timbuktu gibt es drei Lehmmoscheen, wie es sie dort von alters her gegeben hat. Ich kehrte dann wieder zum Fluß zurück, wo das Schiff noch vor Morgengrauen auslaufen sollte. Ich sparte mir Timbuktu. Es hat einen anziehenden Namen, aber heutzutage kennt man von Timbuktu vor allem den Mythos und nicht, was es in Wirklichkeit ist.

In den Tagen, die folgten, lief der Dampfer des öfteren auf Grund. Wir drangen durch die Biegung des Niger flußabwärts und stießen durch die grasbewachsenen Sümpfe eines binnenländischen Deltas nach Süden vor, wo sich der Fluß in so enge Wasserläufe aufteilte, daß wir zuweilen das Gras streiften und

an Flußpferden vorüber fuhren. Ich suchte die schattigeren Seiten des Oberdecks auf und sah die Sahara allmählich in den Sahel übergehen. Ab und zu tauchte nun ein Busch oder ein Baum oder ein einsamer Schäfer auf, der uns zuwinkte. Wegen des Schattens hielt sich der Schäfer ein Stück Pappe über den Kopf. Das Land, auf dem er seine Herde hütete, war spärlich bewachsen und hellgelb. Seine Ziegen waren sehnig.
Amadou setzte sich neben mich. Wir schwiegen beide. Ich bemerkte, daß er sein Hemd zerrissen und es wieder geflickt hatte. Auch war er magerer geworden. Als ich ihm sagte, daß er aussähe, als ob er Hunger habe, wollte er es nicht zugeben. Nachher gab ich ihm einfach etwas zu essen.
Ich weiß nicht, wo wir dann schließlich die Wüste hinter uns ließen. Wir fuhren an Rinderherden vorbei. Sie weideten auf Dämmen, die noch aus der französischen Kolonialzeit stammten. Dahinter gab es ein paar bewässerte Reisfelder. Abseits der Felder aber dehnte sich das Land in endlosen, ausgedörrten Ebenen aus. Nach acht Tagen auf dem Fluß näherten wir uns Mopti, der letzten Anlaufstelle des Schiffs. Wir kamen an Dörfern vorbei, die um die üblichen Lehmmoscheen herum gebaut waren, mit bizarren Türmen und vorstehenden Balken. Nach Sonnenuntergang wurden die Dörfer, die keine Elektrizität hatten, durch orangefarbene Feuerstellen und die gelben Scheinwerferstrahlen der Mopeds erleuchtet, die Rauch und Staub durchdrangen.
In Mopti war es anders. Es gab dort elektrische Straßenbeleuchtung und einen Hafen, in dem ohnehin schon viel Betrieb war, so daß sich nicht alles auf unsere Ankunft konzentrierte. Mopti liegt am Zusammenfluß der beiden Flüsse Niger und Bani. Es verteilt sich über drei Inseln mit festem Grund, die von Sümpfen und Wasser umgeben und durch einen Damm mit dem Festland verbunden sind. Ein armseliger Ort mit unbefestigten Straßen und Lehmhäusern, der aber auch ein wichtiges Handelszentrum ist. Ich ging durch die Stadt und genoß

das rege Leben, nahm ein Zimmer in einem billigen Hotel und übergoß mich aus einem Eimer im Hof mit Wasser. Am nächsten Tag war Markt. Frauen aus dem Busch strömten mit ihren Produkten in die Stadt. Sie trugen große Säcke mit Getreide auf dem Kopf, die sie gegen Fisch, Gemüse und Waren aus Asien eintauschen wollten. Die Leute litten hier zwar Not, verhungerten aber nicht. Die bitterste Not hatte der Fluß gemildert. Die wenigen Tuareg, die ich sah, trugen keine Gesichtsmaske. Es gab keine Anzeichen von Krieg. Ich stand im Schatten eines Baumes am Flußhafen und war froh, die Wüste hinter mir gelassen zu haben.

Am folgenden Tag fuhr ich mit einem Buschtaxi, das ich mit anderen Personen teilte, in die mit Gestrüpp bewachsene Savanne, die sich südlich von der Stadt ausdehnte. Der Fahrer hatte nicht die Disziplin eines echten Wüstenbewohners. Er fuhr mit seinem alten Peugeot viel zu schnell über Pfade, die für Esel bestimmt waren. In Vertiefungen mit lockerem Sand drehten die Räder seines Wagens hoffnungslos durch. Am Nachmittag fuhr er in einem Affenzahn auf eine Ziegenherde zu, die einen Feldweg überquerte. Er fuhr eines der Tiere an, ohne sich die Mühe zu machen, auszuweichen. Die Ziege flog über den Kühler, landete wieder auf der Erde und hinkte meckernd davon. Kühlwasser tropfte aus dem beschädigten Kühler. Der Fahrer fuhr ungerührt weiter und brach dann in Tränen aus, als sich der Motor schließlich festfraß. Er tat mir leid und auch die Ziege. Insgeheim amüsierte mich aber auch die Nachlässigkeit, mit der er seinen Wagen zusammengefahren hatte. Ich wertete es als weiteren Beweis für den Überfluß dieses Landes.

Als ich in der Nacht wieder nach Mopti zurückkehrte, lud mich Amadou bei seiner Tante zum Abendessen ein. Ihr Haus stand neben einer Moschee im alten Teil der Stadt. Es war ein ärmliches Lehmhaus mit einem großen, verrauchten Zimmer, das nur durch das Herdfeuer erleuchtet und zu dunkel war, um die Gesichter deutlich erkennen zu können. Wir aßen Reis aus einer gemeinsamen Schüssel mit einer Sauce. Es stellte sich heraus, daß Amadous Tante die Kusine seiner Großmutter war. Sie war eine alte Frau, die nie aus Mopti herausgekommen war und ein bißchen Französisch konnte. Amadou übernahm die Rolle des Dolmetschers. Sie war nicht sehr gesprächig, als sie aber hörte, daß ich die Sahara durchquert hatte, sagte sie ernst: »Der Norden ist nicht gut. Der Norden bedeutet Tod.«

Ich hielt ihre Angst für altmodisch. Während wir aßen, kam aber der *harmattan* auf. Ein heißer Wind, der von Norden weht und aus der Wüste Sand heranträgt. Ich schlenderte allein durch die dunklen Straßen von Mopti. Die Luft war voller Staub. Ich ging zum Hafen hinunter. Der Markt war geschlossen und verlassen. Der Schein der Straßenlampen war vergebens. Der *harmattan* ist kein schlechter Wind, erinnert einen aber an die Sahara. Ich sah mich ihr unmittelbar gegenüber, konnte sie förmlich schmecken.

Am Morgen fuhr ich mit Amadou im Buschtaxi in die Hauptstadt, nach Bamako. Wir brauchten einen ganzen Tag. Der Fahrer fuhr vorsichtig und beschwerte sich über den Schaden, den der Sand seinem Wagen zugefügt hatte. Er sagte, daß es in letzter Zeit schlimmer geworden sei. In dieser Nacht fegte der *harmattan* durch Bamako.

# 29.
# Die Wüste beginnt in der Stadt

Amadou lebte in einer Wüste, die das Aussehen einer Stadt hatte. Man kann sich vorstellen, wie seine Vorfahren aus dem Stamm der Fulani früher die Hochebenen der Zentralsahara bevölkerten, die Felsen bemalten und die ersten Tuareg bekämpften zu einer Zeit, wo es noch keine Dromedare gab. Und wie dann die Fulani mit ihren Viehherden nach Süden gewandert waren. Im 19. Jahrhundert waren seine Vorfahren vielleicht die »Wilden« gewesen, die europäische Forscher aufregend fanden und fürchteten. Und noch vor kurzem waren sie die traditionsbewußten Stammesangehörigen gewesen, deren Sitten und Bräuche von den Ethnologen erforscht werden. Sie hatten komplizierte Rituale, erstaunliche Anschauungen und vor allem einen reichen Wortschatz, um Kühe zu beschreiben.

Amadou war sich all dessen vage bewußt. Er sagte: »Ich habe Vettern, die immer noch ihre Herden hüten. Irgendwo in Mali oder in Burkina Faso. Ich weiß nicht genau, wo.«

»Tut es dir leid, daß die Verbindung zu ihnen abgerissen ist?«

Er sah mich überrascht an. »Leid tun? Warum denn?«

Er hatte natürlich recht, denn er hätte ja für eine Kuh sparen können, wo aber hätte er sie grasen lassen sollen? Das Weideland war bereits vergeben. In den fetten Jahren hätte die Savanne noch einige umherziehende Familien ernähren können, aber nun, in den mageren Jahren, sah es damit schlechter aus. Die Überbevölkerung und die neuen nationalen Grenzen im Süden stellten die Viehzüchter während der Dürreperioden auf eine harte Probe.

Ich fragte Amadou, warum die Familie nach Bamako gezogen sei. Er zuckte mit den Achseln und sagte, daß er die Einzelheiten nicht kenne. All dies sei vor seiner Zeit passiert: »Als meine Eltern noch Kinder waren, war im Busch schon nichts mehr zu holen.«
Was erklären könnte, warum sich Amadou wegen des oft beschworenen Vorrückens der Wüste keine Sorgen machte. Dies waren die Sorgen seiner alten Tante in Mopti. Für ihn aber war die Savanne bereits Wüste, ob sie nun Grassteppe blieb oder der Sand alles zudeckte. Er war ein Fulani, aber ein moderner, der nur in Bamako zu Hause war.
Er sagte: »Die Leute vom Land haben Angst vor Bamako, das aber alles bietet, was ein moderner Mensch braucht. Es gibt dort Kinos mit den neuesten Filmen und die besten Diskotheken in ganz Westafrika. Es gibt dort die schönsten und unkompliziertesten Mädchen. Es ist nachts so gut beleuchtet, daß man eine fallengelassene Nadel auf der Straße wiederfinden könnte. Es ist wie euer San Francisco. Eine der größten Städte der Welt.«
In Wirklichkeit ist Bamako aber nur ein aufgemotztes afrikanisches Dorf, mit staubigen, rauchigen Slums aus Schlackenstein- und Lehmhäusern. Slums, die wild wuchern und sich auf beiden Seiten des Nigers bis zu den spärlich bewaldeten Hügeln hinziehen. Bamako hatte sich um eine Bahnstation aus grauem Stein gebildet, die sich am Ende des 800 Meilen langen Schienenstrangs befindet, den die Franzosen einst legten, um den Niger mit dem Atlantikhafen von Dakar im Senegal zu verbinden. Als 1904 die erste Bahn fuhr, war Bamako noch ein Fischerhafen mit vielleicht 1000 Einwohnern. Die Franzosen machten es zu ihrem Verwaltungssitz, um von dort aus dem afrikanischen Hinterland die Segnungen ihrer Zivilisation zu bringen. Am Ende passierte aber genau das Gegenteil: Das Hinterland kam nach Bamako, um es zu zivilisieren.
Heute hat das Fischerdorf knapp eine Million Einwohner. Es

gibt dort eine Brücke, auf der es von Mopeds und Gemeinschaftstaxis nur so wimmelt. Bamako hat eine neue Moschee, die von den Saudis, und einen Vergnügungspalast, der von den Nordkoreanern erbaut wurde. In seinem kleinen Zentrum, das einen unfertigen Eindruck macht, sind die Schatten spendenden Gebäude aus der Kolonialzeit allmählich verfallen, das Pflaster bricht zusammen, und in den Straßen drängen sich sehr viel mehr Leute, als sie ursprünglich fassen sollten. Das Gedränge bringt den Tumult von Märkten und Menschen mit sich, die Vielfalt der afrikanischen Menschenmenge. Bamako ist nicht so groß wie San Francisco, aber pulsierend von Leben. Nachts wird die Luft mild, und Musik vermischt sich mit den Stimmen der Leute. Man kann durch die Straßen streifen oder in den Straßencafés sitzen und ganz Mali an sich vorüberziehen sehen. Die Geschäftigkeit ist erstaunlich. Ob bei Tag oder Nacht, die Hauptstadt kommt kaum zur Ruhe. Nach einer Weile aber bemerkt man, daß etwas nicht stimmt: Auf die Dauer wirkt das geschäftige Treiben verzweifelt und scheint wenig zu bringen. Wenn man in die Menge blickt und sich bestimmte Individuen herausgreift, bemerkt man, daß sie unterernährt, verarmt und sogar verzweifelt sind. Bamakos Unternehmungsgeist täuscht nicht über seine Armut hinweg. Vom unfruchtbaren Land getrennt, mit dem Meer nur durch eine windige, alte Eisenbahnlinie verbunden, handeln die Armen mit den Armen in einem Teufelskreis von immer geringer werdenden Erträgen. Die reicheren Nationen reißen sich nicht um Mali, und nun macht sogar Frankreich einen Rückzieher. Die Wirtschaft ist nicht attraktiv, es gibt keine ökonomischen Hürden zu nehmen. Die Händler greifen nicht aus Eigennutz nach den Spenden der Welthungerhilfe, sondern aus Verzweiflung. Die Leute vom Land fürchten sich zu recht vor solch einer Stadt. Wenn Bamako seine Bewohner wirklich mit dem Notwendigsten ausstatten könnte, müßten seine Kinder nicht in Lumpen gehen, im Norden wäre Frieden und Amadou hätte nicht in Timbuktu Kassetten zu verkaufen brauchen. Die Sahara kann viele Formen annehmen. Metaphorisch ausgedrückt, braucht auch ein Markt Regen.

Ich wohnte im Hôtel de la Gare im Bahnhof. Eines Morgens bestieg ich einen Berg, der sich über der Stadt erhob, und folgte einem Pfad zu einem Aussichtspunkt. Ich blieb stundenlang dort sitzen und dachte über die endlose Weite des Landes nach. Aus der Ferne gesehen, bewegte sich kaum etwas in Bamako. Nur der Rauch stieg von brennenden Abfallhaufen auf. Der Verkehr auf der Brücke über den Fluß kam langsam voran. Auf dem Fluß trieb eine Piroge. Fußballspieler in Mannschaftsdress schlenderten über ein Spielfeld. Staub hing in der Luft. Ich schwitzte und wurde durstig. Ein Lastwagen ratterte eine holprige Straße entlang. Ein Flugzeug erhob sich in den Dunst, um nach Paris zu fliegen. Der Himmel war fahl, die Erde trocken und heiß: eine Wüstenszenerie …

… die ich auch aus der Nähe sah. Eines Abends nahm mich Amadou zu seiner Mutter mit, bei der er immer noch wohnte. Wir fuhren in einem Gemeinschaftstaxi, einem Kleinlaster von Peugeot, der an einer bestimmten Stelle sogar 32 Personen geladen hatte, einschließlich des Fahrers und seines Kontrolleurs. Die Passagiere, die innen keinen Platz mehr fanden, standen auf den Stoßstangen und Trittbrettern und hielten sich am Dach fest. Irgendwie konnte der Fahrer den Wagen trotzdem noch lenken. Wir überstanden die Fahrt über die Brücke und fuhren langsam durch die gewundenen, unbefestigten Gassen in die Slums.

Amadous Familie hatte vor 30 Jahren um ein Grundstück ersucht, auf dem nun ein hübsches Haus aus Schlackenstein stand. Es hatte vier Zimmer, Böden aus Zement, Elektrizität und eine Latrine. Und es hatte auch einen von Mauern geschützten Gemüsegarten. Wir saßen in einer hell erleuchteten Küche in der Nähe eines Holzofens und eines Radios.

Amadous Mutter war eine runzlige, alte Frau, die mich für ei-

nen Franzosen hielt und ehrerbietig behandelte. Sie erwähnte, daß ihr Mann, der nun tot sei, bei der Bahn für die Franzosen gearbeitet hätte. Und die Familie wäre immer für die Franzosen gewesen.
»*Vive la France*«, sagte sie.
Sie müßte nun eine schwere Zeit durchmachen, aber ihre 13 Kinder würden ja gut für sie sorgen, was ihr schon von vornherein klar gewesen wäre. Amadou sei ihr jüngstes und liebstes Kind. Sie ließ nicht ab, seine Vorzüge hervorzuheben, sie dachte wahrscheinlich, daß ich ihm Arbeit verschaffen könnte. »Er ist ein guter Junge. Er ist gescheit und an hartes Arbeiten gewöhnt. Er stiehlt nicht. Ich schwöre, daß er Ihnen nie Kummer bereiten wird.«
Wir tranken Nescafé. Das Haus füllte sich mit Verwandten: mit Amadous älteren Brüdern und Schwestern, ihren Ehegatten, den Kindern und deren Kindeskindern. Alles in allem lebten 27 Leute im Haus, die auf Matten und Matratzen schliefen. Ich fragte Amadou, wie sie ihren Lebensunterhalt verdienten. Er sagte, zwei davon wären Mechaniker, einer Nachtwächter, und die anderen würden versuchen, sich irgendwie durchzuschlagen. Er sagte, daß die Kinder manchmal nicht ausreichend zu essen hätten.
Später entdeckte ich, daß auch Amadou Nachkommen hatte, mindestens drei Kinder, die er von verschiedenen Frauen hatte. Er war stolz darauf und zeigte mir Fotos, die er in seiner Brieftasche hatte.
»Hübsche Kinder«, sagte ich und war erstaunt, daß er sie nicht schon früher erwähnt hatte. »Siehst du sie oft?«
»Nicht so oft«, antwortete er, »an den Geburtstagen eben.«
»Verstehst du dich nicht gut mit den Müttern?«
Er grinste. »Es gibt so viele Frauen hier. Warum sollte ich heiraten?«
Ich dachte, daß AIDS zumindest einer der Gründe wäre, die dafür sprachen.

Amadou nahm mich zu seinen Freunden mit, alles jüngere Männer in seinem Alter. Wir saßen vor einer Hütte mit einem Wellblechdach, tranken Bier und hörten uns ein paar der Kassetten an, die Amadou auf dem Fluß nicht losgeworden war. Die Männer machten sich über Amadous geschäftliche Transaktion lustig, hatten aber ähnlich verzweifelte Pläne für sich auf Lager. Sie waren sich alle einig darin, daß es das beste wäre, Afrika für immer zu verlassen. Nun erst entdeckte ich, daß Amadou dies auch wollte. An dem Tag, als ich von Bamako nach Dakar fuhr, bestand er darauf, mich zur Bahn zu bringen. Ich gab ihm meine Adresse, weil er mir seine gab. Als er mich aber bat, seinetwegen an die Amerikanische Botschaft zu schreiben, erwiderte ich ihm ganz ehrlich, daß dies keinen Wert hätte, daß ich ihn nicht nach Amerika bringen könne, was ihn sichtlich enttäuschte. Er war aber noch jung und er würde immer wieder umkehren müssen, um sich der Wüste zu stellen.

Die Uhr im Bahnhof von Bamako ging genau fünf Minuten vor. Die im Bahnhof von Dakar vielleicht auch. Der Fahrplan, der die beiden Endpunkte der Bahnlinie miteinander verband, war ein Wunder an Symmetrie. Zwei Züge verkehrten auf der Strecke – der eine kam aus Mali, der Gegenzug aus dem Senegal. Jeder der Züge machte zwei Fahrten pro Woche – der eine fuhr hinaus zum Atlantik, der andere kehrte von dort zurück. Das bedeutete, daß pro Woche zwei Züge von Bamako abfuhren und zwei von Dakar. Für einen reibungslosen Ablauf war es nötig, daß die Züge gleichzeitig in den beiden Städten abfuhren, nämlich am Mittwoch und Sonntag um neun Uhr vormittags, und genau gleichzeitig 30 Stunden und 30 Minuten später an den Endpunkten der Linie ankamen. An der Grenze zwischen Mali und Senegal, die zufällig in der Mitte zwischen den Hauptstädten liegt, sollten sich die beiden Züge kreuzen.

Die gleichzeitige Grenzabfertigung der Züge war genau auf eine Stunde geplant, von Mitternacht bis ein Uhr. Auf mich wirkte das wie ein Schock, und ich war merkwürdig erleichtert, als nichts davon klappte.
Pfeifend fuhr der Zug mit zwei Stunden Verspätung von Bamako ab. Der Verkehr hielt an, als der Zug über die Boulevards nach Westen fuhr in Richtung Sahel. Ich saß an einem offenen Eingang, im heißen Sog von Staub und Diesel-Smog, und ließ Mali an mir vorüberziehen. Wir kamen an sanft gewellten Hügeln aus roter Erde vorbei, die mit gelbbraunem Gras, niederem Gestrüpp und Affenbrotbäumen bewachsen und von kleinen Rinnsalen und Fußpfaden durchzogen waren. Die Dörfer bestanden aus kleinen, runden Lehmhütten mit kegelförmigen Strohdächern. Kinder rannten neben der Bahn her. An den verfallenen kolonialen Bahnstationen neben den verlassenen Plantagen gab es immer noch Schilder mit der Aufschrift DAKAR – NIGER. Wir hielten in den größeren Städten – Orte mit Namen wie Sebekoro, Badinko und Boulouli – wo Mädchen mit Wassereimern auf den Köpfen an die Bahn kamen und das Wasser schöpflöffelweise verkauften. Wir fuhren durch ein brennendes Tal, wo die Flammen an den Schienen züngelten und Asche durch die Tür hereinwirbelte. In der Nacht schien der Mond auf fahles Gras.
Schließlich kamen wir über die Grenze und ließen im Morgengrauen Tambacounda hinter uns, die Hauptstadt des östlichen Senegal. Im Morgenlicht erschien die Savanne in sanften Farben. Im Verlauf des Tages nahm die Hitze immer mehr zu. Scharen von Affen hockten auf den Bäumen. Eine Asphaltstraße lief neben den Schienen her. Zwischen den Rundhütten in den Dörfern befanden sich eckige Gebäude im französischen Stil, Stromleitungsmasten und Masten für Kurzwellensender. In der Stadt Thiès kamen wir an gelben Nahverkehrszügen vorbei. Die letzten Hütten waren durch lange, hölzerne Baracken ersetzt worden, wie man sie einst für die Wander-

arbeiter im amerikanischen Süden erbaut hatte. Als der Atlantik zu unserer Linken in Sicht kam, war ich erstaunt über seine tiefblaue Farbe.

Wir fuhren nach Westen durch Barackensiedlungen, die immer mehr zusammenwuchsen und schließlich zur Stadt Dakar wurden. Die Passagiere warfen den Scharen von Kindern, die neben dem Zug her rannten, Obst hinab. Aus der Ferne schauten die Erwachsenen dem Treiben mißgelaunt zu. Die Tümpel mit grünem Abwasser, das ihre Höfe überflutete, trocknete neben den Schienen zu Staub und wirbelte durch den Zug. Die Stadt wurde dichter und stieg zur City mit ihren Banken und Luxusapartments an. Auf einer Plakatwand wurden Direktflüge nach New York angepriesen. Eine Neonreklame kündigte einen Supermarkt an. Im Hafen lagen Containerschiffe neben riesigen Verladekränen. Vom Bahnhof brachte mich ein Taxi zum Hotel, in dem ich mich duschen konnte.

Dakar hat eine moderne europäische Innenstadt, die aber durchlässig ist für den Sahel: Bettler, Krüppel und Diebe bevölkern den Gehweg. Auch Senegal ist solch ein mit Mängeln behaftetes Juwel des französischen Kolonialreichs. Und es wird immer ärmer. Mißernten häufen sich. Im Norden, an der Grenze zu Mauretanien, ist die Sahara ganz nah. Die Mauren weichen nach Süden aus und richten kleine Lebensmittelgeschäfte ein, um den Senegalesen, die sie immer verachtet haben, Waren zu verkaufen. Während der Dürreperioden rebellieren die Senegalesen, töten ein paar Mauren und plündern ihre Läden. Dies passiert heutzutage sogar schon in der Innenstadt. Dakar liegt auf der westlichsten Halbinsel des afrikanischen Kontinents, als ob es dorthin ausgewichen und von der Wüste eingeholt worden wäre.

Ich danke Dan Frank, Cullen Murphy, Chuck Verrill und Bill Whitworth für ihre Unterstützung in all den Jahren. Ich danke auch Gail Boyer Hayes für ihr unerschütterliches Vertrauen und Verständnis. Schließlich danke ich auch den Bewohnern der Sahara, von denen ich einige zu meinen guten Freunden zähle. Ich habe sie sehr offen beurteilt und weiß, daß sie Verständnis dafür haben.

LANGEWIESCHES SAHARA
N
W
O
S
0
Meilen
300
0
km
500
Rabat
MAROKKO
Atla
ATLANTIK
WEST-SAHARA
Erg
Chech
MAURETANIEN
Nouakchott
MALI
Kiffa
Dakar
SENEGAL
Timbuktu
Senegal
Mopti
GAMBIA
GUINEA-BISSAU
Sahel
Bamako
BURKINA
Bani
Ouagadougou
GUINEA
FASO